Was da alles auf uns zukommt ...

Rudolf Bahro / Ernest Mandel
Peter von Oertzen

Was da alles auf uns zukommt...

Perspektiven der 80er Jahre

Band 1

Herausgegeben von Ulf Wolter

edition VielFalt bei olle & wolter

edition VielFalt – herausgegeben von Ulf Wolter

CIP-Kurztitelaufnahme der Deutschen Bibliothek

Bahro, Rudolf:
Was da alles auf uns zukommt . . .: Perspektiven
d. 80er Jahre / Rudolf Bahro; Ernest Mandel;
Peter von Oertzen. Hrsg. von Ulf Wolter. –
Berlin: Olle und Wolter
NE: Mandel, Ernest; Oertzen, Peter von:
Bd. 1. Entwicklungstendenzen in Ost und West. –
1980.
(Edition Vielfalt; eV 1)
ISBN 3 88395 701 1

1. Auflage – 1. bis 9. Tausend
© 1980 Verlag Olle & Wolter, Postfach 4310,
1000 Berlin 30
Titelzeichnung: Ziegler, Berlin
Gesamtherstellung: Ebner Ulm
Printed in Germany
Alle Rechte vorbehalten
ISBN 3 88395 701 1

Inhalt

Band 1

7 Zur Einstimmung

10 Was ist alles mit dem Sozialismus schiefgegangen?

29 ... sonst geht die ganze Menschheit kaputt.
Von der Klassen- zur Gattungsfrage?

50 Ende des Wachstums
Tod für die Armen?

60 Die 80er Jahre
Dauerkrise im Westen?

81 Krisenlösungsstrategien

95 Die Krise im Westen
Chance oder Bedrohung
für den Osten?

127 Wer soll das alles im Osten ändern?
Perspektiven des Widerstands

156 Die Autoren

Inhalt

Band 2

163 Über die Revolutionierung des Alltagslebens

190 Wer soll das alles ändern?
Die Frage nach dem revolutionären Subjekt

226 Einheit oder Reinheit?
Über die Schwierigkeit, auf vernünftiger Grundlage zusammenzukommen

283 Die Qual der Wahl

296 Was sollen wir nun machen?
Über zu lösende Aufgaben und zu vermeidende Fehler

Zur Einstimmung

Was kommt da alles in den 80er Jahren auf uns zu? Jedenfalls tiefreichende Veränderungen auf praktisch allen Gebieten des menschlichen Lebens. Unser Alltag wird sich ebenso verändern wie unsere sozialen, kulturellen und politischen Betätigungsmöglichkeiten. Die Welt ist im Umbruch, der alte Status quo löst sich auf, der neue ist noch nicht gefunden. Eine solche Situation erfordert ein radikales Nach- und Umdenken, eine neue Einstellung auf die kommenden Entwicklungen.
Mit diesem Buch wird der Versuch unternommen, dieses Nachdenken öffentlich und nachvollziehbar zu machen, Anregungen zu geben. Es kam uns bei dem Gespräch nicht unbedingt auf eine glatte Formulierung an, auf eine in sich völlig stimmige Ausarbeitung von Analysen und Prognosen, die alles das ausklammert, was nicht ins jeweilige Schema paßt. Wichtig war auch der Dissens, der sich aus der verschiedenartigen Sichtweise der Diskussionsteilnehmer ergab. Denn er gibt Auskunft darüber, wie weit die Gemeinsamkeiten reichen, wo offene Fragen bleiben, die beantwortet werden müssen. In grundlegenden Fragen bestand zwar ein Konsens, er war allerdings in erster Linie negativ definiert. Es war die Gemeinsamkeit der Kritik am westlichen und östlichen System im Hinblick auf den Mangel an Entfaltungsmöglichkeiten für den Menschen. Auch in der Analyse der Herausforderungen des kommenden Jahrzehnts gab es viel Übereinstimmung. Die Unterschiede bestanden und bestehen in der Frage der politischen Schlußfolgerungen. Hier konnte zwischen dem ökologischen Sozialisten Rudolf Bahro, dem revolutionären Marxisten Ernest Mandel und dem linken Sozialdemokraten Peter von Oertzen keine Übereinstimmung erzielt werden. Die drei von ihnen propagierten Wege der Gesellschafts-

veränderung liefen nicht zusammen, vielleicht nicht einmal parallel. Dies entspricht aber auch der realen Spaltung der verschiedenen Fraktionen derjenigen, die an der Sache der Emanzipation, d. h. der Befreiung der Menschen von Herrschafts- und Sachzwängen, festhalten.
Insofern war das Unterfangen für alle Beteiligten ein Risiko. Wissenschaftliche Lorbeeren waren nicht zu ernten, und die Themenstellung war die denkbar allgemeinste. Sie verließ das gesicherte Terrain des Detailproblems, suchte bewußt die Fragen in ihrem realen, also umfassenden Zusammenhang zu stellen. Der Parzellenmarxismus sollte keine Chance bekommen, denn wenn wir uns mit Zukunftsfragen beschäftigen, küssen wir uns zwangsläufig im globalen Rahmen bewegen.
Die Diskussion war aber noch aus einem anderen Grund eine Herausforderung für die Teilnehmer. Denn gefragt waren nicht nur gesicherte Erkenntnisse, gefordert waren auch prognostische Fähigkeiten, Phantasie und Kreativität. Soll die Zukunft nicht als bloße Verlängerung des jetzigen Zustands beschrieben werden oder als reine Science-fiction, dann kommt es auf die Kombination von beidem an. Und auch hier gibt es auf seiten der Linken immense Versäumnisse, denn sie hat sich doch allzuoft nur mit der Vergangenheit beschäftigt, ohne dabei die Zukunft im Auge zu haben. Genauso, wie die Beschäftigung mit der Theorie vielfach unter Ausblendung der Realität geschah, mit den bekannten Folgen.
Die dritte Schwierigkeit der Debatte lag darin, daß sie frei geführt wurde. Es sollte keine Scheindiskussion mit vorbereiteten Fragen und Antworten sein, kein Selbstlauf der Standpunktlogik. Es kam vielmehr auf die Durchbrechung der selektiven Wahrnehmung der Realität an, auf den offenen Charakter, der zwangsläufig zu Brüchen und Widersprüchen führen muß. Aber warum sollte für den Marxismus nicht das gelten, was ansonsten für Marxisten eine Binsenweisheit ist, daß nämlich Fort-

schritt durch Widerspruch entsteht, auch wenn zunächst die Vermittlungsglieder fehlen?

Wer von diesem Buch ein Patentrezept erwartet, wird enttäuscht werden. Die kaputte linke Welt wird hier nicht durch eine künstlich heile ersetzt. Wen es allerdings ein wenig zur Realität drängt, wer wissen will, mit welchen allgemeinen Entwicklungen wir zu rechnen haben, wie sich die Vertreter der drei Strömungen dazu stellen, wer Anregungen bekommen will, der wird reiches Material zum Weiterdenken und -diskutieren finden.

Das diesen zwei Bänden zugrundeliegende Gespräch wurde an zwei Tagen im Februar 1980 geführt. Sie lesen hier eine zwar überarbeitete, aber in der Substanz originalgetreue Fassung. Zum Schluß noch mein Dank an Friedrich Krabbe, der die Tonbandaufnahmen gemacht hat. Wer sich einen unmittelbaren Eindruck von der Diskussion machen will, kann eine Kassette über den Verlag beziehen, die einen 75-Minuten-Auszug bringt.

Berlin, den 5. 9. 1980   Ulf Wolter

Was ist alles mit dem Sozialismus schief gegangen?

WOLTER: Unser Thema sind die 80er Jahre. So, wie ich die Sache sehe, werden das wilde Jahre. Sie bringen gravierende Umwälzungen in fast allen Bereichen auf der ganzen Welt. So, wie es in den 30 Nachkriegsjahren war, wird es im Laufe der 80er Jahre nicht mehr sein. Falls die ganze Erde nicht in die Luft fliegt, wird sich der gesamte künstliche Status quo verändern – auf wirtschaftlichem und politischem Gebiet, in den internationalen Beziehungen zwischen den Blöcken, innerhalb der Blöcke, zwischen Industrieländern und der dritten Welt, bis hin zum Alltagsleben des einzelnen. Die wirtschaftliche und ökologische Krise sowie die technologischen Neuerungen werden Einschnitte in unser aller Leben bringen, die grundsätzlicher Natur sein werden. Die kommenden Herausforderungen scheinen mir so umfassend und tiefreichend zu sein, daß es dringend geboten scheint, sich mit den Entwicklungstendenzen der 80er Jahre zu befassen, wollen wir der Entwicklung nicht ins Auge schauen wie das Kaninchen der Schlange. Und wer wäre, nach eigenem Selbstverständnis, mehr dazu berufen als die Marxisten, die doch von sich behaupten, Entwicklungsperspektiven wissenschaftlich analysieren zu können. Eine Beschäftigung mit Zukunftsfragen scheint auch um so dringlicher, als grundlegend neue Probleme neben die treten, die wir aus der Analyse der Anatomie der bestehenden Gesellschaftssysteme kennen. Haben die Marxisten sich bislang weitgehend mit dem beschäftigt, was man allgemein die Tauschwertproblematik nennen könnte, also mit den Fragen der materiellen Ungleichheit und den daraus resultierenden Problemen und Konflikten, so tritt seit geraumer Zeit die Gebrauchswertproblematik stärker in den Vordergrund, wird ebenfalls zum Motor von Veränderungen. Das ist wohl der Hintersinn der Ökologieproblematik in ihrer umfassenden Bedeutung. Es ist die Unzufriedenheit einer wachsenden Anzahl von Leuten mit dem Leben, das sie führen, mit den unmittelbaren Bedrohungen, denen sie im täglichen Leben ausgesetzt sind, angefangen vom Smogalarm über Wasserverschmutzung, krankheitserzeugende Lebensmittel, Streß, Gefährdung durch Atomkraftwerke und Chemiemüll. Die Liste wäre beliebig zu erweitern. Diese neuen Probleme erfordern neue Antworten. Ein Ansatz dazu könnte mit dem Versuch gemacht werden, den wir heute unternehmen, nämlich die Zukunftsfragen gemeinsam, wenn auch aus verschiedenen Sichtweisen zu diskutieren. Denn eines scheint mir auch klar zu sein. Wenn wir als Linke diesen Neuordnungsprozeß der gesamten Welt nicht nur kommentierend, sondern handelnd und eingreifend begleiten wollen, müssen wir auch zu einem politischen Faktor werden, d.h. Wege überlegen, wie wir trotz unserer aus gutem Grund bestehenden Meinungsverschiedenheiten wieder handlungsfähig werden. Dazu ist es wohl notwendig, sich an den Gedanken der politischen Arbeitsteilung zu gewöhnen, die es ohnehin gibt, die nur nie thematisiert wurde. Denn Gemeinsamkeiten bestehen unter uns ja in grundlegenden Fragen. Wie wir hier zusammensitzen, gibt es einen Minimalkonsens, den man vielleicht so zusammenfassen könnte, daß wir die bestehende kapitalistische Gesellschaftsordnung nicht als der Weisheit letzten Schluß ansehen, nach wie vor an dem Gedanken der Möglichkeit eines menschlicheren, von Sach- und Herrschaftszwängen freieren Zusammenlebens festhalten. Wir negieren nicht alles, das wäre eine fatale Einstellung, aber wir sehen die gigantischen Unzulänglichkeiten dieses Profitsystems, das den Menschen den Dingen unterordnet, notfalls mit Gewalt. Dabei sind wir uns aber bewußt, daß die östlichen Systeme dieses Ziel einer humaneren Gesellschaft auf ihre Weise auch nicht erreicht haben. Dort ist der Mensch ebenfalls zweitrangig, dem Willen der Führung in Partei und Staat untergeordnet. Im Vergleich haben beide Systeme sicher dem anderen gegenüber Vorteile, nur grundlegend veränderungsbedürftig sind beide. Und gerade wir als unabhängige Linke haben die Pflicht, eine offene und kritische Bilanz der Strömung zu ziehen, der wir uns zuordnen, wenn auch oft nur negativ. Sonst ist unser Engagement unglaubwürdig. Ich schlage also vor, daß wir mit einer kritischen Bilanz der beiden Hauptströmungen der Arbeiterbewegung beginnen.

Kommunisten wie Sozialdemokraten waren realpolitisch erfolgreich. Die einen herrschen in den »realsozialistischen« Ländern, Sozialdemokraten in vielen westlichen Industrieländern. Nur mit welchem Ergebnis? Von Sozialismus ist eigentlich hüben wie drüben keine Rede, sondern das sind ganz andere Gesellschaftssysteme. Mit den erklärten Zielen hat das nicht viel zu tun. Diejenigen, die diese realpolitische Degeneration des Gedankens an eine humanere Gesellschaft kritisieren, ohne deshalb mit den bestehenden Systemen ihren Frieden zu machen, d.h. weiter an die Möglichkeit einer anderen, menschlicheren Welt glauben, die revolutionären Marxisten, um die von Ernest gebrauchte Umschreibung zu nehmen, verkörpern zwar die orthodoxe Revolutionstheorie, demnach auch das eigentliche Klasseninteresse des Proletariats, nur hatten sie bislang noch nie das zweifelhafte Vergnügen, ihre Theorie praktisch erproben zu müssen. Das ist ein Widerspruch, der bilanziert werden muß. Diejenigen, die es, der Theorie nach, am besten wissen müßten, auch die Moral auf ihrer Seite haben, sind praktisch nie zum Durchbruch gekommen, während die anderen mit modifizierten Theorien zwar die Machtpositionen erobert haben, dabei aber die Verwirklichung der Ziele nicht mehr hinbekommen.

BAHRO: Ich möchte versuchen, zuerst etwas zu sagen, was

Stoff bietet, um sich damit auseinanderzusetzen. Mich hat seinerzeit in bezug auf die Verhältnisse drüben sehr beeindruckt, als ich las, wie nach der ganzen Welle der Befreiungskriege in Deutschland 1813 einer der Studentenführer, ein Burschenschafter, seine Erfahrungen auf die Formel brachte: Es ist alles anders gekommen, als wir gedacht haben. Das schien schlagend mit meinen Erfahrungen im real existierenden Sozialismus übereinzustimmen. Und ich meine, daß wir uns darüber Klarheit verschaffen müssen, was eigentlich anders gekommen ist, im allgemeinsten Rahmen erst einmal. Mir fällt da vor allem Folgendes ins Auge: Marx ging davon aus, daß die Probleme für die Menschheit als Ganzes über die inneren Widersprüche in den entwickeltsten Ländern jener Zeit gelöst werden. Das heißt, eine – verkürzt formuliert – proletarische Generallösung in England, Frankreich und Deutschland sollte der ganzen Welt den Ausbruch aus den Widersprüchen der kapitalistischen Gesellschaft bringen. Die proletarische Revolution in England sollte z.B. Indien erlösen. Und noch 1881 hat er für Rußland den Volkskommunegedanken formulieren können, unter der Voraussetzung einer siegreichen Revolution in Westeuropa. Und was wir bei Lenin finden, scheint mir zu sein, daß – und damit meine ich nicht Leninismus, den Stalin dann kanonisiert hat – für die europäische Revolution ausgesprochen ist, was ich die Dominanz der äußeren Widersprüche nennen möchte, und zwar der äußeren Widersprüche nicht als etwas dem Kapitalismus Fremdes verstanden. Die innere Dynamik des Kapitalismus hat zur Folge gehabt, daß in den Teilen der Welt, die wir heute zweite, dritte, vierte Welt nennen und die ursprünglich nur eine einzige dem Kapitalismus gegenüberstehende Welt bildeten, zuerst die Widersprüche explodierten, die vom Kapitalismus ausgingen. Er hat die alten Zivilisationen so weit auseinandergebrochen, daß die sich gegen den Kapitalismus, aber provoziert durch ihn, mit dem weltgeschichtlichen Prozeß auseinandersetzen

mußten. Jetzt stehen wir wieder vor der Situation, daß die Sprengkraft der inneren Widersprüche, mit denen wir es natürlich nach wie vor zu tun haben, von drei anderen Widersprüchen übertroffen wird, die alle in einem gewissen Sinn unter die Rubrik »äußere Widersprüche« fallen, wenn man die entwickelten kapitalistischen Länder als Subjekt setzt – natürlich nicht, wenn man die Menschheit als Ganzes nimmt. Die Dynamik des inneren Klassenkampfs hier ist von dem, was heute Ost-West-Konflikt genannt wird, und hinter dem sich nichts anderes als die Geschichte der russischen Revolution mit ihren Folgen verbirgt, überholt worden. Und sie ist von dem Nord-Süd-Konflikt überholt worden, also von der Tatsache, daß sich die Länder der dritten und vierten Welt jetzt mit der Provokation der Produktivkraftentwicklung in den entwickelten Ländern auseinandersetzen müssen. Der dritte Widerspruch, der die Dynamik des Klassenkampfes überlagert, ist der zwischen Mensch und Natur im weitesten Sinne, also die ökologische Krise mit ihrer fundamentalen Bedeutung. Alle diese drei Widersprüche zusammen bedeuten aber immer noch nicht, daß wir über den Horizont der kapitalistischen Herausforderung, der kapitalistischen Zivilisation, hinausgelangt sind. Wir stehen jetzt vor der Aufgabe, wie wir den Zusammenhang der inneren Widersprüche der Metropolen mit den drei äußeren Widersprüchen – Ost-West, Nord-Süd und Mensch-Natur – herstellen, um auf diese Weise das Gesamtproblem zu lösen.
Unsere bisherige Gesamtorientierung – das hängt mit der Orientierung auf die inneren Widersprüche des Kapitalismus für sich genommen zusammen – fängt immer mit dem ersten Kapitel des *Kapital* an. Und ich freue mich überaus, daß du, Ernest, wenn ich es nicht völlig mißverstanden habe, in deinem *Spätkapitalismus* auch davon ausgehst, daß der Widerspruch zwischen Lohnarbeit und Kapital heute nicht mehr *unmittelbar* – und nur das meine ich – der Hebel ist, von dem aus sich die Überwindung

des Profitsystems organisieren läßt. Und ich will es einmal so sagen: Wir müssen mit dem kapitalistischen *Gesamt*reproduktionsprozeß fertig werden. In diesem Zusammenhang sehe ich in folgendem Punkt eine kolossale Hoffnung: Wenn wir uns als Marxisten über etwas einig sind, dann darüber, daß der Kapitalismus quantitatives Wachstum, also Hegels »schlechte Unendlichkeit«, in punkto Wachstum braucht. Und ich bin von dem Gedanken an die Möglichkeit fasziniert, daß Ost-West-Konflikt, Nord-Süd-Konflikt und Ressourcenkonflikt zusammen, also die ökologische Krise darauf hinauslaufen könnten, den Kapitalismus zu ersticken, indem die quantitativ erweiterte Reproduktion unmöglich wird. Und zwar ökonomisch nicht im engeren Sinne der Produktionsverhältnisse, sondern ökonomisch im Sinne der Produktivkräfte. Wenn das Futter für diese gefräßige Produktionsmaschine nicht mehr zur Verfügung steht, folgt daraus ein materieller Zwang, der noch tiefer reicht als die Gesetze der ökonomischen Basis für sich genommen, wenn er auch über die ökonomische Basis vermittelt ist. Das Ausbleiben des Nachschubs für die Produktion könnte dazu führen, daß die kapitalistische Form des gesamten Reproduktionsprozesses gesprengt wird. Andererseits kann eine solche Dynamik es notwendig machen, daß wir, ohne den bisherigen Proletariatsbegriff einfach zu negieren, auch das Subjekt, das durch diese Situation herausgefordert ist, anders definieren. Wir brauchen das Subjekt für die allgemeine Emanzipation des Menschen nicht mehr an die Proletariatsdefinition des ersten Bandes des *Kapital* zu koppeln. Das ist der allgemeine Denkrahmen, aus dem heraus ich versuchen würde, mich dem durch unsere heutige Diskussion aufgeworfenen Problem zu nähern.

WOLTER: Vielen Dank, du bist gleich mitten in das Thema gegangen, ich stelle mir vor, daß Ernest zunächst noch einiges auf die Ausgangsfragen zu bemerken hat.

MANDEL: Ich möchte gern auf deine Frage antworten und dabei mehr auf den historischen Rahmen eingehen, wenngleich ich auch weiß, daß es vor allem für junge Leute nicht leicht ist, diese Großvaterweisheiten zu akzeptieren. Die Aufgabe, die sich der Sozialismus gestellt hat, ist eine unerhört kühne, die kühnste Aufgabe, die sich die Menscheit je gestellt hat. Die Ausgebeuteten, die Entrechteten, die Unterdrückten, sagen wir es einmal frech: die Unwissenden zur absoluten Herrschaft über ihr Schicksal und das Schicksal der ganzen Menscheit zu befähigen. Kurz: Der Sozialismus ist eine sehr schwere Aufgabe. Daß das nicht auf den ersten Anhieb gelungen ist, scheint mir unter diesen Bedingungen nicht so erstaunlich, erstaunlich wäre eher das Umgekehrte.
Ich möchte eine historische Parallele aufzeigen. Der Höhepunkt der bürgerlichen Emanzipation war die Forderung nach gleichen Rechten, nicht nur Menschenrechten, die waren im Kapitalismus schon sehr früh angelegt, sondern nach gleichen Bürgerrechten, d.h. nach gleichen politischen Rechten für alle Menschen, nach allgemeinem und gleichem Wahlrecht. Wenn wir uns die ersten 60 bis 70 Jahre praktischer Erfahrung mit dem allgemeinen Wahlrecht ansehen, so ist die Bilanz miserabel, ein totaler Fehlschlag. Der erste Versuch, in Frankreich, führte nach ein paar Jahren zum Konsulat und zum Kaiserreich; der zweite Versuch, in Amerika, führte zu einer Regierung von Sklavenhaltern im buchstäblichen Sinne des Wortes unter General Andrew Jackson; der dritte Versuch, Frankreich 1848, führte nach ein paar Jahren wiederum zum Cäsarismus, zum Kaiserreich. Aber schon zwanzig Jahre danach gab es kein einziges zivilisiertes Land in der Welt, wo nicht eine unaufhaltsame Bewegung für das allgemeine Wahlrecht in Gang kam und sich durchsetzte. Das heißt, wir müssen bei der historischen Bilanzierung so riesiger Umwälzungen, wie es der Kampf für den Weltsozialismus, für eine klassenlose Gesellschaft ist, ein wenig vorsichtig sein. Und ich würde sagen,

jeder Versuch, die unbestreitbaren Niederlagen, das Versagen, die letztlich am Anspruch der Emanzipation des Menschen gemessene, negative Bilanz – obwohl sie auch nicht ausschließlich negativ ist – auf einen einzigen Faktor zurückzuführen – weil die Theorie nicht richtig war, oder weil die Arbeiter zu stark integriert waren, oder weil Revolutionen an und für sich nichts taugen –, ist schon rein logisch unmöglich. Denn es handelt sich um einen unerhört komplizierten historischen Prozeß im weltweiten Rahmen, der einfach nicht auf einen Nenner gebracht werden kann. Und wenn ich eine Erklärung versuche oder wenigstens die Richtung einer Erklärung andeuten möchte, dann würde ich sagen, daß das, was Rudolf Bahro am Anfang betonte, also die berühmte Marxsche Aussage über die Rolle, die das Proletariat der industriell entwickeltsten Länder im Prozeß der sozialistischen Umgestaltung der Welt spielen müßte, seit Anfang des imperialistischen Zeitalters wenigstens dahin differenziert werden müßte, daß wohl in den industriell fortgeschrittenen Ländern die ökonomischen Bedingungen für den Aufbau einer sozialistischen Gesellschaft am günstigsten sind, daß aber in den industriell weniger entwickelten Ländern die politischen Bedingungen viel günstiger für die Machtergreifung durch die Arbeiterklasse sind. Darin liegt die ganze Tragik des Sozialismus im 20. Jahrhundert. Trotzki sagte bereits 1906, es sei wahrscheinlich, daß die Arbeiterklasse erst in weniger entwickelten Ländern zur Macht kommen wird, weil das Bürgertum dort schwächer ist, weil die Bündnismöglichkeiten größer sind usw. Aber er hat sofort hinzugefügt, daß ein solcher Sieg nur dann eine welthistorische Funktion erfüllen kann, wenn er hilft, diese Revolution auf die industriell entwickelten Länder auszudehnen, wenn er die Kräfteverhältnisse in den fortgeschrittenen Ländern zugunsten der Revolution verschiebt. In den unterentwickelten Ländern kann man keine sozialistische Gesellschaft, keine klassenlose Gesellschaft aufbauen, das ist unmöglich. Hier müssen wir den Unterschied zwischen Politik und Ökonomie machen. Ich würde also abschließend sagen, die Tragödie, welche die sozialistische Bewegung im 20. Jahrhundert erlebt hat, liegt darin, daß sich bisher nur der erste Teil dieser Prognose bewahrheitet hat. Es hat sich tatsächlich gezeigt, daß es leichter ist, den Kapitalismus in weniger entwickelten Ländern zu stürzen. Die politischen Auswirkungen auf die industriell entwickelten Länder haben sich allerdings als viel komplizierter, differenzierter, komplexer erwiesen, als es die klassischen Marxisten erwarteten. Und um es noch kürzer zusammenzufassen: Wir haben also eine zyklische Bewegung des Klassenkampfes auf weltweiter Ebene erlebt, keinen ununterbrochenen Aufstieg, keinen ununterbrochenen Abstieg, sondern eine zyklische Bewegung, die mehrere Male an mehreren Schnittpunkten radikal unterbrochen wurde.

Und am deutschen Beispiel kann man das am deutlichsten sehen. Es ist heute für einen deutschen Sozialisten, um nicht zu sagen für einen deutschen Historiker, immer schwer, das zu verstehen, was für mich als Nichtdeutschen aufgrund meiner unterschiedlichen täglichen Erfahrung offensichtlich ist. Wir leben spätestens seit 1968 – man kann sich über den Zeitpunkt streiten – im übrigen Europa ganz offensichtlich in einer aufsteigenden Phase des durchschnittlichen Klassenbewußtseins der Arbeiterklasse. Für die Bundesrepublik gilt das nicht, das ist klar. Und dementsprechend stellt sich auch das Problem des revolutionären Subjekts und der Perspektiven in der Bundesrepublik auf eine viel undeutlichere Weise, als es sich im übrigen Europa stellt. Aber für das übrige Europa würde ich sagen, daß spätestens seit 1968 der lange Abstieg des durchschnittlichen Klassenbewußtseins, der 1923 anfing, mit Stalin, Hitler und dem Zweiten Weltkrieg mit seinen Greueltaten – Auschwitz, Hiroshima – seinen Höhepunkt erreichte, einen Umschwung erfahren hat. Und das Schicksal der revolutionären Marxisten ist im großen und ganzen, obwohl man da nicht zu deterministisch sein darf, durch das Schicksal des durchschnittlichen Klassenbewußtseins bestimmt. Wenn dieses sinkt, dann sind die Revolutionäre ein kleines Häufchen, wie es auch Marx und Engels in den 50er Jahren des letzten Jahrhunderts waren. Wenn das durchschnittliche Klassenbewußtsein dagegen wieder steigt, dann werden sie stärker. Und sie sind heute bedeutend stärker – auch in ihrer Fähigkeit, den unmittelbaren Klassenkampf zu beeinflussen –, als sie es in den 40er, den 50er und Anfang der 60er Jahre waren; vielleicht noch nicht stark genug, aber da müssen wir Geduld haben. Revolutionen muß man in einem historischen Rahmen sehen, das ist nicht etwas, was man in zwei, drei Jahren zur persönlichen Befriedigung erreichen kann. Das ist ein Projekt, das sich über Jahrzehnte erstreckt. Und wenn man mit dieser Überzeugung an die Sache herangeht, dann wird man auch enttäuscht sein, wenn man Niederlagen erleidet, klar, aber dann wird diese Enttäuschung nicht dieselben Folgen haben, wie wenn man sich übertriebene Hoffnungen über den Rhythmus dieses Prozesses macht. Und man wird dann nicht den klassischen Weg gehen, mit zwanzig Kommunist gewesen zu sein, mit dreißig Sozialdemokrat, mit vierzig Liberaler, mit fünfzig Konservativer.

WOLTER: Peter, du müßtest eigentlich eine andere Bilanz ziehen, weil Ernest ja doch letzten Endes davon ausgeht, daß die Entwicklung keine prinzipiellen Probleme aufwirft, da er nach wie vor von der Grundannahme der Aktualität der sozialistischen Revolution ausgeht, während die Sozialdemokratie ja doch grundsätzlich andere Lehren aus der Geschichte gezogen hat, nämlich von der Nichtaktualität einer Revolution ausgeht. Wie würdest du diese Bilanz ziehen?

VON OERTZEN: Ich bin mit Ernest in der Formulierung der

Ziele des Sozialismus einig. Er hat gesagt, es sei das Ziel des Sozialismus, die Ausgebeuteten, die Unterdrückten, die Unwissenden selbst zur Herrschaft in der Gesellschaft zu bringen. Und ich würde hinzufügen, was sicherlich auch seine Überzeugung ist: Es ist das Ziel des Sozialismus, im Prozeß der Übernahme der Herrschaft durch die Ausgebeuteten Unterdrückung, Ausbeutung und Unwissenheit für alle Menschen überhaupt aufzuheben und die objektiven ökonomischen Möglichkeiten der gesellschaftlichen Entwicklung und der individuellen Selbstverwirklichung für alle Menschen ohne Ausnahme zu nutzen.

BAHRO: Das ist das, was Marx schon aus der klassischen Philosophie mitgebracht hat, die allgemeine Emanzipation des Menschen.

VON OERTZEN: ... die allgemeine Emanzipation des Menschen, die mehr oder weniger, jedenfalls soweit ich weiß, alle europäischen, afrikanischen, asiatischen Hochkulturen in der Literatur und in der Philosophie als Schimmer von Hoffnung begleitet hat. Es hat in allen großen Kulturen in der Dichtung, in der Philosophie, in der Regel religiös verkleidet, die Ahnung von einer Welt ohne Elend, ohne Not, ohne sklavische Abhängigkeit von der Natur und von menschlicher Herrschaft gegeben, eine Welt, in der alle Menschen sowohl frei als auch untereinander gleich sind.
Der wesentliche Beitrag des Marxismus ist der Hinweis darauf, daß erst bestimmte materielle Voraussetzungen durch die objektive gesellschaftliche Entwicklung geschaffen werden müssen, damit diese Utopie verwirklicht werden kann.
Insoweit enthält der Begriff des Sozialismus zwei Zielsetzungen, die einander überlagern: einmal die alte Menschheitsvorstellung von der Aufhebung der arbeitsteiligen, auf Herrschaft, Ausbeutung und ungleichem

Zugang zu den kulturellen Errungenschaften beruhenden Klassengesellschaft, auch und gerade natürlich der vorkapitalistischen Klassengesellschaften; und zweitens die Vorstellung, daß die historisch letzte Klassengesellschaft, die kapitalistische, die materiellen Möglichkeiten für die Aufhebung jeglicher Klassengesellschaft geschaffen hat. Dies geht einher mit der Vorstellung, daß – und da greife ich auf das zurück, was Rudolf Bahro vorhin gesagt hat – aus den kapitalistischen Widersprüchen selbst heraus sich die revolutionäre Bewegung entfaltet, die in der Lage ist, die kapitalistischen Widersprüche aufzuheben, die kapitalistische Klassengesellschaft zu stürzen und damit zugleich die Möglichkeit für die Aufhebung von Ausbeutung, Unterdrückung und Unmündigkeit überhaupt, d.h. von Klassengesellschaft überhaupt, zu schaffen. Dieses Ziel ist nun, und das will ich, in Übereinstimmung mit euch beiden, noch einmal feststellen, nicht erreicht worden. Und ich möchte mit Nachdruck unterstreichen, daß dieses Ziel in den Ländern des sogenannten real existierenden Sozialismus eben mit einer besonderen, qualitativen Eindeutigkeit nicht erreicht worden ist. Es besteht überhaupt kein Zweifel daran, daß etwa die Revolution in China eine ungeheure Verbesserung der materiellen Lebenslage der arbeitenden Massen im Vergleich zur vorangegangenen kolonialen Periode erreicht hat. Dasselbe gilt sicherlich auch für die Verwandlung eines mit kapitalistischen Inseln durchsetzten armen, unter Unterdrückung und kultureller Rückständigkeit leidenden Agrarlandes wie Rußland in einen modernen Industriestaat. Aber man muß hinzufügen, daß die Errungenschaften in materieller Hinsicht nicht über das Niveau der materiellen Errungenschaften des Kapitalismus hinausgegangen sind, häufig nicht einmal so weit. Wenn man auf die Verkürzung der Arbeitszeit in der Sowjetunion hinweist, dann muß man auch sagen, daß in rein kapitalistischen Ländern diese Verkürzung der Arbeitszeit genauso erreicht worden ist. Ich sehe natürlich auch in der ökonomischen Struktur gewisse tiefgreifende qualitative Unterschiede zwischen den realsozialistischen und den kapitalistischen Ländern. Die spezifische Form der Degradierung, der materiellen und kulturellen Verelendung, wie sie etwa 20 bis 25 Prozent der amerikanischen Bevölkerung, des reichsten Landes dieser Erde erfahren, gibt es, seit die Stalinschen Arbeitslager als Massenphänomen nicht mehr bestehen, allerdings in keinem realsozialistischen Land. Diese »culture of poverty«, wie sie der amerikanische Soziologe Oscar Lenis genannt hat, ist eine Barbarei, die spezifisch kapitalistisch ist. Aber in einem entscheidenden Punkt sind alle realsozialistischen Länder hinter ihren eigenen Zielen, aber auch hinter den Errungenschaften der fortgeschrittenen kapitalistischen Welt zurückgeblieben; das ist die institutionelle Sicherung der geistigen, der kulturellen und der politischen Freiheiten. Ich halte das für einen fundamentalen Mangel des Systems, der mit dem spezifischen Entwicklungsgang der realsozialistischen Länder strukturell zusammenzuhängen scheint. Es gibt trotz aller Unterschiede in keinem dieser Länder, sei das Kuba, Jugoslawien, Nordkorea, Vietnam, die Sowjetunion oder die Volksrepublik China, die institutionelle und auch in der politischen Moral, im gesellschaftlichen Bewußtsein verankerte Sicherung der geistigen, kulturellen und politischen Freiheiten. Und diese halte ich sowohl als Mittel für die Verwirklichung des Sozialismus als auch als Bedingung seiner Existenz für schlechterdings unverzichtbar. In diesem Zusammenhang darf ich vielleicht auf den Diskussionsbeitrag von Rudolf Bahro zurückkommen. Ich stimme ihm völlig zu, wenn er sagt, daß zu den klassischen kapitalistischen Widersprüchen, die aufzulösen die sozialistische Bewegung in den kapitalistischen Ländern angetreten ist, jetzt überlagernd und im Weltmaßstab die von ihm genannten äußeren Widersprüche hinzugetreten sind. Ich sehe jedoch – und ich lasse mich an diesem Punkt durchaus des Eurozentrismus beschuldigen – die

Schlüsselrolle im Prozeß der Befreiung aus den Sackgassen der Entwicklung nach wie vor in den fortgeschrittenen kapitalistischen Ländern.

BAHRO: Darf ich etwas dazu bemerken, damit wir dieses Mißverständnis gleich beseitigen. In den drei äußeren Widersprüchen, die ich nannte, ist natürlich in je einem der Begriffe stets der kapitalistische Reproduktionsprozeß in unseren Ländern das eigentlich Gemeinte, der Kern der Sache.

MANDEL: Ich würde den Nord-Süd-Konflikt nicht einen äußeren Widerspruch nennen, das ist ein Widerspruch innerhalb der kapitalistischen Wirtschaft.

VON OERTZEN: Meine Argumentation geht dahin, daß der Schlüssel für die produktive Auflösung auch des in einer Bedrohung des Weltfriedens resultierenden Ost-West-Konflikts in der Lösung der innerkapitalistischen Widersprüche zu suchen ist. Und ganz gewiß ist die Überwindung der Automatik und der zerstörerischen Kraft des kapitalistischen Verwertungsprozesses eine notwendige, wenn auch nicht hinreichende Bedingung für die strukturelle Lösung der Probleme der Zerstörung der Natur; dies ist eine Bemerkung an die Adresse der ökologischen Bewegung. Aber zurück zu dem Argument, das Ernest zur Erklärung der Unterschiedlichkeit der Entwicklung, in Anlehnung an ein Wort des jungen Trotzki, angeführt hat. In den industriell fortgeschrittenen Ländern können die ökonomischen Bedingungen für den Übergang zum Sozialismus günstiger, die politischen aber schlechter sein als in wirtschaftlich rückständigeren Ländern. Dies bezeichnet in der Tat die paradoxe Entwicklung, daß die Revolution in einem relativ unentwickelten Lande wie Rußland gesiegt hat und im entwickelten kapitalistischen Westeuropa nicht. Das ist der Kern des Dilemmas, in dem sich Sozialisten praktisch befinden, auch wenn sie glauben, theoretisch einen Ausweg zu wissen; daß nämlich eine sich selbst überlassene Entwicklung der Revolution in den unterentwickelten Ländern ohne Unterstützung durch die sozialistische Revolution in den fortgeschrittenen kapitalistischen Ländern nicht zum Sozialismus führt. Ich stimme völlig mit Ernest überein, wenn er sagt, in einem unterentwickelten Land sei zwar eine Revolution, der Sturz des Kapitalismus, möglich, aber keine positive sozialistische Entwicklung. Die Transformation der gesellschaftlichen Verhältnisse auf der Basis der Revolution in einem unterentwickelten Land mit spezifischen Traditionen – Stichwort: asiatische Produktionsweise, hier greife ich auf die Analyse zurück, die Rudolf Bahro in der *Alternative* vorgelegt hat – führte zwar zu einer Entfaltung der Produktivkräfte, aber in solchen sozialen, ökonomischen und politischen Formen, die zumindest politisch das Fortschreiten der Befreiung der Produktivkräfte im sozialistischen Sinn außerordentlich erschweren. Und umgekehrt ist das bewußte Subjekt der sozialistischen Bewegung in dem Bereich der Welt, in dem immer noch der Schlüssel zur Lösung dieser Frage liegt, nämlich in den entwickelten kapitalistischen Ländern, bis zum heutigen Tag nicht in der genügenden Kraft zu sehen. Nun hat Ernest die, wie er meint, empirisch begründete Hoffnung auf das Aufsteigen des Klassenbewußtseins und auf die Stärkung des subjektiven Faktors in Gestalt der organisierten revolutionären Sozialisten formuliert, die wir, wie ich meine, ausführlich diskutieren müssen. Denn ich will die Bedeutung dieses subjektiven Faktors und die ungeheure Wirkung, die von den richtigen, der Situation angemessenen und mit Nachdruck vorgetragenen Ideen einer kleinen Minderheit ausgehen kann und immer in der Geschichte ausgegangen ist, überhaupt nicht geringschätzen. Ich bin aber der Meinung, daß eine Analyse der Frage nötig ist, weswegen es den authentischen Sozialisten in den letzten Jahrzehnten der fortschreitenden kapitalistischen Entwicklung nicht gelungen ist, die Klassenkämpfe in den kapitalistischen Ländern entscheidend zu bestimmen. Diese Diskussion muß sehr selbstkritisch und mit sehr sorgfältiger Beurteilung der Einzelfaktoren geführt werden.

WOLTER: Du hast jetzt die Frage, die auch eine kritische Bilanz des Reformismus beinhaltete, nicht beantwortet. Denn es steht ja auch außer Zweifel, daß für den reformistischen Weg, wenn man ihn so definiert, wie du es tust, auch der Sozialismus das Endziel ist. Die Übernahme der Regierungsverantwortung in nach wie vor kapitalistischen Strukturen stellt offensichtlich doch größere Hemmnisse dar, als es der Theorie nach sein müßte.

VON OERTZEN: Das eigentliche, das historische Problem des Reformismus ist ja nicht, daß das sozialistische Ziel auf einem Wege verfolgt worden ist, auf dem es, nach der Meinung der antireformistischen, antirevisionistischen Sozialisten nie erreicht werden kann; das eigentliche Problem ist, daß auf diesem Wege sehr schnell das sozialistische Ziel völlig aus dem Auge verloren worden ist. Zu einem Teil ist das schon in der reformistischen Theorie und Programmatik angelegt, auf jeden Fall schlägt sich das aber in der Praxis der reformistischen Bewegung nieder. Eine Strömung der organisierten Bewegung hat sich darauf beschränkt, die Augenblicks- und Tagesinteressen der Arbeiterklasse und der mit ihr sozial verbündeten kleinbürgerlichen Unter- und Mittelschichten zu verteidigen, mit dem erklärten Ziel, nicht den Kapitalismus zu überwinden, sondern ihn möglichst funktionsfähig zu halten, ihn vor Krisen zu bewahren, um dann *im* Kapitalismus den arbeitenden Klassen einen angemessenen Anteil an dem erwirtschafteten Mehrprodukt der Gesamtgesellschaft zu verschaffen und ihre Lebenslage zu verbessern. Eine andere Strömung innerhalb des Reformismus geht darüber hinaus und versucht, bei Fortbestehen des Kapitalismus in seinen zentralen Funktionen des Privateigentums an Produktionsmitteln und des Marktes, immerhin eine Machtverschiebung zugunsten der Arbeiterklasse zu erreichen, ohne dabei die Kapitalistenklasse und die kapitalistischen Strukturen selbst zu zerstören. Daß eine Bewegung, die entweder subjektiv oder objektiv das Ziel des Sozialismus nicht mehr verfolgt, dieses Ziel auch nicht erreichen kann, ist eine Banalität. Die Frage ist nur, welche subjektiven und objektiven Faktoren haben zu diesem Ablassen von der ursprünglichen sozialistischen Zielsetzung geführt? Das ist im übrigen, wie mir scheint, nicht nur ein Problem offizieller sozialdemokratischer Parteien. In den Augen des strikten, konsequent analysierenden Marxisten zeigen ja auch die kommunistischen Massenparteien einen überwiegenden Einfluß theoretisch revisionistischer und praktisch reformistischer Ideen und Verhaltensweisen. Ich halte es für zwingend notwendig, die Bedingungen zu analysieren, unter denen auch eine ursprünglich unter dem Zeichen des streng orthodoxen Marxismus angetretene Bewegung scheinbar – ich betone: nicht anscheinend, sondern scheinbar –, mit Notwendigkeit auf reformistische und revisionistische Irrwege kommt, wenn sie länger als ein oder anderthalb Jahrzehnte mehr als ein paar Prozent der arbeitenden Klasse in ihrem Alltagskampf und in der Vertretung ihrer täglichen Interessen zu repräsentieren hat. Es ist für mich eine entscheidende strategische Frage, wie es möglich ist, über Jahrzehnte hinweg schwierige ökonomische und soziale Kämpfe mit einer Massenbewegung zu führen, unter Umständen einen Zipfel der politischen Macht, etwa mit parlamentarischen Mehrheiten, in der Hand zu halten und dennoch das Bewußtsein von der Notwendigkeit langfristiger strategischer Ziele wachzuhalten. Dies ist die, wie mir scheint, zentrale Frage in der Auseinandersetzung zwischen sogenannten Revolutionären und sogenannten Reformisten. Es müssen Erklärungen für das Abweichen der Arbeitermassenbewegung in den fortgeschrittenen kapitalistischen

Ländern von der sozialistischen Zielsetzung gefunden werden. Und es müssen darüber hinaus Ansätze für die Überwindung dieses Abweichens gefunden werden. Ein Ansatz ist der Hinweis, es gebe in den inneren Widersprüchen des Kapitalismus nicht nur ökonomische, sondern auch politische und kulturelle Krisenphänomene, die eine zunehmende Anzahl von kritischen Angehörigen der Arbeiterklasse und sich der Arbeiterklasse verbündet fühlender Intellektueller und anderer Kräfte der Gesellschaft dazu führen können, eine langfristige sozialistische Perspektive als notwendig für die Lösung ihrer unmittelbaren heutigen und morgigen Probleme zu betrachten. Für den Intellektuellen ist das ein geringeres Problem; er braucht in seiner Existenzform zur Rechtfertigung seiner Existenz ein langfristiges Ziel, einfach weil er durch die Vermittlung der Theorie mit der Welt verkehrt. Das ist nicht die Lebenswirklichkeit des Arbeiters. Dieser lebt heute, morgen und übermorgen und muß sich für heute und für morgen und übermorgen von der Verfolgung sozialistischer Zielsetzungen etwas versprechen können. Und wenn er sich für heute, morgen und übermorgen nichts versprechen kann, weil ihn objektiv die Wirklichkeit nicht zur Idee des Sozialismus drängt, dann werden die Avantgarden und revolutionären Theoretiker noch fünfzig Jahre lang tauben Ohren predigen.

BAHRO: Es sei denn, der Arbeiter wird, wie Gramsci das gesagt hat, zum Intellektuellen; d. h. also, er vollzieht den ganzen Denkprozeß mit, der notwendig ist, um den Gesamtzusammenhang einer Produktionsweise zu erfassen.

VON OERTZEN: Hier ist der Punkt, an dem man konkret erklären muß, wieso sogar proletarische Massenparteien, die ursprünglich aus einer revolutionären Situation entstanden sind und sich subjektiv noch als revolutionär und sozialistisch verstehen, dies objektiv nicht oder nicht mehr sind. Was ist da vorgegangen, und wie kann dieser

Prozeß aufgehalten oder rückgängig gemacht werden? Die geschichtlichen Wege der Arbeiterbewegung sind mit von ihren Zielen abgewichenen, politisch gescheiterten sozialistischen Parteien gepflastert.

...sonst geht die ganze Menschheit kaputt. Von der Klassen- zur Gattungsfrage?

WOLTER: Ich möchte jetzt gerne eine Antwort von Rudolf auf die Ausgangsfrage hören. Du gehst ja offensichtlich davon aus, daß der Klassenkonflikt heute nicht mehr die entscheidende Linie der Auseinandersetzungen ist, sondern daß die entscheidende Linie die Wachstumslinie ist. Zieh doch hier eine historische Bilanz, ob diese von den Klassenauseinandersetzungen geprägte Epoche jetzt vorbei ist, wir also aufgrund objektiver Bedingungen andere Konfliktlinien im Auge behalten müssen.

BAHRO: Ich möchte einen Gedanken voranschicken: Was in der Geschichte gescheitert sein kann, sind eigentlich, von einem deterministischen historischen Materialismus aus betrachtet, nur die Illusionen. Marx sagt, der Kommunismus sei nicht ein vorgefaßtes Ziel, das wir erreichen wollen, sondern die wirkliche Bewegung, die den bestehenden Zustand aufhebt. Und wenn man die Sache unter diesem Gesichtspunkt betrachtet, würde ich Ernest erst einmal ganz entschieden zustimmen. Ich habe ja in meinem Buch geschrieben, daß ich glaube, daß die Geschichte den kürzesten Weg zum Sozialismus eingeschlagen hat, indem sie die Revolution in diesen rückständigen Ländern gemacht hat, wo sie noch nicht zum Sozialismus führen konnte. Aber dieser ungeheure materielle Nachholprozeß angesichts der Herausforderung durch den Industriekapitalismus war ja für diese unterentwickelten Gemeinwesen und Staaten unbedingt notwendig. Und die russische Revolution hat nur den Vorreiter für die antikolonialen Befreiungsbewegungen gespielt, die dann später zum Durchbruch gekommen sind. Von daher käme ich nie auf die Idee zu sagen, die russische Revolution wäre gescheitert; das meinte ich vorhin, als ich sagte, gescheitert seien nur die Illusionen.

WOLTER: Du definierst sie anders.

BAHRO: Was gescheitert ist, ist die Illusion, sie hätte zum Sozialismus führen können.

MANDEL: Diese Illusion hat 1917 aber niemand gehabt.

BAHRO: Wollen wir uns mal zumindest darauf einigen, daß die Rezeption, die die russische Revolution erfahren hat, die ungeheure Enttäuschung, die ihr realer Verlauf ausgelöst hat, immer mit der Unterstellung verbunden war und ist, daß sie doch hätte sozialistisch sein müssen. Und alle Empörung, alle Kritik an den Zuständen kommt aus dieser Ecke.
Wenn wir jetzt nicht an die Grenzen der Erde stießen, könnte ich deiner Forderung nach revolutionärer Geduld, Ernest, vielleicht zustimmen. Dann könnten wir tatsächlich davon ausgehen, daß die Idee der allgemeinen Emanzipation des Menschen in den 130 Jahren seit Entstehen des *Kommunistischen Manifests* nicht zum Durchbruch kommen konnte. Das kann uns, zumindest als sozialistische Intellektuelle, nicht entmutigen.
Was wir jetzt vorfinden, ist der Anstieg von Krisenbewußtsein, der weit über die Arbeiterklasse hinausgeht, ein Anstieg des Bewußtseins der Tatsache, daß diejenige Zivilisation, die in Europa seit der Antike vorfindig ist und nicht zufällig nur in Europa in dritter Lesung zum Industriekapitalismus geführt hat, nicht mehr so weitergeht. Das ist neu. Was wir in der Geschichte der Arbeiterbewegung seit 1917 erleben, ist der Ausdruck der Tatsache, daß sich der Kapitalismus als weit genug entwik-

kelt für einen neuen Durchbruch in den Produktivkräften erwiesen hat. Und in bezug auf die Gefährdung der Menschheit und der Natur hat es einen qualitativen Sprung in dieser Entwicklung gegeben, die uns allerdings zwingt, etwas ungeduldiger zu sein, Ernest.

MANDEL: Zum erstenmal wirft man mir revolutionäre Geduld vor (lacht).

BAHRO: Was sich im Eurokommunismus reflektiert, ist die Tatsache, daß der Kapitalismus in der Lage ist, in seinen Widersprüchen zu funktionieren und die Arbeiterklasse in den entwickelten Ländern über die Lohnfrage als Subsistenzproblem hinauszuführen. Der Lohn ist heute nicht eine Frage der Subsistenz, er ist eine Frage des Status in der Gesellschaft.

WOLTER: Sind die Arbeiter integriert?

BAHRO: Weitestgehend. Aber es bleibt Grund zur revolutionären Hoffnung. Wenn es auch nicht gelingt, den unmittelbaren Durchbruch im Sinne des Marxschen Konzeptes der proletarischen Revolution, oder wie wir das heute auch umschreiben wollen, zu erreichen: Wir müssen den kapitalistischen Zusammenhang des Reproduktionsprozesses sprengen, sonst geht die ganze Menschheit kaputt und nicht bloß die Lebensweise hier. Und diese Herausforderung durch den Gesamtreproduktionsprozeß greift nach meiner Überzeugung – wie in der Spätantike – quer zu den bestehenden Klassenstrukturen an. Das heißt nicht, daß die alten Klassenstrukturen auf einmal in unserer Analyse negiert werden können. Aber so wie die aufbauende Bewegung, die aus der griechischen Zivilisation mit den germanischen Barbaren zusammen eine Rekonstruktion bewirkt hat – das Christentum –, ideologische Kräfte über Klassenschranken hinweg formieren konnte, greift heute das

Krisenbewußtsein über alle Lohn- und Gehaltsabhängigen ...

MANDEL: ... aber das ist für mich die Definition des Proletariats ...

BAHRO: ... und auch noch in die sogenannten freischaffenden intellektuellen Bereiche hinein. Daß die freischaffend sind, spielt überhaupt keine entscheidende Rolle; und dieses Krisenbewußtsein greift so wie in der römischen Antike auch – was die Subjektivität betrifft – auch in die bürgerliche Klasse ein. So wie man in den 50er Jahren angesichts der Atombombendrohung zu begreifen begann, daß man auf dieser Ebene den Klassenkampf nicht ausfechten kann, so bringt die ökologische Krise, die Gesamtkrise unserer Zivilisation, heute auch Leute verschiedenster Klassenlage dazu, Lösungen jenseits spezifischer Klasseninteressen zu suchen, darunter auch Leute, die täglich acht Stunden an den Monopolschreibtischen sitzen und den Kapitalismus exekutieren. Auch dort wächst die Bereitschaft, das Gesamtproblem der Rettung unserer Zivilisation und damit der Überwindung des Kapitalismus, von dem alle Krisenprobleme der Menschheit abhängen, zu stellen. Wir haben heute ungeheure Möglichkeiten.

WOLTER: Da wir jetzt eine Reihe zentraler Punkte angerissen haben, schlage ich vor, daß wir jetzt in eine freie Diskussion eintreten.

MANDEL: Es sind zwei verschiedene Probleme aufgeworfen worden, auf die ich eingehen möchte. Dennoch klammere ich jetzt einmal das letzte aus und komme auf Peter von Oertzen zurück. Kurz gefaßt, ich glaube nicht, daß man rein empirisch beweisen kann, daß die Arbeiterklasse in wachsendem Maße in die bürgerliche Gesellschaft integriert worden ist und daß die Hegemonie, die ich nicht bestreite, der reformistischen – sozialdemokratischen und eurokommunistischen – Massenparteien dem gegebenen Bewußtsein, Selbstbewußtsein der Lohnabhängigen in Westeuropa entspricht. Wiederum bildet hier die Bundesrepublik eine gewisse Ausnahme, weil sie sich in diesem Gebiet auf einem niederen Niveau befindet und diesen ganzen Prozeß erst mit einigen Jahren Verspätung erfährt.

VON OERTZEN: Auf einem tieferen Bewußtseins- und einem höheren ökonomischen Niveau, das ist das Problem.

MANDEL: Das ökonomische Niveau ist auch nicht so viel höher, man soll es auch nicht übertreiben. Aber lassen wir das jetzt beiseite.

BAHRO: Ich glaube, wir sind uns darüber einig, daß es richtig ist, in dieser Diskussion nicht von der Bundesrepublik speziell auszugehen. Wir müssen, da stimme ich Ernest völlig zu, wenigstens von Westeuropa ausgehen.

MANDEL: Wenn wir die Bilanz der letzten 60 Jahre, der Zeit nach 1914 oder sogar nach 1905 ziehen wollen, so sehe ich zwei Hauptargumente, nicht dogmatischer, sondern rein empirischer Natur, die sich gegen deine Interpretation stellen. Die erste Argumentation ist, daß es in jedem einzelnen westeuropäischen Land periodisch riesige objektiv antikapitalistische Bewegungen gegeben hat, das ist nicht zu leugnen; und daß diese riesigen Explosionen von außerparlamentarischen Massenkämpfen sowohl zahlenmäßig, was die Zahl der Teilnehmer betrifft, als auch qualitativ, was die Forderungen betrifft, mit Ausnahme wiederum Deutschlands, eine aufsteigende und nicht absteigende Linie haben. Wenn man die größten französischen Streiks, vor dem Ersten Weltkrieg, 1920, 1936, 1968 vergleicht, kann man das eindeutig sehen. Auch wenn man den italienischen Generalstreik von

1912, die Fabrikbesetzungen von 1920, den 48er Generalstreik mit den großen Bewegungen von 1969/70 vergleicht, kann man das ohne jeden Zweifel feststellen. Dasselbe gilt für Belgien, Großbritannien, Dänemark, Portugal und Spanien. Es ist kein Vergleich zwischen den Forderungen, die der Mai '68 gestellt hat, mit den Forderungen der französischen Streiks von 1920 oder sogar 1936.

Zweitens. Ich würde bestreiten, daß sich bei den Lohnabhängigen Lebenserfahrung und Lebensinteressen auf die Lohnfrage reduzieren lassen, d.h. auf die Frage des Einkommens. Sobald du das Problem der Lebenserfahrung und der unmittelbaren Interessen auf den Produktionsprozeß, auf das, was sich im Betrieb abspielt, ausdehnst und nicht nur auf die Konsumsphäre, auf die Sphäre der Verteilung beziehst, dann ist klar, daß von einer Integration der Arbeiterklasse in den kapitalistischen Produktionsprozeß, von einem Akzeptieren dieser unmenschlichen Ausrichtung und Struktur dieses Produktionsprozesses keine Rede sein kann. Ich kann dir empirisch beweisen – und in diesem Falle die BRD und USA eingeschlossen –, daß in den letzten 10, 15 Jahren der Protest und die Rebellion gegen die Beschleunigung des Arbeitsrhythmus, gegen die Arbeitsorganisation im Betrieb unvergleichlich größer geworden sind als in irgendeiner anderen Epoche der Arbeiterbewegung; so daß wir also sagen können, daß in der Lage der Arbeiterklasse im Kapitalismus selbst ein Widerspruch steckt, den Marx wohl erkannt, aber nicht genügend herausgearbeitet hat. Dieser Widerspruch stellt den analytischen Anfangspunkt der Lösung des Problems dar. Die Arbeiterklasse steht in einem doppelten und widersprüchlichen Verhältnis zur bürgerlichen Gesellschaft. Als Produzent von Mehrwert ist sie per definitionem – und diese Definition kann millionenfach empirisch belegt werden – absolut Gegnerin dieser Organisation der Wirtschaft, der Produktion und des Arbeitsprozesses. Als Lohnempfänger sind die Arbeiter selbstverständlich – das ist ebenfalls durch ihre Situation bedingt – an mehr Lohn, d.h. an mehr Geld, d.h. an mehr Warenkauf, d.h. an mehr Marktwirtschaft interessiert. Und da ist ein Widerspruch, der in der Situation der Arbeiterklasse selbst angelegt ist. Die Arbeiter können permanent mit der Arbeitsorganisation unzufrieden sein, sie können aber nicht permanent streiken. Denn wenn sie permanent streiken, bekommen sie keinen Lohn und verhungern. Mit anderen Worten: Wegen dieses Widerspruches in der objektiven Lage der Arbeiterklasse selbst kann breite Rebellion gegen das System nur einen periodischen Charakter haben und keinen permanenten. Permanent ist dagegen das Streben nach besserem Lebensstandard, höherem Lohn usw. Und das ist durchaus integrierbar in die bürgerliche Gesellschaft und auch integriert in die bürgerliche Gesellschaft. Aber ebenso permanent sind Unbehagen an und Unzufriedenheit mit der Unterordnung unter einen unmenschlichen Arbeitsprozeß; das kann sich jedoch nicht permanent in Aktionen äußern, weil der Arbeiter sonst, wie schon gesagt, verhungert. Jedenfalls dann, wenn er nicht sofort siegt, den Produktionsprozeß unter seine Kontrolle bringt und ihn dann revolutionär verändert und seinen Bedürfnissen anpaßt. Somit sind revolutionäre Krisen per definitionem nur periodisch möglich, nicht aber permanent. Es wirkt wohl paradox, daß gerade ein Vertreter der Theorie der permanenten Revolution dies so deutlich ausspricht, aber das entspricht ohne Zweifel der historischen Erfahrung. Somit ist das wirkliche Problem nicht das, daß die Arbeiter aus ihrer Lebenserfahrung und aus ihren Lebensinteressen kein sozialistisches Bewußtsein haben können oder sich das sozialistische Ziel nicht als etwas permanent Erlebtes aneignen können; das können sie durchaus. Rudolf Bahro hat richtig gesagt, durch ihre Zugehörigkeit zur sozialistischen Arbeiterbewegung und durch die aufklärerische und erzieherische Rolle der sozialistischen Arbeiterbewegung können sie das. Da ist wohl der historische Beleg eindeutig. Wenn wir die deutsche Arbeiterklasse der Periode 1980 bis 1914 anschauen, so hat sie materiell einiges errungen. Man könnte darüber streiten, ob das weniger oder mehr ist, im Vergleich zum Ausgangszustand, als in der Bundesrepublik in den letzten 25 Jahren. Ich würde eher sagen, angesichts des Ausgangsstandes ist es proportional wahrscheinlich mehr als das, was heute errungen worden ist. Aber das ist jetzt unwesentlich, da es eine rein quantitative Frage ist. Und im Gegensatz zu dem, was die Anarchisten und einige Linksradikale behaupten, sind diese Errungenschaften keineswegs durch den Verlust des Glaubens an das sozialistische Endziel begleitet worden. Sonst würde die ganze spätere Geschichte unerklärlich werden, sowohl die Revolution von 1918 als auch die riesige Ausdehnung der USPD und später der Massen-KPD. Das kann man nicht nur aus dem Trauma des Weltkriegs und der russischen Revolution erklären.

BAHRO: Weißt du, wenn man diese Integrationshypothese, die Peter und ich in dieser Diskussion gemeinsam aufgestellt haben, so verabsolutiert wie du, um sie dann zurückweisen zu können, dann hieße das ja, wir würden schlicht den Widerspruch zwischen Lohnarbeit und Kapital verleugnen. Denn es ist doch völlig klar, daß es unmöglich ist, eine unterdrückte Klasse und hier speziell eine über die Mehrwertabschöpfung unterdrückte Klasse *völlig* in den Kapitalismus zu integrieren. Das Problem, das wir diskutieren, ist doch die Frage, inwieweit der Kapitalismus in der Lage gewesen ist, seine Gesamtstabilität zu wahren, d.h. also, inwieweit er in der Lage gewesen ist, die Arbeiterbewegung so weit zu integrieren, daß der Konflikt zwischen diesen beiden Seiten in dem Widerspruch, den du entwickelt hast, immer zugunsten des Interesses an der Marktwirtschaft, an der Beteiligung, am Mitgewinn, also im kapitalistischen Rahmen entschieden wird.

MANDEL: Ich glaube, da bringst du die zwei verschiedenen Ebenen der Analyse durcheinander. Peter hat sie – wenigstens begrifflich – genauer auseinandergehalten. Man kann sagen, daß es dem Kapitalismus gelungen ist, große, revolutionäre, antikapitalistische Kämpfe zur Niederlage zu bringen. Es ist aber etwas anderes zu behaupten, daß es dem Kapitalismus gelungen sei, die Arbeiter davon abzuhalten, periodisch große antikapitalistische Massenkämpfe zu entfachen. Das sind zwei verschiedene Ebenen. Die erste würde ich als »hauptsächlich politisch« bezeichnen (auch wenn das vielleicht unmarxistisch klingt), die zweite ist sozialökonomisch.

BAHRO: Und die ist die entscheidende ...

MANDEL: ... aber die zweite Behauptung stimmt nicht, das kann ich historisch belegen. Wenn wir die Bundesrepublik, d. h. die Entwicklung in Deutschland seit 1953 ausklammern, dann stimmt das für das übrige Europa nicht. Es stimmt nicht, daß *das* dem Kapitalismus gelungen ist. Ich könnte Zitate von großen Soziologen anführen, die heute lächerlich klingen. Drei Monate vor dem Mai '68 sagten diese Soziologen, die Arbeiterklasse und die Jugend seien völlig in das System integriert und völlig unpolitisch. Und drei Monate später gab es den größten Generalstreik der Geschichte. Die Frage, warum diese Kämpfe in einer Niederlage geendet haben, ist also eine im wesentlichen politische Frage. Darüber muß man sich zuerst im klaren sein: Ist die Arbeiterklasse der industriell entwickelten Länder durch ihre objektive Lage – sagen wir, existenziell – fähig, periodisch gewaltige außerparlamentarische Massenkämpfe zu entfachen, die objektiv den Sturz des Kapitalismus auf die Tagesordnung setzen? Die zweite Frage ist: Aus welchen Gründen waren diese in ihrem Umfang wahrscheinlich bedeutenderen Kämpfe als die der dritten Welt, mit Ausnahme von China, nicht siegreich? Aber diese Fragen sind wesentlich politischer Natur. Es handelt sich also nicht um eine sozialökonomische Unfähigkeit zu kämpfen und das System in Frage zu stellen, denn das haben sie doch getan.

VON OERTZEN: Das leugne ich nicht, damit wir die Diskussionslage klar haben. Und ich leugne nicht, daß das Problem der proletarischen Existenz nicht ausschließlich als das Problem des Lohnempfängers definiert werden kann; das ist immer mein Standpunkt gewesen. Du weißt, daß ich in der Analyse der tatsächlichen Ereignisse der Novemberrevolution den Konflikt zwischen dem Arbeiter als Produzenten und seiner unmittelbaren Entfremdung von den Produktionsmitteln als zentral für die wirkliche revolutionäre Bewegung der Novemberrevolution herausgearbeitet habe. Und mein nachträglicher politischer Vorwurf war der, daß die revolutionäre Linke genau diesen Punkt nicht in dem Maße erkannt hat, wie sie ihn hätte erkennen können und müssen. Insofern sind wir völlig einer Meinung. Zweitens. Ich gebe dir auch insoweit recht, als sich die Arbeiterklasse in der Tat in einem widersprüchlichen Verhältnis zur bürgerlichen Gesellschaft befindet: Der Arbeiter kann einerseits – als Lohnempfänger, als Produzent – in ständiger, zumindest potentieller Auflehnung gegen die kapitalistischen Produktionsverhältnisse existieren, andererseits als Konsument integriert sein. Da kann man übrigens noch eine Menge hinzufügen über die Lohnverhältnisse, über das soziale Leben. Ich würde z.B. gerne noch eine Analyse der Verhältnisse auf einem niedersächsischen Dorf einfügen, wie sehr der gutverdienende Facharbeiter dort in eine kleinbürgerliche Gesellschaft integriert ist; außerdem arbeitet die Mehrheit der Arbeiterklasse – auch in der Bundesrepublik – nicht in Großbetrieben, auch das muß man berücksichtigen.

Meine Frage war jedoch, wie kommen die politischen Niederlagen zustande? Welche objektiven ökonomischen, sozialen, organisatorischen und psychologischen

Prozesse führen immer wieder dazu, daß in einer offenen Situation des Klassenkampfes, einer Bereitschaft der massenhaften Gegnerschaft gegen den Kapitalismus die politische Führung in den Händen von Gewerkschaftsorganisationen und Massenparteien liegt, die sogar dann, wenn in ihrem Programm der Sozialismus gefordert wird und die Werke der Klassiker mit Goldschnitt in den Bücherschränken ihrer Führer stehen, sich praktisch wie brave sozialdemokratische Reformisten verhalten und aus lauter Angst, ihre Organisation aufs Spiel zu setzen (Zwischenruf Mandel: Das ist eine der Antworten!), den entscheidenden Kampf nicht wagen? – Und jetzt stellt sich die Frage: Wo ist der Ansatzpunkt für die Schaffung von Bewußtseinsformen, Programmen und Organisationen im gewerkschaftlichen und politischen Bereich, die sowohl fähig sind, die Alltagsinteressen der Arbeiter in allen kleinen Fragen zu vertreten und zugleich eine politische Führung in den ja nicht permanent, sondern gelegentlich – periodisch – auftretenden politischen Krisen zu stellen? Eine weitere Frage lautet: Wieso sich – und das ist vielleicht eine spezifisch deutsche Erfahrung – die sogenannten revolutionären Organisationen in vielen Fällen leider nicht als besonders erfolgreiche Verfechter der Alltagsinteressen der Arbeiter erweisen und sich dort von den Praktikern, den Funktionären der großen Massenorganisationen immer wieder ausspielen lassen? Ich sehe schon Ansatzpunkte, aber ich möchte, daß die Problematik, daß nämlich diejenigen, die die klaren politischen Vorstellungen für die Führung der Arbeiterbewegung in großen gesellschaftlichen Krisensituationen haben, empirisch nicht diejenigen sind, die die Führung im Alltagskampf in den Händen haben, und umgekehrt, vorurteilslos, nüchtern und ohne wechselseitige Polemik diskutiert wird. Mir geht es überhaupt nicht darum, etwa die Unmöglichkeit sozialistischer, sprich: revolutionärer Politik durch Hinweis auf deren Schwierigkeiten nachzuweisen, sondern, im Gegenteil, ich will die Schwierigkeiten – und zwar möglichst in ihrem größten und gefährlichsten Ausmaß – erkennen, um sie zu überwinden. Das ist für mich der Punkt. (Zwischenruf Mandel: Ausgezeichnet!) Und du hast im Grunde gegen eine Haltung polemisiert, die sicherlich von vielen Sozialdemokraten eingenommen wird, nur eben nicht von mir.

BAHRO: Ich will versuchen, noch eins hinzuzufügen, was ich in bestimmter Hinsicht als eine Verallgemeinerung seiner Fragestellung betrachte. Was Peter von Oertzen sagt, könnte man konkreter in folgende Frage fassen: Wenn das Widerstandspotential, von dem Ernest Mandel spricht, in der revolutionären Situation nicht durchschlägt, muß das nicht daran liegen, daß es in sich selbst eine Schranke hat?
Protest- und Kontestationspotential heißt ja noch nicht, daß es den Formationszusammenhang sprengen muß. Wir haben bei früheren Klassengesellschaften gesehen, daß eine unterdrückte Klasse nicht notwendig eine revolutionäre Perspektive in sich trägt. Die Bauern konnten nach dem Feudalismus nicht die neue Ordnung bringen. Die Sklaven, die noch viel mehr existentiell herausgefordert waren, haben heroische Aufstände zustande gebracht und mußten dann doch aufgeben.

MANDEL: Muß das Proletariat wirklich aufgeben?

BAHRO: Nein, ich will damit nur das Problem kennzeichnen und will nur sagen, daß es doch offenbar in dem Widerstandspotential selbst Schranken geben muß. Sonst verbleibt man vielleicht zu sehr auf der Ebene des Psychologischen, des individuellen Arbeiterwiderstandes, des Protestes gegen Verhältnisse, die vom Menschen her unakzeptabel sind. Die Frage ist doch, wieso es auf lange Frist gelingt, bei all dem, was an Widerstandspotential existiert, das Gesamtsystem kapitalistischer Reproduktion stabil zu halten?

MANDEL: Wir müssen Deutschland aus der allgemeinen Entwicklung ausklammern. In Deutschland hat es ab 1890 eine sozialistisch bewußte Massenbewegung der Arbeiterklasse gegeben. Aber auch in Deutschland gab es nie mehr als eine Minderheit mit einem winzigen Organisationsgrad auch auf gewerkschaftlichem Gebiet, vielleicht 20 Prozent, d. h. unter dem der USA heute, das muß man alles konkret sehen. Das ist schon so ein Mythos: Die riesige Arbeiterbewegung vor dem Ersten Weltkrieg und eine nichtbestehende heute. Wenn du das historisch staffelst, kannst du sagen, in Deutschland ist heute – darüber besteht nicht der geringste Zweifel – das durchschnittliche Klassen- und das sozialistische Selbstbewußtsein der Arbeiterklasse weit, weit unter dem Niveau von 1933 oder 1918; aber das ist doch nicht unerklärlich. Keine Klasse in der Geschichte – und schon gar nicht in der modernen Geschichte – hat solche fürchterlichen Enttäuschungen und Niederlagen erfahren wie die deutsche Arbeiterklasse. Das kann man in vier Namen zusammenfassen: Noske, Hitler, Stalin, Ulbricht. Und schließlich Bad Godesberg. Wenn das nacheinander auf eine Klasse niedersaust, kann man fast noch zufrieden sein, daß das übriggeblieben ist, was es noch gibt.

BAHRO: Also wenn, dann war Bad Godesberg nur ein Nachschlag, Ernest.

MANDEL: Aber wenn du das auf andere Länder, den Rest Europas, beziehst, so ist das absolut nicht wahr. Ziehe den Vergleich für Spanien, Portugal, Italien, Frankreich, England, Belgien, Dänemark, um nur diese Länder zu nennen, ich könnte sogar noch Schweden hinzufügen. Kein Mensch kann behaupten, daß die Arbeiterklasse weniger aktiv oder weniger politisch sei oder sich weniger radikale Ziele setzt, als das vor dem Ersten Weltkrieg der Fall war. Das kannst du nur behaupten, wenn du die Wirklichkeit total mystifizierst, wenn du ein falsches Bild

sowohl der Vergangenheit als auch der Gegenwart zeichnest. Also da glaube ich, stimmt Peter von Oertzen mehr mit mir überein. Über den empirischen Tatbestand kann man nicht streiten. Der empirische Tatbestand ist m.E. unwiderlegbar, mit der Ausnahme Deutschlands, wofür ich diese Behauptung auch nicht aufstelle. Es ist offensichtlich, daß das auf Deutschland nicht zutrifft.
Ich möchte jetzt Peters Frage beantworten. Aber das ist nicht so einfach; wenn man die endgültige Antwort auf diese Frage hätte, hätte man das Problem wahrscheinlich auch schon in der Praxis gelöst, darüber sind wir auch völlig einig. Aber das, was er beschrieben hat, kann man in einen Begriff fassen, der auch sehr alt ist in der marxistischen Theorie: der Begriff der Bürokratisierung der Arbeiterorganisationen und der Verselbständigung der Bürokratie dieser Organisationen und die dialektische Wechselwirkung zwischen den beiden. Das heißt, die Organisation wird zum Selbstzweck und, wie Peter richtig gesagt hat, Hauptmotivation dieser Apparate – wenn man jetzt Schwindler und korrupte Leute wegläßt, das wäre eine Verschwörungstheorie, die die Geschichte nicht erklären kann – ist tatsächlich die Angst, das Erreichte aufs Spiel zu setzen. Ich würde das mit anderen Worten den grundlegenden Konservatismus dieser Organisationen und der Bürokratie nennen. Dasselbe gilt auch für die Sowjetbürokratie, dahinter steckt genau dieselbe Mentalität, nur eben auf höherer Ebene, weil sie über viel größere Machtmittel verfügt als die Gewerkschaftsbürokratien. Ich würde also sagen, daß darin eine innere Logik des Wachstums dieser Arbeiterorganisationen liegt. Du weißt, daß ich diesen Begriff schon als Erklärung für die Erscheinung der Bürokratie benutzt habe: Das ist die Dialektik der Teilerrungenschaften, d.h., die Verteidigung des Errungenen wird zu einem Hindernis für weitere Fortschritte. Wie kann dieses Problem jetzt gelöst werden? Du siehst den Unterschied zwischen der Verteidigung der unmittelbaren Interessen im

Alltagskampf durch die Reformisten und den Revolutionären, die sich auf das Endziel konzentrieren. Ich würde diese Zweiteilung so nicht akzeptieren, weil ich glaube, daß die Reformisten auch im Alltagskampf immer weniger die unmittelbaren Interessen der Arbeiter vertreten. Ich sehe, nebenbei gesagt, auch hier schon einen Hinweis darauf, daß sich etwas geändert hat; das tun heute andere Leute, das sind die Vertrauensleute, die shop stewards, die délégués, die delegati di fabbrica usw., in Wirklichkeit haben die in den letzten fünf Jahren dafür gesorgt, daß die – ich sage es mal ganz grob – von den Gewerkschaftsbürokraten verkauften Lohnabhängigen ihren Lebensstandard haben halten können, denn die Gewerkschaftsbürokraten haben alle der Austeritätspolitik zugestimmt. Die haben doch auf Betriebsebene das zurückgeholt, was auf nationaler Ebene verloren ...

WOLTER: Aber die Reformisten garantieren doch sozusagen die allgemeinen Rahmenbedingungen, dafür daß ...

MANDEL: ... darüber könnte man sich lange streiten, aber darüber werden wir später noch reden können. Ich würde sagen, daß das wirkliche Problem – ich bin dauernd in Paradoxa für einen Leninisten verwickelt – darin liegt, daß du in Wirklichkeit nicht von außen ein revolutionäres Bewußtsein in die Arbeiterklasse hineinbringen kannst. Das ist wohl der historische Prozeß, aber nicht der Reproduktionsprozeß, das geht nicht. Das kann nur von innen selbst passieren. Das entscheidende Bindeglied ist also die Selbsterziehung der Arbeiterklasse, die Herausbildung des Verständnisses von und der Erfahrung mit der Selbstorganisation. Wir verstehen das als Marxisten in erster Linie als einen objektiven Prozeß, weniger als eine Aufgabe, obwohl daraus auch eine Aufgabe erwächst. Wenn die Geschichte beweisen würde, daß die Arbeiter oder die Lohnabhängigen allgemein trotz der heute viel günstigeren Bedingungen unfähig sind, in wachsendem Maße zur Selbstorganisation in ihren Tageskämpfen überzugehen, dann ist es mindestens unwahrscheinlich – da stimme ich dir zu –, daß sie durch irgendein Wunder in einer revolutionären Krise plötzlich in breitestem Ausmaße Selbstorganisation verwirklichen würden. Und dann können die reintegrativen, die restaurativen Kräfte – nicht notwendigerweise in Gestalt bürgerlicher Demokratien, das kann auch schlimmer ausgehen, wie in Chile z.B. – siegen. Wenn umgekehrt nachweisbar ist, daß durch die Logik der Krise der kapitalistischen Produktionsverhältnisse selbst – und hier stimme ich mit Bahro völlig überein, daß die Krise heute auch für den Alltagskampf eine viel stärkere Bedeutung hat – eine objektive Tendenz hin zur wachsenden Selbstorganisation in der Entwicklung der Klassenkämpfe der letzten 10, 12 Jahre existiert, ist eine optimistische oder gemäßigt optimistische Variante der Prognose möglich. Dann können wir sagen, Arbeiter, die in wachsendem Maße ihre Streiks selbst organisieren, Lohnabhängige, die in Bürgerinitiativen oder wie immer man das nennen mag, zur Selbstorganisation in verschiedenen Bereichen des gesellschaftlichen Lebens übergehen, werden – und ich würde beinahe sagen, natürlich – in einer revolutionären Situation zur Räteform, zur Selbstorganisation in der breitesten Form, übergehen. Und dann ist es nur eine Frage der politischen Vernunft der Linken – die hat in Portugal leider gefehlt –, der Masse der Bevölkerung erfahrbar zu machen, daß das eine höhere Form der Demokratie ist, in dem von dir, Peter, angesprochenen Sinne. Daß es unter diesen Bedingungen mehr persönliche und demokratische Freiheit, mehr Presse- und Meinungsfreiheit, mehr politischen Pluralismus gibt – nicht geben könnte, sondern tatsächlich praktisch gibt – als in der bürgerlichen Demokratie. Und dann ist m.E. die Sache gelaufen. Wenn sich diese neue Staatsform in den Augen der Massen der Bevölkerung als eine demokratischere legitimiert, ist die Restauration unerhört viel schwieriger. Und ich glaube nicht, daß sie mit repressiven Mitteln möglich ist. Ich glaube, daß die Revolution auch in Chile auf dem Gebiet leicht hätte siegen können. Es lag nicht an der chilenischen Armee, die war viel schwächer als die persische Armee. Man hätte sie leicht politisch besiegen können. Daß sie gesiegt hat, hat politische Ursachen, nicht technische, wie es Regis Debray sagt, daß Allende nicht drei Flieger für Raketenflugzeuge gehabt hat. Es ist lächerlich, Sieg oder Niederlage einer Revolution von solchen Faktoren abhängig zu machen.

VON OERTZEN: Nein. Mehr als die Hälfte des chilenischen Volkes war nicht bereit, für die Revolution zu kämpfen. Ein großer Teil war sogar bereit, gegen sie zu kämpfen.

MANDEL: Das einzige, was ich sagen wollte, ist, daß der rein technische Machtfaktor nicht entscheidend ist. Das Entscheidende ist der politische Faktor. Die Fähigkeit zur oder der Umfang der Massenmobilisierung und der Identifikation mit einem neuen Regime, mit einer Revolution und die Legitimität der neuen Ordnung in den Augen der Masse der Bevölkerung ist das Entscheidende, und nicht die Zahl der Waffen, die die Repressionsorgane haben.

WOLTER: Ich habe noch eine Frage an dich, Rudi. Eure Kontroverse, Ernest und Peter, ist ein bißchen nebeneinander hergelaufen, weil die Diskussion von unterschiedlichen Bestimmungen ausging. Ernest sagt immer, daß die Arbeiterklasse nicht integriert ist, betont aber die Ungleichzeitigkeit des Klassenbewußtseins. Das heißt, daß es lange Perioden gibt, in denen von Revolution nicht die Rede ist. Es gibt aber auch Situationen, wo es zu bemerkenswerten Massenbewegungen kommen kann. Während Peter eigentlich immer die andere, die langfristige Seite sieht, und sagt, daß man nicht die ganze Zeit revolutionäre Geduld haben kann zu warten, bis es endlich losgeht.

VON OERTZEN: Mir geht es um die historische, die zeitliche und politische Kontinuität. Und ebenso um eine kontinuierliche Stärkung eines hohen Bewußtseins der sozialistischen Bewegung auch durch die Phasen hindurch, in denen eine revolutionäre oder Krisensituation nicht besteht. Diese Kontinuität kann nur, darüber sind wir uns wahrscheinlich alle einig, durch eine Organisation garantiert werden. Die heute einzige Form gesellschaftlicher Kontinuität ist die Organisation. Wir sind alle keine Spontaneisten in dem Sinne, daß wir sagen, daß wir uns nur dann versammeln, wenn etwas ansteht. Das geht nicht.

WOLTER: Gut. Dann haben wir das Problem, daß sich diese Organisation vom Bewußtsein abhebt und leere Erklärungen stattfinden.
Ich wollte nur auf eines hinaus. Ich halte das für eine falsche Ebene des Streits. Im Grunde hast du ja niemals bestritten, daß es auch Situationen geben kann, in denen hier mehr möglich ist als im normalen Geschäftsgang. Während du, Rudi, in der Frage der Integration der Arbeiterklasse viel weitergegangen bist. Denn du siehst das Problem von der Wachstumslinie her. Wenn die Arbeiterklasse am Wachstum partizipieren will – in Form von höheren Löhnen und kürzerer Arbeitszeit, was ja alles ökonomisches Wachstum, in diesem Fall kapitalistisches Wachstum, impliziert – so ist diese Forderung nach besserem Lebensstandard ja auch ein Bestandteil der Kapitallogik selber.

BAHRO: Ich finde, daß die Integration viel fundamentaler ist, als die Diskussion die Sache hier berührt.
Sie wird nicht auf der politischen und psychologischen Ebene des Protests gegen solche Einordnungen ent-

schieden. Ich möchte mal etwas übertreiben: Man ist stolz darauf, römischer Bürger zu sein, auch wenn man römischer Proletarier ist. Das ist die Situation, die wir hier haben. Die arbeitenden Klassen der entwickelten Länder spielen die Rolle von Unterklassen in Kolonialländern. Das ist meiner Meinung nach das Hauptproblem, was in der linken Diskussion nicht in ausreichendem Maße gesehen wird. Daß die Arbeiter sich zu dieser sogenannten ersten Welt so grundlegend zugehörig fühlen, daß sie in dem Zusammenhang des kapitalistischen Reproduktionsprozesses letzten Endes so effektiv mitfunktionieren; aber nicht nur in dieser Bundesrepublik Deutschland, wo es besonders ausgeprägt ist und wo der gewerkschaftliche Kampf geradezu hervorragend als Stabilitätsmechanismus mitfunktioniert mit jeweils gut berechneten Teilen für die Arbeiter, sondern dies funktioniert auch in allen anderen entwickelten Ländern. Es funktioniert so, daß das Endergebnis der Klassenkämpfe die erweiterte Reproduktion des Kapitalismus ist, abgeladen auf der ganzen übrigen Menschheit. Wir haben eine so weitgehende und auch in der Psychologie festgeschriebene Einordnung, daß die kolossale Spanne in den Pro-Kopf-Einkommen im Weltmaßstab in der innenpolitischen Praxis überhaupt keine Rolle spielt. Die arbeitenden Klassen der entwickelten Länder stehen in dem kulturellen Zusammenhang der herrschenden kapitalistischen Zivilisation. Diese Tatsache hat heute geschichtlich viel mehr Gewicht erlangt, als wir uns das jemals vorgestellt haben. Ernest, du hast vorhin schnell deinen Ausweg parat gehabt, indem zu sagtest, daß es eigentlich ein innerkapitalistischer Widerspruch mit der dritten Welt sei. Nein. Über den Punkt können wir uns bestimmt nicht auf eine Zwischenformel einigen. Da sehe ich die Sache total anders. Es stimmt zwar, daß der kapitalistische Reproduktionsprozeß dort übergreift, aber nicht diese bürgerliche Gesellschaft, wie wir sie hier haben und in der wir so tief drin stecken, daß alle Kontestation und aller Protest zu nichts weiter führen, bisher de facto und immer wieder, als daß sich auf höherer Stufenleiter dieselbe bürgerliche Gesellschaft herstellt, bisher meist mit – wie auch immer problematischen – Zugeständnissen für die arbeitenden Klassen.

VON OERTZEN: Aber der entscheidende Punkt ist, daß Ernest, wenn ich ihn richtig verstanden habe, bestreitet, daß dieses noch lange so wird ertragen werden können.

BAHRO: Da stimme ich ihm zu. Aber aus anderen Motiven.

VON OERTZEN: Ich glaube, daß diese beiden unterschiedlichen Ansatzpunkte im Grunde ein identisches Problem beinhalten. Du leugnest nicht, daß die Arbeiterklasse im Kontext der fortgeschrittenen kapitalistischen Gesellschaft nicht integriert ist, so wie Ernest das behauptet. Du bist auch der Meinung, sie sei nicht voll integriert ...

BAHRO: Es ist unmöglich, sie total zu integrieren.

VON OERTZEN: Da ist ein Konfliktpotential, das immer wieder ausgenutzt wird und das ausgenutzt werden kann. Und umgekehrt wird Ernest, vermute ich, ja nicht leugnen, daß die Rebellion der auf diese oder jene Weise neokolonialistisch ausgebeuteten Völker, die insoweit auf einer niederen Stufe in den kapitalistischen Reproduktionsprozeß im Weltmaßstab einbezogen sind, ihre Rückwirkungen auf die Form und den Verlauf der Klassenkämpfe in der westlichen Welt hat. Und sei es nur, indem sie uns den Ölhahn abdrehen.

MANDEL: Sie haben den Ölhahn nicht abgedreht. Die Ölscheichs und die Ölgesellschaften haben den Ölhahn abgedreht, nicht die Massen in Saudi-Arabien ...

VON OERTZEN: Natürlich nicht die Massen ...

BAHRO: Das ist nicht so einfach, wie du das gerade machst. Natürlich haben die Massen den Hahn nicht abgedreht. Aber die Angst vor den eigenen Massen beeinflußt die Hand, die am Ölhahn dreht.

VON OERTZEN: Ich weiß jedenfalls, daß es seit Anfang der 50er Jahre nur 4 Wochen gegeben hat, in denen laut Umfrage die Mehrheit der deutschen Bevölkerung für die sofortige Verstaatlichung großer Teile der Industrie war. Das war auf dem Höhepunkt der Ölkrise im Winter 1973/74.

MANDEL: In den USA waren es anläßlich der Benzinrationierung voriges Jahr auch 55 bis 60 Prozent der Bevölkerung, die für eine Verstaatlichung der Erdölgesellschaften waren.

WOLTER: Das wäre doch einmal eine Kampagne wert – von der Sozialdemokratie. (Großes Gelächter bei einigen.)

VON OERTZEN: Was nützt uns eine Kampagne? Du weißt ganz genau, daß das Öl nicht hier erzeugt wird. Du kannst hier die leeren Hülsen der drittklassigen Niederlassungen der internationalen Ölkonzerne in der Bundesrepublik unter staatliche Kontrolle nehmen. Dann drehen sie dir den Ölhahn aber wirklich ab.

MANDEL: Ich glaube, daß das nicht wahr ist ...

WOLTER: Dafür ist die Bundesrepublik viel zu wichtig, als daß die uns hier den Ölhahn abdrehen könnten.

Ende des Wachstums – Tod für die Armen?

MANDEL: Aber etwas verstehe ich bei dir nicht, Rudi. Wenn die Arbeiter hier aufhören würden, ihren Reallohn zu verteidigen, dann würde doch nicht ein Gramm Butter oder ein Brot mehr bei den Völkern der dritten Welt verteilt werden. Das einzige, was passieren würde, wäre, daß hier die Profite in die Höhe gehen würden. Das ist alles. Warum sollten sie das tun. Das wäre doch lächerlich. Nach der Sozialisierung der Gesellschaft liegt die Sache ganz anders. Da bin ich mit dir völlig einverstanden. Dann müßte eine riesige Umverteilung auf Weltebene stattfinden. Und ich glaube, daß ich versucht habe darzulegen ...

BAHRO: Du mußt dich mal kurz unterbrechen lassen. Hast du eben gemeint, daß ich dafür bin, jetzt den Kampf um den Reallohn aufzugeben, weil es so funktioniert, wie ich denke? Dies ist nicht meine Meinung. Ich meine schlicht, daß im welthistorischen Zusammenhang die Arbeiterklassen der entwickelten Länder dieselbe Rolle spielen wie die Unterklassen im spätrömischen Imperium. Man muß für sie Legionen übers Meer schicken, damit Brot und Spiele gesichert sind, damit sie ruhig bleiben.

MANDEL: Nein, das stimmt nicht. Damit bin ich nicht einverstanden. Ökonomisch stimmt das nicht.

WOLTER: Laß den Rudi dann bitte doch einmal den Gedanken erklären.

MANDEL: Ja. Aber das mußt du doch belegen können. Guck mal. Das Beispiel von Rom ist doch gut bekannt.

Über 50 Prozent des Getreides, das im Kaiserreich an das römische Proletariat verteilt wurde, kam direkt als jährlicher Tribut aus Ägypten. Du müßtest den ähnlichen Beweis jetzt für Westeuropa und Nordamerika geben können. Das kannst du nicht, weil es nicht stimmt. Der Teil der Gewinne, die das Kapital heute aus den Kolonialländern bringt, ist nur ein Bruchteil des von der westlichen Arbeiterklasse selbst produzierten Mehrwerts. Der Großteil des Mehrwerts im Weltmaßstab ist von den Ländern der imperialistischen ...

BAHRO: ... das impliziert aber, daß die Rohstoffe gar nicht bewertet werden, daß sie nur durch die Arbeit bewertet werden.

MANDEL: Du sagst, mit anderen Worten, daß, wenn alle Rohstoffpreise genauso steigen würden wie der des Erdöls, sich dieses Verhältnis ändern würde? Nein. Das stimmt nicht. Du vermengst doch zwei verschiedene Probleme. Das ist eine rein ökonomische Sache. Der Wert des konstanten Kapitals hat nichts mit dem Umfang des Profits, des Mehrwerts oder mit dem Umfang des variablen Kapitals zu tun. Das einzige, was sich ändern würde, wäre ein enormes Sinken der Profitrate. Aber nicht eine Änderung der Mehrwertrate, im Gegenteil. Ich könnte dir beweisen, daß die Mehrwertrate im Westen seit der Erhöhung des Erdölpreises rapider gestiegen ist als vorher. Das ist auch logisch, weil das Kapital sich gegen die Verteuerung der Rohstoffe durch eine größere Ausbeutung der westlichen Arbeiterklasse zu wehren versucht.
Es gibt zwei verschiedene Begriffe, die in der Diskussion immer wieder durcheinandergebracht werden. Es gibt den Begriff der absoluten Höhe des Lebensstandards im Westen, im Norden und im Süden. Daß da ein riesiger Unterschied ist, darüber wollen wir nicht diskutieren. Das ist unbestritten. Und dann gibt es einen zweiten Begriff, der mit dem ersten nichts zu tun hat oder nur über

zehn Vermittlungen mit dem ersten in Zusammenhang gebracht werden kann. Das ist die Frage, welchen Anteil der niedrige Lebensstandard im Süden an dem Profit der Kapitalisten im Norden und an dem Lebensstandard der Arbeiter im Norden hat. Und diese beiden Fragen können nicht miteinander verbunden werden. Ich will dir ein anderes Zahlenbeispiel geben, um zu zeigen, wie man durch das einfache Unverständnis der ökonomischen Zusammenhänge oder die Unkenntnis von ökonomischen Daten leicht zu falschen Schlußfolgerungen kommt. Es wird heute unheimlich viel von den 350 Milliarden Schulden der dritten Welt bei den Industrieländern geredet. Es ist tatsächlich eine Riesensumme. Aber weißt du, wie hoch die gesamte Schuldensumme allein in den USA ist? 4000 Milliarden Dollar. 4000 allein in den USA, wobei die Staatsschuld kleiner ist als die private.

BAHRO: Ja, aber vor dem Hintergrund welchen Bruttosozialprodukts?

MANDEL: Auch da mußt du aufpassen. Die 350 Milliarden gehen auf die gesamte dritte Welt, nicht auf ein Land. Das totale Bruttosozialprodukt der gesamten dritten Welt ist mehr als 10 Prozent von dem der USA, sonst wären die Leute schon längst verhungert. Du mußt irgendwie die Proportionen sehen. Das ist nicht so eindeutig, wie es auf den ersten Blick erscheint. Und du mußt dann auch noch den Unterschied zwischen der dritten und der vierten Welt machen. Man redet sogar schon von der fünften Welt. Zwischen Brasilien und Mexiko einerseits und dem Tschad oder Burma andererseits ist der Unterschied viel größer als zwischen Brasilien und Spanien oder Italien. Brasilien ist keine Ausnahme, denn es ist das größte lateinamerikanische Land. Brasilien, Argentinien, Mexiko, Kolumbien, Südkorea, Singapur, Hongkong, Taiwan, Südafrika sind halbindustrialisierte Länder. Eine andere Kategorie sind die erdölexportierenden

Länder. Die erdölexportierenden Länder haben Reichtum, aber keine Industrialisierung, keine Halbindustrialisierung, höchstens Persien oder Kuwait, aber das ist ein Stadtstaat. Aber weder Algerien noch Irak, von Nigera schon gar nicht zu sprechen, kannst du in die Kategorie der halbindustrialisierten Länder einordnen. Das ist wieder eine andere Kategorie. Das heißt, daß du zwischen dritter, vierter und fünfter Welt unterscheiden mußt, um alles konkret aufzustaffeln. Dann mußt du die konkreten Zusammenhänge auf dem Weltmarkt sehen, und dann wirst du unter anderem feststellen können, daß die Erhöhung der Erdölpreise und im allgemeinen die Erhöhung der Energie- und Rohstoffpreise diese fünfte Welt, d.h. die Ärmsten der Armen in der Welt viel schwerer getroffen hat als den Westen. Das ist eine Tragödie, die sogar Fidel Castro trotz all seiner ideologischen Beschränkungen in seiner Rede vor den Vereinten Nationen sehr klar ausgesprochen hat. Dann kommst du in eine total unmögliche analytische Situation, weil du sagen mußt, daß heute ein Teil der dritten Welt den anderen Teil der dritten Welt ausbeutet oder aushungert.

BAHRO: Ich kann dir insgesamt nicht folgen. Es ist doch ganz offensichtlich, daß das europäische Proletariat, das Proletariat der entwickelten kapitalistischen Länder überhaupt, nicht dieses unproduktive Proletariat Roms ist. Das ist selbstverständlich. Aber es bleibt bestehen, und das ist der Punkt, dem wir uns jetzt stellen müssen, daß das Niveau, auf dem der kapitalistische Reproduktionsprozeß läuft, die Wachstumsraten, die hier zugange sind, daß die ...

MANDEL: Die sind doch gar nicht mehr zugange. Das habe ich gestern dem Genossen von der Grünen Partei auch schon gesagt. Das Nullwachstum wird der Kapitalismus selbst schon erledigen. Da braucht ihr euch gar nicht so aufzuregen.

BAHRO: Sie versprechen sich wieder 2,5 Prozent in der Bundesrepublik.

MANDEL: Was ist das: 2,5 Prozent?

BAHRO: Das ist zuviel. Und zwar prinzipiell. Das hat nichts zu tun mit der Frage des Verteilungskampfes oder damit, daß die Leute hier auf irgend etwas verzichten sollen. Sondern das hat damit zu tun, daß diese Produktionsmaschine den Lebenszusammenhang der industriellen Völker und der Menschheit insgesamt sprengt. Jedes Prozent, das wir hier mehr herausholen, zieht die Spanne auseinander. Was wir in der russischen Revolution gesehen haben, Ernest, das ist folgendes: Das russische Reich unter der bolschewistischen Führung war dazu gezwungen, den kapitalistischen Industrialismus nachzubauen, weil er hier im Westen geherrscht hat. Und weil der Druck von außen so überwältigend stark war. Und wenn sich dieses Modell für die ganze Menschheit wiederholt, dann ist der Ofen aus.

MANDEL: Du drehst die ganze Sache um. Du hast doch den falschen Adressaten. Ist es denn die westeuropäische Arbeiterklasse, die heute so nach beschleunigtem Wachstum ruft? Nein, es sind die Völker der dritten Welt, die nach beschleunigtem Wachstum rufen. Guck dir doch mal die Konferenz ...

BAHRO: Aber Ernest, das steht doch Kopf, was du sagst. Warum schreien die denn nach dem Wachstum? Weil der Abstand so ungeheuerlich ist und weil ...

MANDEL: Aber doch nicht, weil er jetzt weiter wächst, sondern weil er seit 75 Jahren ungeheuerlich ist. Und sogar, wenn du hier Nullwachstum hast, dann würden sie weiter schreien nach ihren 5 bis 6 Prozent. Und ich kann sie verstehen. Ich kann das gutheißen. Du vermischst das

Problem des Warenpakets oder des Produktenpakets, wenn wir mal für eine nachkapitalistische, nichtwarenproduzierende Gesellschaft sprechen, mit einem viel tieferen und allgemeineren Problem. Nullwachstum bedeutet nicht besseres Wachstum, ein umverteiltes, qualitativ gestiegenes Wachstum, sondern Nullwachstum bedeutet konkret im marxistischen Sinn eine nicht mehr steigende Arbeitsproduktivität. Und eine nicht mehr steigende Arbeitsproduktivität ist ein menschenvernichtender Vorschlag heute. Das verurteilt ein oder zwei Milliarden Menschen zum Hungertod. Buchstäblich. Du mußt dir doch das richtige Problem vorstellen. Das richtige Problem ist doch nicht damit ...

BAHRO: Wo? Wo muß die Arbeitsproduktivität wachsen? Hier?

MANDEL: Es ist doch unwesentlich, wo sie wächst. Die Hauptsache ist doch, wer das Resultat davon bekommt. Ich sage, daß, auch wenn du hier ein Nullwachstum hast, die Leute dort weiter ein Wachstum fordern. Sie fordern das nicht, weil sie durch bürgerliche Ideologie mystifiziert sind. Sie fordern es, weil sie Hunger und Mangel leiden.

WOLTER: Selbstverständlich. Aber das ist doch eher ein Problem der Verteilung als des prinzipiellen Wachstums. Wir haben im Westen genug Wachstum gehabt, und trotzdem verhungern heute noch Millionen von Menschen. Das heißt, daß es ein Verteilungsproblem in erster Linie ist. Und darauf zielte, glaube ich, Rudi ...

MANDEL: Es ist nicht nur ein Verteilungsproblem. Ich würde sagen, historisch ja. Aber in absoluten Zahlen kann man sich darüber streiten. Lassen wir mal allen kapitalistischen Blödsinn weg. Also Autos, Fernsehen und so, lassen wir das mal alles weg und reduzieren wir das ganze Problem auf Nahrung, Kleidung, Wohnung, ein Minimum an häuslichem Komfort – das heißt, Heizung, laufendes Wasser – und Schulen, Kulturgüter, die Produktion von ernsten Büchern pro Kopf der Bevölkerung, sagen wir mal nicht von der Sowjetunion, die heute an der Spitze steht, sondern von einem durchschnittlichen, unterkultivierten Land wie Frankreich, Belgien oder der Schweiz. Projiziere mal diese Zahlen auf eine Weltbevölkerung von 6 Milliarden. Und guck dir mal an ...

WOLTER: Du meinst, daß es heute dazu immer noch nicht reicht, selbst wenn man das überflüssige ...

MANDEL: Nein, das reicht auch heute nicht.

BAHRO: Sag mal, ist dir denn nicht klar, daß das nicht alle Menschen haben können, daß sie es nicht mehr bekommen werden?

MANDEL: Dann antworte ich dir aber ganz scharf: Ist dir nicht klar, daß du in Wirklichkeit einen menschenvernichtenden Plan vertrittst?

BAHRO: Nein, wir müssen *hier* zurückgehen, *hier* bei uns zurückgehen.

MANDEL: Das hilft doch nichts. Das ist nicht die Frage des Zurückgehens. Du kannst doch verheizte Elektrizität von gestern nicht morgen den Leuten in Brasilien geben. Du mußt die Arbeitsproduktivität steigern. Du darfst die Entwicklung der Produktivkräfte nicht stoppen. Du mußt sie rationalisieren, planen, in einer solchen Weise, daß sie die Natur und den Menschen nicht mehr schädigen. Wenn du sie aber stoppst, dann verurteilst du einen bedeutenden Teil der Weltbevölkerung zu Hunger und Elend in Permanenz. Das ist ein Vorschlag, den ich nicht akzeptieren kann. Das ist nicht nur ein nichtsozialistischer Vorschlag, sondern ein Vorschlag, der mit den elementaren Bedürfnissen des Humanismus in Widerspruch steht. Und ich kann es gar nicht verstehen, wie ...

WOLTER: Wir stehen doch noch vor dem konkreten Problem, wie denn, wenn Wachstum notwendig ist, das Verteilungsproblem gelöst wird.

BAHRO: Also, Ernest, ich komme an bestimmten Stellen überhaupt nicht mit. Hältst du es für möglich, daß 6 Milliarden Menschen so leben können wie wir jetzt, hältst du das für möglich?

MANDEL: Ich habe doch eben gesagt, ohne Auto, ohne Fernsehen, ohne all diesen Klimbim. Ich habe das reduziert auf fünf oder sechs Grundbedürfnisse. Ich habe gesagt, genug Essen, genug Kleider, genug Wohnungen mit einem Minimum an Komfort, das heißt Heizung und fließendes Wasser, genug Schulen, genug Ärzte und genug Bücher. Mehr nicht.

BAHRO: Und dazu muß die Arbeitsproduktivität aber nicht hier steigen.

MANDEL: Wo sie steigt, ist doch unwesentlich. Sie muß weltweit steigen. Der Rest ist, wie Ulf sagt, ein Verteilungsproblem. Das ist ein Problem der Rationalität. Willst du erst die Amazonaswälder kaputtmachen, bevor du in einer rationalen Weise die schwedischen und die finnischen Wälder abbaust, nur weil du den Brasilianern Zeitungen und Bücher geben willst mit brasilianischem Zeitungspapier und nicht mit finnischem und schwedischem? Das ist doch eine völlig nebensächliche Frage.

BAHRO: Hier bedeutet doch Steigerung der Arbeitsproduktivität stets ein und dasselbe. Größere Serie, größerer Materialverbrauch.

MANDEL: Nicht notwendigerweise. Im Kapitalismus ja, nicht danach. Im Kapitalismus ist das Problem doch sowieso unlösbar.

BAHRO: Obwohl Ernests letzter Satz eine weitere Diskussion wert wäre. Unlösbare Probleme sollte man ja an sich links liegen lassen. Können wir uns dies aber in diesem Falle leisten?

VON OERTZEN: Ich glaube, der Kern eurer Differenzen liegt darin, daß Rudi immer von Wachstum, von Steigerung der Arbeitsproduktivität schlechthin spricht, in Wirklichkeit aber Wachstum und Produktivitätsfortschritt unter kapitalistischen Bedingungen meint. Auf die Frage, ob unsere natürlichen Ressourcen ausreichen bzw. neue Ressourcen erschlossen werden können, oder ob wir das Wachstum schlechthin stoppen müssen, weil etwa die Energieerzeugung nicht ausreicht (oder nur unter unzumutbaren Risiken gesteigert werden kann: Kernkraft), werden wir ja noch kommen. Ich bin mit Ernest der Meinung, daß diese Probleme nicht prinzipiell unlösbar sind; aber sie sind unlösbar unter kapitalistischen Bedingungen. Es stimmt doch nicht, daß Steigerung der Arbeitsproduktivität stets größere Serien und größeren Materialverbrauch bedeutet. Der Einsatz von Mikroprozessoren in der Elektronik bedeutet das Gegenteil von höherem Materialverbrauch. Das Bedenkliche an dieser Entwicklung liegt darin, daß unter kapitalistischen Bedingungen die hier eingeleitete Rationalisierung und Steigerung der Arbeitsproduktivität zu Arbeitsplatzvernichtung und Verschärfung der ökonomischen Krisenerscheinungen führt.
Und »Wachstum« ist nicht gleich »Wachstum«. 3 Prozent Steigerung des Bruttosozialproduktes können heißen: mehr Fernseher, Kühlschränke und Betonburgen oder aber Ausdehnung der Erziehung, der sozialen Versorgung oder der Bücherproduktion. Energie- und Mate-

rialverbrauch sind dabei ganz verschieden. Von den Auswirkungen auf die natürliche Umwelt oder das soziale Leben ganz zu schweigen.

Erstens müssen wir noch für lange Zeit unsere Produktion steigern, um der in Elend oder Armut lebenden Mehrheit der Menschheit materielle Hilfe leisten zu können. Das schließt eine Änderung der Qualität unseres ökonomischen Wachstums nicht nur nicht aus, sondern ein.

Zweitens müssen wir sehen, daß politisch-psychologisch eine solche Politik hier nicht durchsetzbar wäre, wenn sie mit einem absoluten Sinken des Lebensstandards der breiten Masse erkauft werden müßte, wobei – wie gesagt – mehr Erholung, verbesserte soziale und kulturelle Einrichtungen etc. durchaus als wachsender Wohlstand empfunden werden könnten.

Drittens: Die Voraussetzung für eine solche Politik ist ein Fortschritt auf dem Weg zum Sozialismus.

Das wär's erst mal: Es ist – wie ich zugebe – sehr verkürzt.

WOLTER: Vielen Dank, wir müssen leider den ersten Teil der Diskussion beenden, obwohl noch viel zu sagen wäre.

Die 80er Jahre – Dauerkrise im Westen?

WOLTER: Was kommt da alles in den 80er Jahren auf uns zu? Die Welt steckt auf wirtschaftlichem, politischem und ökologischem Gebiet in der Krise. Neue Technologien verändern die Welt von morgen ebenso wie die Verschiebung internationaler Kräfteverhältnisse mit der daraus resultierenden Kriegsgefahr. Wie seht ihr die Entwicklung in den 80er Jahren?

BAHRO: Mir scheint eine Tendenz immer stärker zum Ausdruck zu kommen, daß wir eine Zuspitzung sowohl der inneren als auch der internationalen ökonomischen Situation von den Wachstumsschranken her haben werden, die auf der Problematik der Material- und Energieversorgung der hochkomplexen Volkswirtschaften beruhen. Vor diesem Hintergrund, glaube ich, wird sich die innere Gesamtkrise der kapitalistischen Länder verschärfen, werden sich auch die Außenbeziehungen zwischen dieser entwickelten Zivilisation und der dritten Welt verschärfen, in Konkurrenz auch mit dem Ostblock.

MANDEL: Also ich würde dem nur eine sehr untergeordnete Bedeutung beimessen. Schließlich läßt sich das Ganze auf folgende Fragestellung reduzieren: Überproduktionskrise oder Mangelkrise. Es ist natürlich möglich, gewisse Berührungspunkte und Kombinationen beider Faktoren zu entdecken, aber beide unter einen Hut zu bringen, ist schwierig. Ich würde die These vertreten, daß wir eine klassische langfristige Überproduktionskrise haben, also eine lange Welle mit stagnierendem Grundton, die Ende der 60er Jahre angefangen hat und bis mindestens Ende der 80er Jahre dauern wird, wenn nicht länger. Sie ist durch große Überkapazitäten im doppelten Sinne des Wortes gekennzeichnet: Es gibt zum einen nicht genutzte Reserven an Produktionskapazität und an Arbeitskraft. Schon in der jetzigen Rezession, der dritten in dieser langen Welle, wird die Zahl der Erwerbslosen in den imperialistischen Ländern über die 20-Millionen-Grenze gehen. Und in der nächsten Rezession dürften es 25 Mio sein. Unabhängig davon, ob diese stark oder schwach ist, weil sich der Sockel der Erwerbslosen von der einen auf die nächste Rezession überträgt und kaum zurückgeht. Ein anderer Aspekt ist der des wachsenden Potentials der ungenutzten Entdeckungen und Erfindungen. Das betrifft das von Rudolf Bahro angesprochene Problem, nur in einem anderen Sinne, als er das tut. Das ist ein sehr interessantes Kapitel, das von der Wirtschafts- und Sozialgeschichte, auch der marxistischen, noch wenig untersucht worden ist: Das sind die desynchronisierten Zyklen der Erfindungen und Entdeckungen einerseits und der kumulativen Innovationen andererseits. Diese beiden Aspekte fallen zeitlich überhaupt nicht zusammen. Im allgemeinen kann man sogar sagen, daß die meisten Erfindungen und Entdeckungen in den regressiven Phasen stattfinden, weil der Anreiz dafür groß ist, aber daß ihre produktive Anwendung nicht zum Zuge kommt, weil die durchschnittliche Profitrate bzw. die durchschnittlichen Absatzmöglichkeiten zu beschränkt sind, um solche radikalen Innovationen unter kapitalistischen Gesichtspunkten zu sichern. Und ich glaube, daß man in der ganzen Problematik der sogenannten Mangelerscheinungen – vor allem auf dem Gebiet der Energieversorgung, aber auch in bezug auf bestimmte Rohstoffe – nicht in rein naturalistisches Denken verfallen darf, d.h. zu glauben, daß, weil die Erde beschränkt ist – was sie natürlich ist –, die Rohstoffproduktion automatisch auch beschränkt ist. Das stimmt nicht. Das einzige, was man sagen kann, ist, daß der Ausgangspunkt für die Rohstoffproduktion beschränkt ist. Das ist klar, irgendwo muß es mit der Natur anfangen. Aber was daraus werden kann, daran können Naturwissenschaft und Technik riesige Veränderungen anstellen. Man kann synthetische Produkte an die Stelle von natürlichen setzen, man kann neue Quellen anzapfen. Ich glaube, daß die Sonnenenergie, um nur eines von vielen Beispielen zu nennen, praktisch unbeschränkt ist, jedenfalls im Rahmen der menschlichen Möglichkeiten, in die Zukunft zu sehen. Ich glaube nicht, daß es an objektiven Möglichkeiten fehlt, diese Engpässe zu überwinden. Das, was wir jetzt erleben, ist die klassische Erscheinung von Depressionsphasen in der Geschichte des Kapitalismus, wie sie schon mehrere Male vorgekommen sind, daß es sich nicht lohnt, diese riesigen Investitionen kurzfristig durchzuführen, um diese Engpässe zu überwinden. Um nur ein Beispiel zu geben: Ich bin fest davon überzeugt, daß, wenn man für die Entwicklung des elektrischen Autos dieselben Anstrengungen wie für die Entwicklung der Mondfahrt unternehmen würde, dieses Problem in weniger als zehn Jahren gelöst wäre. Und das würde natürlich auf dem Energiesektor einiges ändern, wenn eben kein Benzin mehr gebraucht würde, die Autos nur noch mit Elektrizität betrieben würden. Warum tut man das nicht? Rentabilitäts-, Amortisations-, Profitgründe; nicht Unwissenheit, nicht Unmöglichkeit eines neuen technischen Durchbruchs. Und in diesem Sinne meine ich, daß diese Stagnationsperiode schwerwiegende Folgen auch für die Ökologie haben wird, die nicht mit dem Wesen des Problems zusammenhängen, sondern mit der spezifischen Kombination, d.h., diese langfristige depressive Welle fällt mit all diesen Umständen zusammen, die dieser Problematik mittelfristig ohne Zweifel eine sehr große Explosivität geben, die sie nicht notwendigerweise unter anderen gesellschaftlichen, aber auch ökonomischen Bedingungen haben müßte.

WOLTER: Wenn ich richtig verstehe, haben wir von der Beschränkung der Rohstoffe auszugehen, die für industrielle Produktionen wichtig sind. Rudi, du siehst darin ein neues Mittel, den vermaledeiten und zähen Kapitalismus aus den Angeln zu heben, weil die natürliche Beschränkung irgendwann den Wachstumsprozeß zum Stoppen bringen muß. Und Kapitalismus ohne Wachstum ist wie ein Auto ohne Motor. Ernest sieht dagegen die Sache so, daß es bislang immer möglich war, in Krisenperioden durch neue Technologien fehlende Rohstoffe zu ersetzen. Dafür muß man einerseits genügend Kapital akkumulieren. Andererseits müssen natürlich technische Erfindungen da sein. So kommt der gleiche Prozeß auf einer ganz anderen Ebene aber wieder ins Rollen. Die natürliche Begrenzung ist aus dieser Sicht nicht der Hebel, an dem man ansetzen muß, es ist kein neuer Hauptwiderspruch, mit dem wir das ganze System aus den Angeln heben können. Mir leuchtet nicht ein, warum diese beiden existenten Problemfelder kontrovers diskutiert werden müssen? Ich sehe eher eine Überschneidung von beiden Problemfeldern.

BAHRO: Ich würde zunächst einmal die Darstellung unserer Differenzen, die du gegeben hast, für richtig halten. Ich möchte aber, daß wir jetzt noch darüber diskutieren, wie es insgesamt mit dem Ressourcenproblem und damit dem Problem möglicher Produktionsentfaltung bestellt ist. Wir haben es doch jetzt tatsächlich damit zu tun, daß fast alle Rohstoffe, auf denen der industrielle Fortschritt der letzten 200 Jahre beruht, in einem exponential steigenden Umfang in den industriellen Produktionsprozeß hineingerissen werden. Dadurch verkürzt sich die Zeitperspektive, in der die erweiterte Reproduktion auf kapitalistische Weise betrieben wurde. Die Grenzen kommen auf uns zu, wie sich der Boden nähert, wenn das Flugzeug landet. Es sieht doch jetzt so aus, daß wir im Laufe der nächsten 30 bis 50 Jahre geradezu auf neue technisch-wissenschaftliche Revolutionen angewiesen sind, wenn es überhaupt weitergehen soll. Wir sind durch die Probleme, die die Gefräßigkeit unserer Produktionsmaschine schafft, dazu gezwungen, die im Rahmen dieser selben Produktionsverhältnisse doch auch nur entfremdet funktionierende Wissenschaft als Erlöserin einzusetzen. Und damit bleiben wir in dem kapitalistischen Grundmuster unseres Reproduktionsprozesses von vornherein befangen, auch insofern, als dessen Kehrseite ja – wie wir schon vielfach diskutiert haben – die Bedürfnisstruktur der Massen ist, die durch den kapitalistischen Markt, das Warenhaus, produziert wird, wo ja hinter der Befriedigung der elementaren Bedürfnisse in Wirklichkeit der Gesamtmechanismus steht, den wir hier in diesem Lande z. B. um uns herum aufgebaut haben. Denken wir nur an den Aufwand, der uns heute mit der Funktion »Wohnen« aufgezwungen wird. Und es ist doch wirklich so, daß die Grundstoffe, mit denen wir arbeiten, bei aller Substitution, doch immer wieder dieselben sind. Es ist z. B. absurd zu glauben, auf dem Kunststoffsektor in irgendeiner Weise einen Ausweg aus der Materialkrise zu finden, die uns im Laufe der nächsten 50 Jahre mit Sicherheit auf den Pelz rückt.

VON OERTZEN: Kannst du das mal konkretisieren? Du hast vorhin in einem anderen Zusammenhang gesagt, daß die Rohstoffsituation z. B. in bezug auf Eisen noch relativ günstig sei.

BAHRO: Mit dem Rechenschieber kann man ausrechnen, Gruhl hat es getan, daß ein Grundstoff, der ohne weiteres Wachstum noch 1000 Jahre reicht, bei 5 Prozent Wachstum im Jahr nur einundsiebzig Jahre reichen wird. Und wenn man jetzt das Erdöl nimmt, so würden die jetzigen Quellen bei dem gegenwärtigen Materialverbrauch allein nur noch 30 Jahre...

VON OERTZEN: Ich möchte jetzt versuchen, auf dem Umweg über die kommenden 30 Jahre auf das erste Jahrzehnt dieser 30 Jahre zurückzukommen. Ich will einfach einmal versuchen zu summieren. Im Prinzip, glaube ich, kann doch kein Zweifel darüber bestehen, daß wissenschaftlich-technisch die Chance besteht, diese Knappheitsprobleme im Laufe einer längeren Frist zu lösen. Die gesamte Energiefrage z. B. ist im Prinzip durch Nutzung der Sonnenenergie lösbar. Wenn ich es richtig sehe, ist der wissenschaftlich-technisch nächstliegende Weg der der sogenannten fotolytischen Wasserspaltung, d. h. also die Erzeugung von freiem Wasser- und Sauerstoff, was dann eine unerschöpfliche Energiequelle wäre, und vor allem völlig ohne Umweltbelastung, denn der einzige Rest, der bei dieser Prozedur übrigbliebe, wäre schieres Wasser. Dies ist also im Prinzip ein gangbarer Weg, nur spielt eben der Zeitfaktor eine große Rolle.

MANDEL: Und der Kostenfaktor.

VON OERTZEN: Auf den Punkt komme ich noch zurück. Ich bin mir nicht so sicher, wie das bei den grundlegenden materiellen Rohstoffen ist. Metalle sind natürlich nicht unbegrenzt substituierbar, die Frage ist wiederum, in welchem Umfang sind sie es, und das ist natürlich wieder eine Frage der technologischen Prozesse, die noch entwickelt werden müssen. Es ist eine Frage der Organisation, den Schrott und die Abfälle tatsächlich sinnvoll in den Produktionsprozeß zurückzuführen, und im übrigen eine Frage der Kosten, wertvolle Metalle durch Recycling zu gewinnen. Bleiben die chemischen Rohstoffe. Und bei denen habe ich das deutliche Gefühl, daß sie mehr oder weniger alle auf Kohlenstoffbasis synthetisierbar sind. Im Prinzip. Kohlenstoff läßt sich ohne Zweifel in demselben Umfang aus der Atmosphäre zurückgewinnen, in dem man ihn in die Atmosphäre hineinschickt. Im Prinzip lösbar, aber auch wieder wahrscheinlich eine

Frage längerer Frist. So würde ich also versuchen die These aufzustellen, daß eine rein stoffliche Grenze des Wachstums – bei Nichtberücksichtigung des Zeitfaktors – nicht angenommen zu werden braucht. Aber natürlich ist die Frage, ob nicht, bei einer zu langen Dauer des technologischen und ökonomischen Entwicklungsprozesses, die unterdessen vorkommenden und derzeit nicht steuerbaren Zerstörungen einen solchen Umfang angenommen haben, daß deren Ergebnisse nicht wieder rückgängig gemacht werden können.

WOLTER: Gut. Für die nächsten 10 Jahre aber...

VON OERTZEN: Jetzt versuche ich, zu den nächsten 10 Jahren zurückzukommen und greife das auf, was Ulf gesagt hat. Die Grundthese von Ernest war die, daß jedenfalls in den nächsten 10 Jahren angesichts der langen Welle der Konjunkturentwicklung mit stagnierendem Grundton nicht zu erwarten ist, daß die Mittel für die organisierte und sinnvolle Nutzung der gemachten technisch-wissenschaftlichen Entwicklungen, die entsprechend nachdrückliche Verfolgung oder Beschleunigung der erforderlichen technologischen Forschungsprozesse vor allem auf dem Gebiet der angewandten Forschung aufgebracht werden können und insbesondere die Erwirtschaftung jenes Mehrwertanteils nicht möglich erscheint, der zusätzlich – also ohne Rücksicht auf unmittelbare Kostengesichtspunkte – investiert werden müßte.

MANDEL: ... aufgebracht werden, das »Können« ist noch eine andere Frage...

VON OERTZEN: Gut, »werden«. So daß also die Konsequenz wäre, daß voraussichtlich in den nächsten 10 Jahren durch Überschneidung zwei Krisensituationen zu kumulieren drohen. Einmal eine normale Zuspitzung der konjunkturellen Probleme, d. h. die Vertiefung und Verallgemeinerung der klassischen zyklischen, kurz- und mittelfristigen konjunkturellen Rückschläge mit den Folgen einer akuten Zuspitzung der sozialen Spannungen, der Klassenkämpfe, Arbeitslosigkeit, vor allem Jugend-, Frauen- und Gastarbeiterarbeitslosigkeit, nationale Spannungen, die durch soziale Spannungen verschärft werden, in dem Gefälle zwischen der entwickelten und der weniger entwickelten kapitalistischen Welt, und auf dem Hintergrund dieser Situation zweitens eine Nichtlösung all der sich zuspitzenden Umwelt-, Energie- und Ressourcenprobleme. Nicht daß diese Probleme im Prinzip in einem angemessenen Zeitraum wissenschaftlich-technisch unlösbar wären; aber sie sind unter den gegebenen Bedingungen in den nächsten 10 Jahren offensichtlich nicht lösbar, und es wird nirgendwo ein ernsthafter Ansatz gemacht, sie zu lösen. Und insofern kann man sagen, daß, wenn man diesen Zusammenhang vernachlässigt, in den nächsten 10 Jahren das klassische Problem einer Zuspitzung der ökonomischen Krise und das Problem der Zuspitzung einer ökologischen Krise nebeneinanderher zu laufen scheinen.

BAHRO: Und darauf hinauszulaufen scheint, daß der Ausgang der Klassenkämpfe eine Vertiefung der ökologischen Krise zur Folge haben wird.

VON OERTZEN: Während umgekehrt unter Umständen eine Einbeziehung des Bewußtseins der ökologischen Krise in das Bewußtsein von den Klassenkämpfen vielleicht eine Zuspitzung ...

WOLTER: Ich möchte die Problematik noch einmal verdeutlichen. Wir haben doch jetzt in den kapitalistischen Metropolen einen doppelseitigen Prozeß. Zum einen befinden wir uns, wenn das allgemein akzeptiert wird, in einer krisenhaften Wirtschaftssituation, die noch andauern wird. Es gibt jetzt ja schon Reallohnabbau in vielen wichtigen westlichen Ländern.

MANDEL: Der kommt auch auf die Bundesrepublik zu.

WOLTER: Aber sagen wir mal, wir stehen ganz gut da, wie es Helmut Schmidt ja auch immer betont. Das haben wir auf der einen Seite. Auf der anderen haben wir doch die zwangsläufige Notwendigkeit, neue technologische Verfahren zu entwickeln, die offensichtlich mit einem beträchtlichen Kapitalaufwand in Gang gesetzt werden müssen. Gleichzeitig verschärft die Verschiebung des Verhältnisses von Konsumtionsfonds zum Akkumulationsfonds das Problem zusätzlich. Wenn weniger Wachstum da ist, ist weniger zu verteilen da, wenn zugleich ein größerer Teil des Mehrprodukts für neue technologische Entwicklungen investiert werden muß, ergibt sich doch im Grunde genommen eine doppelte Zuspitzung der Wirtschaftslage, die soziale Konsequenz haben muß, in welcher Form auch immer.

BAHRO: Worin Ulf meiner Meinung nach recht hat: Es müßten ja eine ganze Reihe Sanierungsmaßnahmen mit Kapitalaufwand durchgeführt werden, die nicht als verkaufbare Waren erscheinen werden, die also nicht im Warenhaus zur Verfügung stehen werden, um Einkommen abzudecken.

MANDEL: Ich glaube, daß man dieses ganze Problem nicht rational behandeln kann, wenn man dauernd von den spezifischen Entwicklungs- und Bewegungsgesetzen der kapitalistischen Produktionsweise abstrahiert. Erstens stimmt es nicht, daß alles, was die Kapitalisten produzieren, im Warenhaus verkauft werden muß, ein bedeutsamer Teil von dem, was sie produzieren, kommt nicht ins Warenhaus.

BAHRO: ... das »Warenhaus« ist nur eine Metapher für »Markt« ...

MANDEL: Die Produktionsmittel werden schließlich nicht von den Arbeitern gekauft, sie werden von den Kapitalisten gekauft, und nur von denen und vom Staat. Und dasselbe gilt auch für die überwältigende Mehrheit der Waffenproduktion. Wenn du diese beiden Posten schon zusammenzählst, wirst du sehen, daß das einen nicht unbedeutenden Anteil an der gesamten Produktion, am gesamten Warenausstoß bildet, also Produktionsmittel plus Vernichtungsmittel. Aber das wichtigste Problem ist das, daß eine langfristige Krise der Akkumulation zusammenhängt mit riesigen Verwertungsschwierigkeiten und mit Fluktuationen der Durchschnittsprofitrate auf relativ niedrigem Stand, niedrig im Vergleich dazu, was dem Kapital notwendig wäre oder was es unter den gegebenen Bedingungen als notwendig betrachtet. Und ausgehend von diesem Sachverhalt sind Spekulationen darüber, wie viele Aufwendungen nötig wären, um diese neue Technologie zu finanzieren, unangebracht, weil das Vorstadium in diesem Prozeß ausgeklammert wird. Und in dem Sinne bin ich pessimistischer als Rudi. Ich sage: Lange bevor der Zusammenbruch der Wirtschaft durch fehlende Rohstoffe unmittelbar auf uns zukommt, kommen riesige Katastrophen gesellschaftlicher Natur auf uns zu, um diesen Anpassungsprozeß im Rahmen der kapitalistischen Produktionsweise überhaupt zu ermöglichen.

WOLTER: Kannst du die präzisieren?

MANDEL: Zieh doch die historische Parallele. Dann würden wir jetzt in der Periode zwischen 1921 und 1929 leben. Und danach kam nicht die Materialkrise, sondern Faschismus und Weltkrieg. *Da* soll man die Technologie ins Spiel bringen, und nicht bei der Furcht, daß es irgendwann einmal kein Eisen mehr geben wird. Was heute Faschismus und Weltkrieg bedeuten würden, bei der Entwicklung nicht nur der Kernwaffen, sondern auch anderer fürchterlicher Sachen, den Möglichkeiten, das menschliche Gehirn zu beeinflussen, dies in den Händen totalitärer Regime. Das ist die Barbarei, das ist die fürchterliche Katastrophe, die uns droht. Wenn man den Umfang der Krise ansieht, soll man nicht glauben, daß der Kapitalismus am Ende ist, weil er die nötigen Lösungen für eine neue technologische Revolution nicht mehr finden wird, für eine neue Umgestaltung des Produktionsprozesses, die diese Materialengpässe lösen kann. Damit er das tun kann, muß er erst gesellschaftliche Probleme für sich lösen, d. h. muß er erst eine radikale Veränderung des Kräfteverhältnisses der gesellschaftlichen Klassen in den wichtigen westlichen Ländern herbeiführen, muß er der internationalen Arbeiterbewegung erst schwerste Niederlagen zufügen, muß er erst das Kräfteverhältnis zuungunsten der nationalen Befreiungsbewegungen in der dritten Welt verändern, durch militärische Eingriffe. Und das kommt kurzfristig auf uns zu. Und da sind die Gefahren, wenn die Arbeiterklasse und die nationalen Befreiungsbewegungen in den Kolonien in den nächsten Jahren die entscheidenden Schlachten verlieren. Das ist nicht sicher, ich hoffe und vertraue darauf, daß sie diese Schlacht gewinnen, aber das scheint mir eine viel größere unmittelbare Gefahr zu sein. Um es zusammenzufassen: Ich würde für den Kapitalismus optimistischer sein und pessimistischer für die Menschheit, als es Rudi ist. Ich würde sagen, die technische und wissenschaftliche Anpassungsfähigkeit des Kapitalismus ist nicht begrenzt. Man kann heute darüber spekulieren, aber ich sehe nicht ein, warum man sagen müßte, eine vierte technologische Revolution sei nicht möglich. Aber was ich betonen möchte: Der Preis, den die Menschheit für diese Anpassung bezahlen muß, ist groß. Da müssen wir noch einmal auf die 30er Jahre zurückkommen. Ende der 20er Jahre war der Kapitalismus in einer ähnlichen Situation wie heute. Es gab ein sehr labiles Gleichgewicht zwischen den Klassen, keiner der beiden Klassen konnte es gelingen, sich grundsätzlich durchzusetzen. Es gab ein durchschnittlich sehr geringes Wachstum, das durch die Krise 1929 bis 1932 negativ wurde. Der Kapitalismus hat sich angepaßt und diese Frage gelöst – um den Preis von hundert Millionen Toten. Bei der heutigen Technologie würde der Preis wahrscheinlich vier- oder fünfmal höher sein. Man sollte sich mehr darüber aufregen als über die möglichen Engpässe in der Rohstoffversorgung. Die sind ohne Zweifel ein ernstes Problem, aber das ist nichts, womit wir unmittelbar konfrontiert sind. Unmittelbar konfrontiert sind wir damit, daß in 60 Ländern dieser Welt die Folter institutionalisiert ist. Nicht etwa, weil die Menschen schlecht sind, sondern weil das für die Verwertungsbedingungen des Kapitals unvermeidlich geworden ist. Wenn sich das auf die gesamte kapitalistische Welt ausdehnt, kann man sich beim Stand der Technik in der Bundesrepublik, Frankreich oder Großbritannien im Vergleich zu Chile, Argentinien oder Brasilien ungefähr ein Bild davon machen, was auf uns zukommen würde, wenn die Arbeiterklasse und die nationalen Befreiungsbewegungen der dritten Welt diese entscheidenden Schlachten der nächsten 10 Jahre verlieren.

VON OERTZEN: Ich will dein Argument noch einmal auf eine ganz kurze Formel bringen: In der Reaktion des kapitalistischen Systems auf seine sich zuspitzende Krise werden viel früher einschneidende Zerstörungen oder Deformationen der Gesellschaft eintreten als – auf längerem Wege – durch die Zerstörung der Natur und die Verschwendung der Ressourcen. Dabei werden diese weder unterschätzt noch ausgeschlossen. Aber nun etwas konkreter. Wir sprechen ja jetzt von den nächsten 10 oder 15 Jahren, das heißt von der Periode, in der wir vier, die wir hier sitzen, wahrscheinlich noch in der Lage sind, wirklich aktiv und nicht mehr nur begleitend in die politischen und sozialen Kämpfe einzugreifen. Es käme doch jetzt darauf an zu fragen, wo die voraussichtlichen konkreten Ansatzpunkte dafür sind. Wenn ich dich richtig verstanden habe, dann könnte sich das etwa so abspielen, daß sich auf dem Hintergrund der langen Welle der Konjunktur mit stagnierendem Grundton die aktuellen Krisen verschärfen, die Klassenkämpfe zuspitzen, die Verwertungsbedingungen für das Kapital erheblich verschlechtern. Eine teils durch das System quasi naturwüchsig, teils auch planmäßig hervorgerufene Reaktion besteht darin, denjenigen politischen und sozialen Weg zu wählen, den man in der Bundesrepublik Deutschland normalerweise mit dem Namen Franz Josef Strauß belegt. Also genau das, was man in der bundesdeutschen Diskussion als das autoritäre, repressive Krisenlösungsprogramm bezeichnet. Womit nicht gesagt ist, daß diesem autoritären, repressiven Krisenlösungsprogramm eine rein ökonomische Krise etwa des Ausmaßes und der Form vorhergehen muß wie 1929. Wir wollen das klarstellen, weil du den Vergleich mit den Jahren 1921 bis 1929 gezogen hast. Das heißt, es würde sich mehr um eine schleichende Krise handeln, die im übrigen auch ökonomische Elemente enthält, die 1929 noch nicht sichtbar waren. Ich bin zum Beispiel der festen Überzeugung, daß neben die unmittelbar ökonomische Verwertungskrise – d.h. also Strukturprobleme, steigende Dauerarbeitslosigkeit, Gastarbeiterprobleme, Jugendarbeitslosigkeit und die entsprechenden Zersetzungserscheinungen in der Gesellschaft – eine sich steigernde Finanzkrise des Staates treten wird.

MANDEL: Ja, das wollte ich gerade sagen. Dann wird allerdings die Parallele mit 1929 immer ominöser.

VON OERTZEN: Der Unterschied, Ernest, ist, daß die Leistungsfähigkeit des modernen Staates als Umverteilungsinstrument in den 20er Jahren bei weitem nicht so sehr zu seiner Legitimationsgrundlage gehört hat. Heute würde allein eine Reduzierung der öffentlichen Leistungen auf ein Niveau, das den besten Jahren der Weimarer Republik entspräche, eine drastische Senkung des Lebensstandards der arbeitenden Massen bedeuten.

MANDEL: Das liegt aber in dieser Dynamik drin. Ich möchte eine zusätzliche Dimension hinzufügen, die gleichzeitig die Brücke zu Rudi schlägt. Nicht nur die Verschärfung der Klassengegensätze und der Klassenkämpfe wird diese lange Welle begleiten, sondern auch der Versuch des Imperialismus, die Kontrolle über entscheidende Rohstoff- und Energiequellen in der Welt mit Waffengewalt wiederherzustellen. Das heißt, die Zahl der militärischen Konflikte wird zunehmen. Wohin diese Dynamik führt, kann kein Mensch voraussehen, weil diese Konflikte an einem bestimmten Punkt auch mit dem Ost-West-Konflikt verknüpft sind. Ich würde hier, ohne mich auf die Tagespolitik beziehen zu wollen, sehr stark denjenigen Optimisten widersprechen – die eigentümlicherweise zum ersten Male auch im stalinistischen Lager zu finden sind –, die sagen, daß dies dank der Macht der Sowjetunion heute nicht mehr oder nur noch sehr eingeschränkt möglich ist. Das ist absolut falsch. Das, was zwischen 1975 und 1979 passiert ist, war eine Ausnahme und nicht die Regel. Es ist die Folge einer innenpolitischen Situation in den USA, die einmalig war. Das sind die Folgen des Vietnamkriegs. Wir haben es den vietnamesischen, den indochinesischen Genossen zu verdanken, daß in Amerika selbst eine politische Situation entstand, in der eine große militärische Intervention des Imperialismus gegen Befreiungsbewegungen in der dritten Welt unmittelbar nicht möglich war. Es hat eine Atempause gegeben. Aber das ist jetzt zu Ende. Ich würde sagen, daß das nach Iran, nach Nicaragua und Afghanistan jetzt zu Ende ist. Die innenpolitische Situation in den USA ist umgeschlagen. Die Situation auch in

Europa umschlagen zu lassen ist sehr viel schwieriger, wobei hier auch Franz Josef Strauß eine ganz konkrete Rolle spielt. Aber es ist schwieriger als in den USA, denn das hängt auch mit der Stärke der europäischen Arbeiterbewegung zusammen und mit dem größeren Bewußtsein der europäischen Arbeiterklasse. Was jedoch die USA betrifft, so habe ich nicht den mindesten Zweifel. Bei der nächsten größeren revolutionären Explosion in der dritten Welt wird es wieder zu einer militärischen Intervention von seiten des amerikanischen Imperialismus kommen. Und das wird eine neue Kette von regional begrenzten Kriegen auslösen. Die Gefahr, daß einige dieser militärischen Auseinandersetzungen in breitere Kriege entarten, ist durchaus vorhanden. Das würde ich zu der rein ökonomischen Prognose ergänzend hinzufügen ...

VON OERTZEN: Dein Ansatzpunkt ist der, daß der Imperialismus ab jetzt wieder ganz entschlossen den freien Zugang zu oder die Kontrolle über Energie- und Rohstoffquellen verteidigen wird. In einem nicht unbeträchtlichen Teil der Länder der dritten Welt, in denen erfolgreiche sozialrevolutionäre Bewegungen möglich sind, gibt es ja nun gar keine unmittelbaren Interessen, das heißt, man muß voraussetzen, daß in einer Art Abwandlung der Domino-Theorie antizipatorisch, im Vorgriff auf mögliche Entwicklungen eingegriffen wird. Für Angola trifft das freilich nicht zu, obwohl es ein außerordentlich interessantes Rohstoffgebiet ist.

MANDEL: Aber das fiel in diese Periode 1975 bis 1979 ...

VON OERTZEN: ... ich versuche jetzt nur, deinen Gedankengang nachzuvollziehen; er bedeutet, daß beispielsweise bei dem Versuch, eine wirklich revolutionäre Entwicklung in Zimbabwe einzuleiten, was ja rein ökonomisch ein Gebiet von ähnlicher Struktur ist wie Angola, mit Sicherheit eine militärische Intervention zu erwarten wäre.

MANDEL: Ja, aber ich würde noch ein näheres Beispiel nehmen, da du von Angola sprichst. Wenn etwas in Zaire passiert, dann kommt es zu einer imperialistischen Intervention.

WOLTER: Die Frage, die ich euch stellen will, ist, ob es in solchen Fällen zu einem einheitlichen Reagieren der westlichen Länder kommen wird oder zu einer Dissoziierung? Wir stehen ja jetzt vor dem Phänomen, daß Westeuropa nicht bereit ist, die Politik der USA so ohne weiteres mitzuvollziehen. Es gibt vielmehr den vorsichtigen Versuch, sich etwas herauszuhalten, die amerikanische Politik zu modifizieren, teilweise auch unabhängig von ihr zu operieren. Werden sich die Kräfteverhältnisse im Weltmaßstab insgesamt im Laufe der 80er Jahre verändern? Und zwar so, daß es zu einer Verschiebung der Kräfteverhältnisse zwischen den Blöcken kommt oder zu einer Verschiebung der Kräfteverhältnisse innerhalb der Blöcke?

VON OERTZEN: Und ich möchte eine Frage hinzufügen, die wir unmittelbar im Anschluß daran behandeln müssen. Welche Rolle werden voraussichtlich die weltpolitisch bedeutsamen Staaten des real existierenden Sozialismus bei einer Zuspitzung dieser Konflikte spielen?

BAHRO: Zu der ersten Frage würde ich sagen, daß dieser Unterschied zwischen Europa und Amerika tendentiell eingeebnet werden wird, auf amerikanische Positionen hin. Und zwar deshalb, weil Westeuropa und auch Japan viel anfälliger sind als die USA, wenn es wirklich zu Gefährdungen des Rohstoffnachschubs beispielsweise aus der dritten Welt oder den Erdölländern kommt.

VON OERTZEN: Das ist richtig. Die Frage ist nur, ob die größere Anfälligkeit nicht eine ganz andersartige Reaktion als die amerikanische hervorrufen könnte. Sie könnte den Versuch eines Zwischenweges, der Anpassung, des Ausgleichs, des Taktierens zwischen den großen Lagern hervorrufen ...

BAHRO: Das ist ja auch die Karte, die zunächst ausgespielt wird. Schmidt versucht doch jetzt, sich ausgesprochen dämpfend zu verhalten. Ich glaube aber nicht, daß bei der Zunahme der internationalen Spannungen, die wir ja auf uns zukommen sehen, sich eine Dissoziierungstendenz in einer Situation durchsetzen kann, in der die Existenz des kapitalistischen Weltsystems als Ganzes auf der Tagesordnung steht. Wir haben natürlich das entgegengesetzte Interesse, in Richtung größerer Differenzierung.

MANDEL: Ich glaube aber, daß man ein entscheidendes Element in der Argumentation nicht unberücksichtigt lassen darf. Rein objektiv betrachtet stimmt es, daß der europäische Imperialismus rohstoffimportabhängiger ist als der USA-Imperialismus, obwohl sich die Abhängigkeit der USA von Rohstoffimporten rapide steigert und der Unterschied geringer wird. Im Falle von Zaire ist eine Intervention der europäischen Imperialisten wahrscheinlicher als eine der amerikanischen. Im Falle Südafrikas auch, nämlich aus einem ganz bestimmten Grund. Und das ist der Grund, den ich ansprechen will, weil wir hier die innenpolitische Dimension nicht vergessen dürfen. Man kann diese Frage nicht unter Ausklammerung des Klassenkampfs und der politischen Kämpfe innerhalb der imperialistischen Länder beantworten. Beide Beispiele sind treffend. Warum ist es für den amerikanischen Imperialismus unerhört schwer, militärisch in Südafrika zu intervenieren? Weil es in Amerika eine immer bewußtere schwarze Minderheit gibt, die in der Armee beinahe 40 Prozent der Soldaten ausmacht und die für die Verteidigung eines weißen Apartheidregimes gegen die schwarze Mehrheit der Bevölkerung in Südafrika heute nicht leicht auf die Beine zu bringen ist. Jedenfalls nicht, solange wir kein absolut autoritäres Regime in Amerika

haben. In Europa würde das relativ leichter sein, vor allem in Großbritannien, wie das Beispiel von Zimbabwe schon gezeigt hat. Da würde eine Intervention, natürlich nicht von Hunderttausenden von Soldaten, das wäre unmöglich, aber von einer »europäischen Elitetruppe« zur Verteidigung der weißen Privilegien leichter durchzusetzen sein als in den USA. Auf weltweiter Ebene hat die Möglichkeit einer totalen Anpassung der europäischen Militär- und Außenpolitik an die aggressivsten Seiten, an die aggressivsten Tendenzen des Imperialismus dagegen eine radikale Änderung der Kräfteverhältnisse zwischen den Klassen in Europa zur Vorbedingung. Ohne eine schwere Niederlage der europäischen Arbeiterklasse ist es unmöglich, die französische, die englische, die italienische Armee – und vor allem die Bundeswehr – auf der Ebene des Vietnamkriegs international einzusetzen. Das ist unmöglich. Als die portugiesische Revolution anfing, hat man darüber in linken Kreisen sehr stark diskutiert. Man sagte: Vorsicht, dort gibt es eine NATO-Basis und sogar eine Bundeswehrbasis der Luftwaffe. Das einzige, was sie gemacht haben, ist, daß sie ihre Flieger dort zurückgezogen haben, nicht verstärkt, sondern zurückgezogen. Unter den heutigen politischen Bedingungen in Westeuropa sind solche Operationen in großem Ausmaß nicht durchsetzbar.
Es ist kein Problem, 1000 oder 2000 Fallschirmspringer nach Zaire zu schicken. Sogar ein Kommando von 10 000 englischen Soldaten nach Südafrika zu schicken, ist kein Problem. Aber damit wird, wie die Geschichte der letzten 20 Jahre gezeigt hat, keine nationale Befreiungsbewegung – von einer sozialen Revolution schon gar nicht zu sprechen – in einem Land der dritten Welt aufgehalten. Dazu sind Operationen auf einer viel größeren Ebene notwendig...

WOLTER: Aber heißt das nicht, daß sich die Blöcke aufweichen?

MANDEL: Nein, das heißt es nicht. Das heißt, daß die inneren Klassenkämpfe sich verschärfen. Das heißt, daß ein wachsender Widerspruch entsteht, zwischen den nationalen Bedingungen der Kapitalverwertung wie den internationalen Bedingungen der Material- oder Rohstoffversorgung für Westeuropa einerseits und den dort bestehenden gesellschaftspolitischen Kräfteverhältnissen andererseits. Der Druck, der zu einer Änderung dieser gesellschaftspolitischen Kräfteverhältnisse führt, wird immer stärker.

VON OERTZEN: Wir gehen ja davon aus, daß auch in solchen Entwicklungsländern, die nicht nur eine erfolgreiche Befreiungsbewegung, sondern auch eine tiefgreifende soziale Revolution eingeleitet oder sogar erste Schritte davon schon hinter sich gebracht haben, eine selbständige, gradlinige Entwicklung zum Sozialismus hin aufgrund ihres niedrigen Entwicklungsstandes nicht möglich ist. Wäre da nicht eine Art partieller Spaltung des Weltkapitalismus und die Verbindung des europäischen Kapitalismus mit einem nationalistischen, partiell fortschrittlichen Staatskapitalismus in den Entwicklungsländern, unter freundschaftlicher Mithilfe entweder der Sowjetunion oder der Volksrepublik China, möglich?
Wäre nicht z.B. ein nationalistisches, sozialreformerisches oder sozialrevolutionäres Regime in Zaire unter Umständen – nach dem Sturz des Regimes Mobutu und nach dem Sturz der unmittelbaren Herrschaft europäischer Kapitalfraktionen – für den westeuropäischen Kapitalismus erträglich, sofern die veränderte ökonomische und politische Basis noch kapitalistisch bleibt? Eine solche Lösung wäre ja unter Umständen durchaus die Basis für eine Fortdauer eines Klassenkompromisses zwischen der westeuropäischen Bourgeoisie und der westeuropäischen Arbeiterbewegung. Was spräche gegen eine solche Lösung?

MANDEL: Die Schärfe der Krise der Verwertungsbedingungen des Kapitals, der Umfang der Anpassungen, der Umstrukturierungen, die durchgeführt werden müßten, um diese Krise zu überwinden, und das fehlende Vertrauen – so würde ich aufgrund der historischen Erfahrungen hinzufügen – der imperialistischen Bourgeoisie in die Fähigkeit der populistischen, nationalistischen, bürgerlichen und kleinbürgerlichen Führungen in den bedeutenderen Halbkolonien, den Emanzipationsprozeß zu kontrollieren. Bei Zaire wäre ich vorsichtig, da es ein Grenzfall ist. Aber nehmen wir einmal den Fall Persien. Auf den ersten Blick könnte man sagen, daß der Sturz des Schahs gar keine Katastrophe für den Weltimperialismus gewesen ist. Er war ein Idiot, der Riesensummen in pharaonischen Projekten vergeudet hat, die weder dem Kapitalismus in Persien noch dem internationalen Kapitalismus, mit Ausnahme von einigen Rüstungsmagnaten viel gebracht hat. Eine rationellere Verwendung der Erdölerträge wäre sowohl für die kapitalistische Entwicklung in Persien als auch für den Weltimperialismus interessanter als diese idiotischen Riesenprojekte, dieser Größenwahn. Es gibt allerdings einen unberechenbaren Faktor in dieser ganzen Sache. Es hat sich, um den Schah zu stürzen, eine riesige, unkontrollierbare Massenbewegung entfalten müssen, die vorläufig solch eigentümliche Figuren wie Khomeini an ihre Spitze gestellt hat. Kein Mensch weiß – und auch die internationale Bourgeoisie würde es heute nicht wagen, eine Voraussage zu machen –, was sich daraus entwickeln wird. Daraus kann sich alles entwickeln. Das ist politisch unkontrollierbar. Sogar dort, wo du stärker politisch strukturierte Kräfte hast, das wahrscheinlich beste Beispiel ist das peronistische Argentinien, hat die Geschichte bewiesen, daß die Möglichkeiten solcher Kontrolle zeitlich begrenzt sind. Wenn du einmal eine breitere Massenbewegung hast, genügt auch die schärfste antiimperialistische Demagogie allein nicht, um sie auf Dauer unter Kontrolle zu halten.

Neben den Wortgeplänkeln werden tatsächliche Konflikte mit dem Imperialismus ausgelöst, ökonomische mit eingeschlossen, die nicht so leicht zu regeln sind. Das birgt gewaltige Risiken in sich, nicht in den unbedeutenden Ländern, sondern in den zentralen Fällen wie Brasilien, Südostasien, den wichtigsten Erdölexporteuren des Mittleren Ostens, in Afrika sind es Nigeria, Zaire, Kenia und Südafrika, die Länder, die den Mittelmeerraum kontrollieren, also Griechenland, Türkei, Marokko, Ägypten – schön, die Liste wird ziemlich lang. Viele europäische Kapitalisten gehen viel klüger und geschmeidiger an diese Sachen heran, als die amerikanischen Imperialisten es tun. Das gebe ich gerne zu, aber es gibt da gewisse objektive Grenzen der Zusammenarbeit und der Zugeständnisse, die aus den materiellen Konflikten und aus der Unkontrollierbarkeit der Massenbewegung sich ergeben, das scheint mir doch ziemlich eindeutig ...

BAHRO: Mir fällt auf, daß die Differenzierung, von der du sprichst, wohl davon abhängen wird, wie hoch wir die Zuspitzung der Widersprüche des kapitalistischen Systems im ganzen ansetzen. Wird es eine gemäßigte Zuspitzung geben, dann wird der Spielraum relativ groß sein, so daß die europäischen Kapitalisten klug sein können. Andernfalls ... Aber ich möchte eine Frage an Ernest stellen, weil er auf diesem Gebiet von uns sicher der Auskunftsfähigste ist. Du hast in der Diskussion von einer sehr scharfen Zuspitzung der inneren Klassenkämpfe auch bei uns hier gesprochen, die von den Restriktionen, von den inneren Widersprüchen des Kapitalverwertungsprozesses herrühren. Welche Hinweise für eine solche Einschätzung gibt es?

Krisenlösungsstrategien

MANDEL: Die erste Bilanz, die das Bürgertum Großbritanniens, der USA, vor allem auch Italiens und auch Frankreichs über die erste Periode selbst gezogen hat – denn die erste Welle ist ja schon hinter uns, da der ganze Prozeß ja schon seit 7 oder 8 Jahren, wenn nicht länger, andauert – zeugt von einer großen Enttäuschung. Das Bürgertum hat geglaubt, daß z.B. in Großbritannien – bei eineinhalb Millionen ständig Erwerbslosen nach einer langen Periode der Vollbeschäftigung – die Kampfkraft der Gewerkschaften, vor allem auf betrieblicher Ebene, gebrochen sein würde. Das ist nicht geschehen, denn zum erstenmal in der Geschichte des Kapitalismus haben wir erlebt, daß die Gewerkschaftsmacht in einer Periode der Überproduktionskrise und der Massenarbeitslosigkeit steigt, was ohne Präzedenz ist. Die Zahl der Mitglieder der englischen Gewerkschaften ist in dieser Regressionsphase von 8 auf über 10 Millionen gestiegen. Die Zahl der verlorenen oder gewonnen Streiktage, wie man sich ausdrücken will, in den letzten 12 Monaten, steht an zweiter oder dritter Stelle des historischen Rekords in Großbritannien. Dies trotz Wirtschaftskrise und Massenerwerbslosigkeit. Dies ist eine total unterschiedliche Entwicklung im Vergleich zu der Periode von 1929 bis 1932. Die Schlußfolgerung, die die englische Bourgeoisie oder wenigstens deren vorherrschender Flügel daraus gezogen hat – woran es allerdings wachsende Kritik gibt, das muß ich zugeben – wird von diesem ziemlich fanatischen Dogmatiker Sir Keeth Joseph vertreten. Dann sind halt 3 Millionen Erwerbslose nötig, um die Gewerkschaftsmacht zu brechen. Und sie verfahren tatsächlich nach dieser Linie. Sie reduzieren die Staatsausgaben in einer radikalen Weise, d.h, sie betreiben zum erstenmal – ich glaube, es gibt keinen Präzedenzfall seit der Krise von 1929 bis 1932 – eine Deflationspolitik mitten in der Wirtschaftskrise. Es ist zwar eine gemäßigte Deflationspolitik, weil gleichzeitig die Geldmenge noch immer um 8 bis 10 Prozent steigt. Aber im großen und ganzen ist das eine Deflationspolitik, das ist völlig klar. Sie bauen die Staatsausgaben ganz radikal ab. Nebenbei gesagt wird das in ein oder zwei Jahren ganz explosive soziale Probleme für England schaffen. In Amerika ist, historisch gesehen, dieselbe Entwicklung im Gange. Im Januar erschien die Wochenzeitung *business week,* wahrscheinlich das synthetische Organ des amerikanischen Großkapitals, unter der Schlagzeile »The shrinking standard of living« [Der sinkende Lebensstandard]. Nach deren Berechnung ist der Lebensstandard, also das Realeinkommen des amerikanischen Industriearbeiters seit ein oder eineinhalb Jahren zwischen 5 und 10 Prozent zurückgegangen. Und das war *vor* Ausbruch der Rezession, sie hat ja erst Ende 1979 angefangen. Dies ist genau derselbe Kurs wie in England. Und das wird ganz offen ausgesprochen. In Frankreich und Italien ist man in den Äußerungen etwas zurückhaltender, aber die Realität ist dieselbe. Die Krise ist da, die Erwerbslosigkeit ist da, sogar die Gewerkschaften machen die notwendigen Zugeständnisse auf nationaler Ebene, eine Stillhaltepolitik, aber die Arbeiterbewegung ist zu stark, vor allem die großen Bataillone. Aber ich gebe Peter schon recht, daß man einen Unterschied zwischen diesen großen und starken Bataillonen und den nicht so kampfstarken Schichten machen muß, also den Frauen, Jugendlichen, Gastarbeitern, den Arbeitern der Kleinindustrie, der Landindustrie und der Hausindustrie. Dies ist ein beträchtlicher Teil des Proletariats, und da klafft schon eine bedeutende Kluft. Sie sind bereits von der Krise betroffen. Die haben schon verloren. Die großen Bataillone aber haben an Substanz nicht verloren. Die großen Bataillone sind diejenigen, die für die Multis arbeiten, die für den Export arbeiten und die für die Konkurrenzfähigkeit entscheidend sind. Das ist, so würde ich sagen, der rein ökonomische Stachel für die Verschärfung der Klassenkämpfe im Westen.

Da kommt dann das zweite Element hinzu, das teilweise schon angesprochen wurde. In der Logik jeder kapitalistischen Krise liegt der Zwang zur Rationalisierung. In einer langen Phase der Wirtschaftsstagnation beinhaltet er, daß die vorher entdeckten und nur in Spitzenbetrieben und Spitzenindustrien angewandten Neuerungen verallgemeinert werden. Die Sache mit den Mikrochips ist da das klassische Beispiel, das ist ja nichts Neues. Das kannte man ja schon, aber das wird sich jetzt ausbreiten. Und da spielt die technische Besonderheit der dritten technologischen Revolution schon eine sehr große Rolle. Sie bewirkt einen derartig hohen Grad der Verdrängung der lebenden Arbeit durch die tote, daß man diesen Effekt mit ähnlichen Erscheinungen in der ersten oder der zweiten technologischen Revolution fast nicht mehr vergleichen kann. Sie bringt also sehr, sehr große gesellschaftliche Spannungen mit sich. Es gibt ganze Betriebszweige, ganze Industriereviere, die mittelfristig zum Verschwinden verurteilt sind. Ich kenne da viele Beispiele, wie die Stahlindustrie, den Schiffbau usw. Aber wenn es, was unvermeidlich geschehen wird, auf – vom Standpunkt der Beschäftigung her – zentrale Industriezweige, wie zum Beispiel die Automobilindustrie, in den 80er Jahren zukommt, dann ist das eine unerhört schwerwiegende Krise. Wenn man in der Automobilindustrie in Europa ein Drittel der Arbeitsplätze abschaffen will, wie es gerade in der Stahlindustrie im Schnitt geschieht, dann ist das bei der Stärke der Organisiertheit der europäischen Automobilarbeiter eine explosive Gesellschaftskrise. Das kann nicht ohne große politische und soziale Konflikte über die Bühne gehen. Wie sie ausgehen werden, ist eine andere Sache. Darüber rede ich nicht. Aber daß die Konflikte auf uns zukommen, das ist ganz klar. Bisher ist diese Umstrukturierung eingeschränkt geblieben. Man hat da unerhört übertrieben, mit der Verlagerung der Arbeitsplätze in die dritte Welt usw. Die quantitativen Berechnungen, die man da gemacht hat, haben bewiesen, daß das völlig nebensächlich gewesen ist. Jetzt wird's ernst, jetzt wird's ernst ...

VON OERTZEN: In bestimmten Branchen hat es erhebliche Einschnitte gegeben. Die sind aber durch Ausdehnung anderer Branchen kompensiert worden. Ich will nur ein Beispiel hinzufügen. Wenn ich die Zahlen recht in Erinnerung habe, so sind insgesamt in der deutschen Textil- und Bekleidungsindustrie in den letzten 10 Jahren ein Drittel der Arbeitsplätze weggefallen ...

MANDEL: ... in der Schuhindustrie die Hälfte ...

VON OERTZEN: ... und die gesamte Einfachproduktion, die noch aus der Frühphase oder der ersten Phase der großen Konsumgüterindustrie stammt, ist in der Tat in die Billiglohnländer, in die Schwellenländer, verlagert worden. Billige Kunststoffhemden werden eben effektiv nicht mehr in der Bundesrepublik produziert, sondern die geschrumpfte Textil- und Bekleidungsindustrie ist auf die Produktion von sogenannten Qualitätstextilien übergegangen. Aber meine Frage ist jetzt: Wäre nicht außer der autoritärrepressiven Krisenlösungspolitik – das heißt, dem Versuch, diese Probleme durch Druck auf die Gewerkschaft in den Griff zu kriegen, was hier in der Bundesrepublik Verbändegesetz heißt, harte Taktik bei Lohnkämpfen, Druck auf den Reallohn ...

MANDEL: ... und Einschränkung des Streikrechts und der Tarifautonomie ...

VON OERTZEN: ... Einschränkung des Streikrechts. Zweitens durch sogenannte Proklamierung, daß die Grenzen des Sozialstaats erreicht seien, sprich: soziale Demontage, Lösung der Finanzkrise des modernen Wohlfahrtsstaates durch strikte Einschränkung der sozialen Ausgaben und der Ausgaben für soziale Infrastruktur. Und drittens einfach durch Verstärkung des staatlichen Repressionsapparates. – Dies ist ja der rationelle Kern des Programms der Union, nicht nur von Strauß. (Mandel: C'est ça, c'est ça.) Von ihm wird es nur besonders nachdrücklich und konsequent vertreten. Unter uns müssen wir uns darüber im klaren sein, daß inhaltlich zwischen dem Programm von Strauß, dem von Dregger, dem unseres Herrn Albrecht und dem von Stoltenberg überhaupt kein Unterschied besteht. Das nur nebenbei. – Aber gibt es daneben nicht noch eine andere Variante der Krisenlösung, wenigstens für Westeuropa? Denn wir müssen immer die Tatsache berücksichtigen, daß historisch, sowohl was die Gewerkschaftsorganisation als auch die Verzahnung der gewerkschaftlich organisierten Arbeiterklasse mit Arbeiterparteien oder arbeitsnahen Parteien in einem parlamentarischen System angeht, eine radikal andere innenpolitische Situation besteht, als in den Vereinigten Staaten von Amerika. Und hier komme ich auf die Studien einer Gruppe junger Konstanzer Sozialwissenschaftler zurück, die Hauptautoren heißen Fach und Esser, die meinen, bei der Bekämpfung der Strukturkrise in der Stahlindustrie an der Saar, Verhaltensweisen auf seiten der staatlichen Strukturpolitik und der Gewerkschaften festgestellt zu haben, die die Grundlage einer anderen, planmäßigen, langfristigen, bewußten Strategie bilden könnten. Sie beruhen auf dem, was gelegentlich Helmut Schmidt für sich als die soziale Grundlage seiner Regierungspolitik in Anspruch nimmt, nämlich dem Bündnis zwischen den fortschrittlichen Kapitalfraktionen und, wie er sich ausdrückt, der Facharbeiterschaft. Das bedeutet ein gemeinsames kapitalistisches Bestandserhaltungsinteresse, mit der Aussicht, daß eine sozialdemokratisch geführte Regierung mindestens einem erheblichen Teil der organisierten Arbeiterbewe-

gung zwar nicht steil steigende Reallöhne, aber die Sicherung des sozialen und ökonomischen Status quo garantieren kann. Ökonomisch geschieht das um den Preis, daß die Zahl derer zunimmt, auf deren Buckel durch sinkende Geldeinkommen, aber auch durch sinkende Qualität öffentlicher Leistungen und durch Ausstoßung aus der Gesellschaft, die Lasten abgewälzt werden. Das würde bedeuten: Degradierung, zum Teil auch wieder Nachhause-Expedierung der Gastarbeiter, Vermehrung der Zahl der strukturellen, der – wie man so schön sagt –, Bodensatzarbeitslosigkeit, Verdrängung der arbeitenden Frauen aus dem Beruf, zugunsten der verdienenden Männer, d. h. Rückgängigmachung der ökonomischen Seite des Emanzipationsprozesses eines Teils der verheirateten Frauen, verschlechterte Ausbildungssituation für die Jugend, Verringerung der sozialen Leistungen für Behinderte, für Kranke, für Alte, Abbau der Leistungen im Schulwesen; so erörtern die Finanzminister jetzt bereits, die Klassenfrequenzen auf dem gegenwärtigen Stande einzufrieren, also Lehrer zu entlassen, statt mit der verbesserten Lehrer-Schüler-Relation die Leistungsfähigkeit des öffentlichen Bildungssystems zu verbessern.
Ich meine, der Wohlfahrtsstaat unter sozialdemokratischer, gewerkschaftlicher Beteiligung ist ja ein labiler Klassenkompromiß, daß gewissermaßen die Basis für den Klassenkompromiß eingeschränkt werden würde, aber immer noch eine starke Mehrheit der Bevölkerung verbliebe, die an seiner Aufrechterhaltung interessiert wäre. Ich sage das hypothetisch, denn es ist sicherlich subjektiv nicht die Absicht von Helmut Schmidt, dies könnte nur die objektive Konsequenz seiner Politik sein...

BAHRO: ... den letzten Satz würde ich streichen. (Mandel lacht: Einverstanden!)

VON OERTZEN: So billig kann man sich die Polemik nicht machen; zu behaupten, daß Helmut Schmidt sich subjektiv der Konsequenz bewußt sei, unter Umständen die Massenverelendung von Millionen Menschen, etwa 20 Prozent der deutschen Bevölkerung, in Kauf zu nehmen, bloß um die Stabilität des Systems aufrechtzuerhalten. Dies ist sicherlich nicht Inhalt seiner Politik.

BAHRO: So nicht. Aber daß er diesen Klassenkompromiß mit der aufgeklärteren Kapitalfraktion ganz bewußt sucht und sich dabei darüber klar ist, daß sie ihre Interessen haben in der Richtung, das kann man nicht aus der Welt schaffen ...

VON OERTZEN: Er glaubt, daß der Preis für einen solchen Kompromiß nicht so schrecklich zu sein braucht wie ich ihn hier skizziere. Ich sage das alles nur hypothetisch, und ich warte auf die Gegenargumente, denn diese Zukunftsaussichten sind ja nicht sehr erfreulich. Wäre aber nicht ein Klassenkompromiß aufgrund einer Interessenkoalition möglich, die nur 60 bis 70 Prozent der Gesamtbevölkerung umfaßt? Daß ein kapitalistisches System auch politisch stabil bleiben kann, wenn es bis zu 30 Prozent seiner arbeitenden oder halb arbeitenden Bevölkerung der ökonomischen, sozialen und kulturellen Verelendung überläßt, dafür liefern die Vereinigten Staaten von Amerika seit einem halben Jahrhundert den Beweis. Es gibt dort ein Massenelend in der schrecklichsten Bedeutung dieses Wortes, wie es in keinem der fortgeschrittenen kapitalistischen Staaten Nord- und Westeuropas gibt. Natürlich, im Süden Italiens und in Teilen Spaniens und Portugals gibt es das auch, aber unter anderen Bedingungen als in den Vereinigten Staaten von Amerika. (Zwischenruf Mandel: Neapel ist genauso schlimm wie Harlem.) Und die Frage ist, ob in den Vereinigten Staaten von Amerika tatsächlich noch von einer unbeschädigten Kampfkraft der gewerkschaftlich organisierten Kernarbeiterschaft gesprochen werden kann. Zumindest stagniert die Mitgliederzahl absolut und geht relativ zurück.

Und gerade moderne Industrien wandern in den Süden der Vereinigten Staaten ab, in dem sich die gewerkschaftlichen Organisationsverhältnisse erheblich verschlechtern. Abgesehen von der ohnedies immer sehr fragwürdigen Bereitschaft amerikanischer Gewerkschafter, für die Interessen von Nichtorganisierten zu kämpfen, was in der historischen Tradition der amerikanischen Gewerkschaftsbewegung liegt, könnte dies die Stellung der amerikanischen Gewerkschaft weiter so weit schwächen, daß die ganz gewiß bereit wäre, sich auf einen solchen Kompromiß einzulassen. Außerdem sind die außenpolitischen und allgemeinpolitischen Verhaltensweisen der Mehrzahl der organisierten amerikanischen Gewerkschafter ja doch so, daß sie inhaltlich mit der Politik von Franz Josef Strauß völlig übereinstimmen, es sei denn, es geht an ihre unmittelbaren ökonomischen Interessen ...

BAHRO: ... völlig kapitalkonform ...

VON OERTZEN: ... aber dies sind in der Tat keine westeuropäischen Verhältnisse. Das war die hypothetische Frage. Wäre ein solches Modell, kurz- und mittelfristig, gewissermaßen zur Abmilderung und wenn man so will damit auch zur Prolongierung der kapitalistischen Krise in Westeuropa denkbar? Welche politischen Konsequenzen ergäben sich für uns daraus?

BAHRO: Es spricht noch eins dafür. Es spricht dafür, daß sich die deutsche Bourgeoisie allem Anschein nach bisher noch nicht für Strauß entschieden hat in dem jetzigen Kampf. Ich will nicht sagen, daß sie sich gegen ihn entschieden hätte, aber ...

VON OERTZEN: ... jedenfalls hat sie sich nicht geschlossen für ihn entschieden. Ich will ein Beispiel nennen. Wenn der Chef eines der größten, technisch und sozial modernsten Elektromultis der Bundesrepublik Deutschland mit einer öffentlichen Erklärung die CDU verläßt, weil er die Ernennung von Franz Josef Strauß zum Kanzlerkandidaten mißbilligt, und sich damit implizit für Helmut Schmidt als Kanzler ausspricht, dann ist das ein wichtiges Indiz.

MANDEL: Ja. Für Graf Lambsdorff. Aber ...

WOLTER: Bleiben wir doch bei den möglichen Reaktionen auf die Krise ...

VON OERTZEN: ... also ich will es jetzt noch einmal auf eine Formel bringen. Mich interessiert es, alle denkbaren möglichen Ausweichstrategien des Kapitals zu erörtern ...

MANDEL: ... alle denkbaren kannst du nicht. Ich würde sagen, daß das Eigentümliche an diesem Konzept ist, daß es gar nicht europäisch ist, sondern amerikanisch. Das ist in Amerika so in den letzten zehn Jahren über die Bühne gelaufen. Und man kann sagen, daß es heute gescheitert ist. Es ist an zwei Hindernissen gescheitert. Erstens – wie ich schon vorher unterstrichen habe, und ich glaube, es wurde zu wenig berücksichtigt in dieser ganzen Aufstaffelung – wäre es wohl rein gesellschaftspolitisch eine kluge Strategie des Bürgertums, um die Arbeiterbewegung, die Arbeiterklasse zu spalten und zu schwächen. In Italien hat das sicher eine ganz bedeutende Rolle gespielt. Dort und in Spanien bestand die größte Gefahr. In Frankreich ist diese Strategie schon schwieriger durchzusetzen. Ökonomisch aber muß es scheitern, nämlich an der Tatsache, daß die Kapitalverwertung der Großbetriebe, die in der internationalen Konkurrenz eine entscheidende Rolle spielen, nicht von den Löhnen der Frauen der Kleinindustrie abhängt, sondern von den Löhnen der Arbeiter, die in diesen Großbetrieben selbst arbeiten. Da ist aber die Grenze der Zugeständnisse erreicht. Das heißt, der rein ökonomische Zwang zur radikalen Verminderung der Arbeitskosten in der Großindustrie, die auf dem Weltmarkt konkurriert, ist heute das Entscheidende. In den USA ist in den letzten 12 Monaten der Reallohn der gewerkschaftlich am stärksten organisierten Arbeiter zurückgegangen. Wenn du dir die Sanierungsprojekte von Chrysler und von US-Steel vor Augen führst, das sind die zwei größten amerikanischen bedrohten Konzerne, dann wirst du sehen, daß in beiden Fällen in einer ganz klaren, beinahe zynischen Weise gesagt wird – und das zeigt, wie heute das Großbürgertum kollektiv die Frage stellt –: Wenn die Gewerkschaften und die Arbeiter in diesen Betrieben nicht bereit sind, einen Teil der Sanierungskosten auf sich zu nehmen, d. h. nicht bereit sind, einen bedeutsamen Reallohnschwund auf sich zu nehmen, dann wird der Betrieb geschlossen. Bei Chrysler sind es allein 250 000 direkt Beschäftigte, bei US-Steel sind es direkt 150 000. Wenn du alles zusammenzählst, auch das, was indirekt dazukommt, die Zulieferindustrie, dann kommst du auf eine Million Arbeitsplätze, die bedroht sind. Ich sage nicht, daß es keine Kompromißmöglichkeiten gibt. Es gibt noch immer welche. Die amerikanischen Arbeiter wären wahrscheinlich bereit, unter solchen Bedingungen auch einen zehnprozentigen Reallohnverlust auf sich zu nehmen, während ich bei den europäischen Arbeitern einige Zweifel habe ...

VON OERTZEN: ... zumal ein erheblicher Teil der amerikanischen Arbeiterklasse, auch in den zentralen Industriezweigen, ja ohnedies seit etwa 10 Jahren mindestens so etwas wie eine Reallohnstagnation ...

MANDEL: ... Ja, schön. Aber gerade nach der Reallohnstagnation ist der Reallohnschwund viel empfindlicher. Man muß sich das konkret ansehen. Ich bin in den vergangenen zwei Jahren zweimal in den USA gewesen, seit mein Einreiseverbot aufgehoben worden ist, und ich war erschrocken, was sich da abspielt. Das mit dem Elend

kennen wir ja schon. Weißt du, was der amerikanische Arbeiter heute arbeiten muß, um einen Lebensstandard zu haben, der etwa 10 Prozent oder 5 Prozent unter dem der Bundesrepublik, der Schweiz und Schwedens liegt? Er muß 56 Stunden in der Woche arbeiten! Ohne diese Überstunden kann er diesen Lebensstandard nicht halten. Und du mußt den Arbeitsrhythmus sehen. Das ist eine Existenzfrage. 56 Stunden unter diesem Arbeitsrhythmus zu arbeiten! Die Grenzen für Kompromißmöglichkeiten sind sehr eng geworden. Das ist die eine Seite der Angelegenheit.
Die zweite ist, glaube ich, die entscheidende. Die Konsequenz jeder halbreformistischen oder kompromißbereiten Politik – auch bei Opferung breiter Schichten, du sagtest 30 Prozent, was ich mal als Grenze nehmen will – ist ein weiterer Anstieg der Inflation. Das ist unvermeidlich. Der Überhang der Produktionskapazität gegenüber der normalen Kaufkraft ist heute so stark, daß du immer irgendeine Form der Inflation hast. Gut, wir haben uns an einiges gewöhnt und sagen heute, daß wir in der Bundesrepublik heute ideale Bedingungen haben, weil wir eine vier- oder sechsprozentige Inflationsrate haben. Wenn man das aber vor 20 Jahren gesagt hätte, dann wäre nicht nur Altbundeskanzler Erhard, sondern es wären viele, auch linke Nationalökonomen in die Luft gesprungen. Was ist das denn für eine normale Wirtschaft mit vierprozentiger Inflationsrate? Das ist die niedrigste Inflationsquote unter den, sagen wir, irgendwie bedeutsamen imperialistischen Ländern. In Amerika ist die Inflationsquote heute zweistellig und wird kaum darunter sinken. Jegliche Politik, die vom Thatcher-Strauß-Muster abgeht, ist eine Politik, die weiterhin inflationär bleibt. Und ich glaube, daß wir auch hier an einer Grenze angelangt sind. Ich glaube, daß diese Politik insgesamt heute nicht mehr lange so fortgesetzt werden kann, was die objektiven ökonomischen Folgen der Inflation, was die Verschuldung und sogar ihre Auswirkung auf die Kapitalak-

kumulation – obwohl das unter marxistischen Ökonomen sehr umstritten ist – betrifft. Also, wenn man die Angst sieht, die alle Großbankiers der Welt, sowohl der Staatsbanken, also der Zentralbanken als auch der Privatbanken, erfaßt ... Sie leben in einem dauernden Angstzustand. Ich möchte heute kein Bankier sein, ich führe ein glücklicheres Leben als diese Herren. Zum erstenmal in der Geschichte des Kapitalismus hat man so etwas wie ein internationales Gremium eingeführt, das die Situation der größten Banken in der Welt verfolgt. Das gibt nur ihre Panik an, denn sie haben ja keine Mittel, sie verfügen ja nicht über ein Kontrollrecht. Sie verfolgen die Situation deshalb ähnlich, wie wir sie verfolgen. Als die Sache mit Persien lief, da sind einige Sachen passiert, die vom Standpunkt des internationalen Kapitals aus total irrational sind. Zum Beispiel, was da mit der Sperrung der persischen Gelder in den amerikanischen Banken und den Außenständen der amerikanischen Banken in Europa passiert ist, ist unfaßbar. Sie sind bis an den Rand der Katastrophe gekommen, bis an den Rand. Was in der Weltpresse überhaupt nicht berücksichtigt wurde, ist, daß der Ajatollah, wenn er wirklich den Imperialismus hätte treffen wollen, nur eine Sache hätte machen müssen. Er hätte sämtliche persischen Gelder aus dem Dollar-Raum zurückziehen müssen. Eine Sowjetzeitung hat ihm eigentümlicherweise den Rat gegeben, das zu tun. Ich weiß nicht, ob man weiß, wieviel persische Guthaben es in der westlichen Welt gibt. Ungefähr 30 Milliarden! Wenn du heute von einem Tag auf den anderen 30 Milliarden Dollar aus dem amerikanischen Bankensystem zurückziehst, dann kann kein Mensch sagen, was passieren wird. Das ganze System kann zusammenbrechen. Drei, vier fünf Banken unter den größten können an den Rand des Bankrotts kommen, die anderen müssen für sie eintreten, die Zahl der Banken, die nicht mehr wirklich liquide sind, wird von 5 auf 50 steigen, du hast eine Lawinenbewegung beim zweiten oder dritten

Land, das die Zahlungen nicht aus politischen, sondern aus ökonomischen Gründen einstellen muß. Die ganze internationale Finanzgemeinschaft lebt in einer Panikstimmung. Man schreibt darüber nicht viel in den Zeitungen, damit der öffentliche Kredit nicht gefährdet wird. Das könnte zu einer self-fulfilling prophecy werden. Aber in dieser ganzen Gemeinschaft lebt man mit dieser Angst. Von Zeit zu Zeit, etwa ein- oder zweimal im Jahr, wird das artikuliert. Wenn man die Berichte der Bank der internationalen Zahlungen von Basel liest, das sind wohl die ruhigsten und die objektivsten Beobachter dieser Angelegenheit, dann merkt man, wie die Angst von Jahr zu Jahr steigt. Ich sammle das seit Jahren, das ist mein Hobby. Das steckt ja auch hinter der ganzen Goldgeschichte. Das ist nicht die Sache von kleinen Spekulanten. Es ist eine idiotische Ansicht, daß sich 5000, 10000 oder 20000 Spekulanten zusammentun und den Goldpreis um 1000 Prozent erhöhen können. Das geht doch nicht. Was dahintersteckt, das sind Sicherheitsmaßnahmen von bedeutsamen Teilen des Großkapitals und ich würde sagen, von einer ganzen Reihe von Zentralbanken. Ich bin, trotz aller entgegengesetzter Meinungen, die in der Presse veröffentlicht werden, persönlich davon überzeugt, daß die Aufträge der Deutschen Bank von den Zentralbanken der Erdölexporteure kommen, d.h. von der Zentralbank Saudi-Arabiens und ähnlichen Ländern. Die fangen jetzt in einer vorsichtigen Weise an, ihre Dollars in Gold umzusetzen, und dies besagt etwas über die Dynamik. Du hast da objektive Grenzen, die du nicht überschreiten kannst, und ich glaube, der Spielraum wird in den 80er Jahren immer geringer. Ich sage nicht, daß er auf Null fällt. Es gibt nicht notwendigerweise eine neue Krise wie 1929. Aber der Spielraum wird immer geringer, und weil der Spielraum für die Kompromisse immer geringer wird, werden die Spannungen immer größer und internationalisiert. Und es wird die Explosivität dieser Geschichte unerhört angeheizt, wobei die destruktiven Potenzen, die heute in den Händen des Kapitals sind, dieser Explosivität eine riesige, in der Vergangenheit unbekannte, Dimension geben.

Und ich möchte noch ein letztes Wort hinzufügen. Man hat hier über die Gegensätze zwischen dem europäischen und dem amerikanischen Imperialismus gesprochen. Es ist wahr, daß der europäische Imperialismus geschmeidiger und kompromißbereiter ist, aber wir dürfen nicht die andere Seite der Medaille vergessen. Bisher war der europäische Imperialismus militärisch ziemlich machtlos. Wenn sich das ändert ...? Und das ist die andere große Entwicklung, die in den 80er Jahren auf uns zukommt. Hier muß noch einmal das Stichwort Franz Josef Strauß erwähnt werden, der hier eine ganz konkrete Bedeutung hat. Die gemeinsamen deutsch-französischen Panzer, die gemeinsamen französisch-englisch-italienisch-deutschen Raketen – gemeinsame Kernwaffen brauchen sie nicht, denn die haben schon die Franzosen – in einer gemeinsamen europäischen Armee, womit sie selbständiger von den Amis sind, geben keine Entwicklung an, die in Richtung auf Entspannung geht. Wir sollten nicht die Illusion haben zu glauben, daß der amerikanische Imperialismus per definitionem der aggressivste ist. Eine selbständige, mit Kernwaffen bewaffnete europäische Armee wäre für den Weltfrieden mindestens eine so große Gefahr wie ein rechtsradikaler ...

VON OERTZEN: ... ich stelle mit einer gewissen Genugtuung fest, daß es einen Punkt gibt, Ernest, an dem du mit Helmut Schmidt völlig einer Meinung bist.

MANDEL: ... Das ist schon möglich. Ich würde sogar sagen, daß ich an diesem Punkt mit Breshnew einer Meinung bin. Ich glaube, daß er genau dieselbe Meinung hat. Und zu Recht, weil das für die Sowjetunion eine total neue Weltlage geben würde, wenn so etwas bestehen würde: Und es ist drin ...

Die Krise im Westen – Chance oder Bedrohung für den Osten?

WOLTER: ... an dem Punkt möchte ich einhaken. Wir haben jetzt über die Entwicklungsperspektiven des Kapitalismus in den 80er Jahren diskutiert. Dabei sind wir zu dem Schluß gekommen, daß es große Veränderungen der bisherigen Lage geben wird, weil die Konsequenzen der schon über ein halbes Jahrzehnt andauernden Krise spürbarer werden. Als zusätzlicher Faktor kommt die ökologische Krise ins Spiel. Die sozialen Spannungen werden aus wirtschaftlichen Gründen – Stichwort: Reallohnabbau – wie aus strukturellen Gründen – Stichwort: massenhafter Einsatz von Elektronik, also Massenarbeitslosigkeit – zunehmen. Wie das gelöst wird, bleibt allerdings unklar, das ist eine Frage der politischen Kräfteverhältnisse. Zugleich wächst die Gefahr kriegerischer Auseinandersetzungen zur Sicherung der Rohstoff- und Energieversorgung. Das ist doch sowohl innenpolitisch, in den westlichen Industrieländern, wie von der weltpolitischen Situation her, eine sehr labile Lage, im Gegensatz zu den 30 Nachkriegsjahren. Besteht jetzt, wo der Kapitalismus ins Schlingern kommt, eine bessere Möglichkeit für den Ostblock, seinen Einfluß auszudehnen? Das hätte aber zur Voraussetzung, daß es dort eine relativ stabile Lage geben muß. Wie seht ihr die Entwicklung der östlichen Länder in den 80er Jahren? Was kommt da alles auf die zu?

VON OERTZEN: Die realsozialistischen Systeme haben ja nun, wenigstens, was ihre innere Dynamik betrifft, eine nichtkapitalistische Grundlage ihres Wirtschaftssystems. Darüber sind wir uns wohl einig. Wobei sie aber in einem

Konkurrenzverhältnis zum kapitalistischen Weltmarkt stehen, d. h. genauer: Sie stehen zu den kapitalistischen Ländern im Rahmen des kapitalistischen Weltmarkts in einem Konkurrenzverhältnis, was ihnen von außen bestimmte Verhaltensweisen aufzwingt, die die immanenten Tendenzen ihres eigenen Wirtschaftssystems durchkreuzt ...

BAHRO: Wobei, meiner Meinung nach, es nicht unmittelbar die Weltmarktmechanismen sind, die dort hineinwirken, sondern einfach die materiellen Kräftepotentiale das Problem sind. Wenn man sagt, daß sie innerhalb des kapitalistischen Weltmarktes stehen, kann das auch mißverstanden werden. Sie stehen nicht innerhalb des kapitalistischen Weltmarkts ...

MANDEL: ... das heißt, sie haben einen Zeh im kapitalistischen Weltmarkt ...

BAHRO: ... ich meine auch nicht, daß sie davon unabhängig sind. Das heißt bloß, daß die Wirtschaft der Sowjetunion und die Wirtschaft des gesamten sowjetischen Blocks trotz aller Kooperation bisher, und das ist meiner Meinung nach keine schlechte Sache, autonom geblieben ist. Sie ist fundamental autonom geblieben. Natürlich gibt es Störeinwirkungen. Worin sie nicht autonom sind, das ist die Programmierung der Ressourcen. Aber autonom sind sie insofern als sie noch das Dispositionsvermögen über den Einsatz der Ressourcen haben. Nur bekommen sie durch die Notwendigkeit standzuhalten, aufzuholen und dem Druck des kapitalistischen Konsummodells zu widerstehen, praktisch das Produktionsprogramm weitestgehend diktiert. In dem Sinne sind sie nicht autonom, und in dem Sinne stehen sie im kapitalistischen Weltmarktsystem.

VON OERTZEN: Dann wärst du der Meinung, daß z. B. gewisse, ihnen ökonomisch von außen aufgenötigte Preissteigerungen, beispielsweise auf dem Energiesektor, sich insoweit störend auswirken, als ihre Leistungen, also die der staatswirtschaftlichen Systeme, immer an den Maßstäben gemessen werden, die ihnen ja nun aus dem Konsummodell der westlichen Länder bekannt sind?

BAHRO: Ich sehe das Problem dieser Preissteigerungen eigentlich in einem anderen Zusammenhang. Wenn du überhaupt auf Kooperation im Weltmarkt eingestellt bist, und sie sind es auf dem Sektor des Technologieimports und der Technologieintegration, dann mußt du in deinem Rechengeld irgendwie mitziehen. Jetzt wird darüber geschwatzt, daß sie der allgemeinen Krise doch nicht entkommen. Das stimmt meines Erachtens nicht. Um überhaupt die für sie erforderlichen Technologieimporte zustande zu bringen, müssen sie konkurrenzfähige Waren auf den Weltmarkt bringen, um Devisen zu bekommen. Das ist die ständige Schwachstelle dieser Ökonomie, auch in der DDR. Und wenn Länder noch etwas auf dem Weltmarkt verkaufen können, dann sind es die DDR und die ČSSR. Um diese Waren überhaupt auf dem Weltmarkt unterzubringen, müssen sie ständig eine Art Dumping praktizieren, das heißt, sie müssen mit Verlust verkaufen und um so mehr, je mehr Importe sie benötigen. Und da öffnet sich freilich die Schere, weil das unvermeidlich die Entwicklung des materiellen Lebensstandards dämpft.

WOLTER: Daraus entsteht aber eine Dynamik. Ich meine, wir haben in den Ostblockländern genau dasselbe Herrschaftsinstrumentarium wie im Westen. Einerseits gibt es Druck von oben, direkte Zwangsmechanismen, andererseits den Versuch, durch eine gewisse Liberalisierung und eine Orientierung auf Konsumgüterproduktion und durch individuelle Leistungsanreize kompensatorische Bedürfnisbefriedigung zu schaffen. Nur gibt es dann die

Zwickmühle, daß die Konsumgüterproduktion immer am westlichen Standard gemessen wird. Deshalb besteht der Zwang, bestimmte westliche Technologien oder gar Konsumgüter wie Autos, Jeans etc. zu importieren, was wiederum die ökonomische Zwickmühle verschärft, und das Verhältnis von Konsumfonds und Akkumulationsfonds zum Akkumulationsfonds verschiebt. Wie siehst du da die Entwicklung in den nächsten 10 Jahren? Wird es eine Verschärfung des Dilemmas geben?

BAHRO: Wahrscheinlich ja, aber was ich mindestens ebenso befürchte, das ist, angesichts der Dinge, die wir hier diskutiert haben, ein Gewichtsverlust des Ostblocks insgesamt, was seine Korrektivmöglichkeiten gegenüber den Unsicherheiten, die von hier ausgehen, betrifft. Und zwar ist das ein Gewichtsverlust, der hauptsächlich aus zwei Prozessen resultiert. Einmal aus dem nunmehr bereits unübersehbaren Wachstumsrückgang in der Sowjetunion, der wirklich nichts mit irgendwelchen vernünftigen Einsichten zu tun hat, daß man sich nicht übernehmen sollte oder dergleichen. Das hat dort auch überhaupt nichts mit ökologischen Motiven zu tun, sondern einfach damit, daß die bürokratische Art und Weise, die Wirtschaft zu steuern, so sehr auf die Masseninitiative an der Basis drückt, ja bereits so sehr die Dispositionsmöglichkeiten der bürokratischen Kader in der Wirtschaft beschränkt, daß es immer schwieriger wird, mit dem kriselnden Westen mitzuhalten. Bisher, bis 1970, hat die Sowjetunion dem Kapitalismus gegenüber aufgeholt, und ich glaube, daß wir jetzt an einem Punkt sind, wo sie nicht mehr aufholt, was die Quantität betrifft.

MANDEL: Bisher war ich hundertprozentig mit dir einverstanden. In diesem Punkt mußt du das Verhältnis zu der sinkenden Wachstumsrate im Westen sehen. Ich spreche von den imperialistischen Ländern, nicht von der dritten Welt. Wenn diese Wachstumsrate auf $1\,^1/_2$ oder 2 Prozent zurückgeht, dann bleibt die Sowjetunion, sogar wenn ihre Wachstumsrate auf 3 oder $3^1/_2$ Prozent sinkt ...

BAHRO: ... In dieser Relation gesehen, ja. Wenn man an die Krise 1974/75 denkt. Bis zu dem Zeitpunkt stand es auf der Kippe mit den sinkenden Wachstumsraten dort. Der zweite Punkt – und den hast du wohl gemeint, Ulf – ist, daß aus diesem Grunde, wenn auch in den 80er Jahren noch nicht die Sowjetunion, aber die Länder der osteuropäischen Peripherie die politische Stabilität verlieren. Und das wird höchstgefährlich für die Gesamtstabilität. Ich kann das jetzt nicht rechnerisch belegen, zumal ich ja auch kein richtiger Ökonom bin, aber es ist zumindest der Eindruck vorhanden, daß dieser ständige Rückstand in der Arbeitsproduktivität, z.B. der DDR gegenüber Westdeutschland, sogar noch anwächst, daß sich die Schere noch weiter öffnet. Die DDR-Wirtschaft ist neben der regenerierten tschechischen die funktionsfähigste im ganzen Ostblock. Die DDR-Wirtschaft funktioniert noch relativ gut. Man hat einen ganz falschen Eindruck von dem Grad der Ineffektivität. Es sind dort keine Grundschwankungen oder Grundunsicherheiten drin, sondern es ist nur eine verhältnismäßig dicke Marke an ständigem, aber schon eingewöhntem Produktivitätsverlust vorhanden. Wir arbeiten drüben also ständig 20 Prozent unter der Kapazität, die der Kapitalist mit derselben Maschinerie bringen würde. Drüben ist die Kapazität nicht voll ausgelastet, weil man die Maschinen nicht ausreichend in Schuß hält, weil die Ersatzteilfrage nicht gelöst ist usw. Wir haben da eine ständige Ineffektivität, die wiederum keinen Krisenschwankungen unterliegt. Nur wächst dieses Problem, über lange Zeit gesehen, an. Dieser Ineffektivitätsfaktor nimmt langsam zu. Das heißt, daß immer mehr bezahlt werden muß, um das wenige Wachstum herauszukriegen, das noch herauskommt. Aber die DDR hat immer noch ein Wachstum zwischen 4 Prozent und 5 Prozent. Und wenn die Wachstumsrate manchmal rechnerisch nicht stimmt, so gibt es keine derartigen Schwankungen, daß man von einem Jahr zum anderen anfangen müßte, die Zahlen zu frisieren. Die Statistik ist vielmehr in sich konsistent. Die DDR ist ein hochindustrialisiertes Land. Die DDR-Wirtschaft für sich würde laufen, und sie würde, glaube ich, auch mit 6 Prozent laufen, wenn sie nicht an der SU hängen würde. Und zwar nicht, weil die SU die DDR gezielt und vorsätzlich ausbeutet, sondern weil der schwerfälligere SU-Wirtschaftsmechanismus und dessen extensive Art der Produktion es der DDR bei der gegebenen Außenhandelsbindung an dieses System nicht erlauben, die relativ größere Beweglichkeit auszunützen, die die DDR-Wirtschaft haben könnte, auch weil sie kleiner ist.

WOLTER: Wird das zu Spannungen zwischen der Sowjetunion und den anderen Ländern führen?

BAHRO: In der DDR nicht so schnell, zumindest nicht in den 80er Jahren. Und zwar deshalb nicht, weil dort der politische Konsens über den Staatserhalt, trotz Mauer, innerhalb der Gesamtbevölkerung viel größer ist, als man denkt. Das ist kein positiver Konsens, daß sich etwa alle über die Mauer freuten und darüber, daß die SED so scharf regiert, sondern ein Konsens, wonach man gegen diesen Zustand in der DDR schon gar nichts machen kann. Erstens kommen die Panzer und zweitens kann das, was vor dem 13. August gewesen ist, nur für die Leute gut gewesen sein, die wirklich abhauen wollen. Und wirklich abhauen wollen schon die Leute meiner Generation aus der DDR nun eigentlich nicht mehr. Es sind einzelne Individuen, die wirklich abhauen wollen. Auch ich bin, wenn man jetzt mal die unmittelbarsten Dinge des Lebensprozesses betrachtet, keineswegs mit Freuden fortgegangen. Ich stelle auch fest, daß das Leben hier anstrengender ist ...

VON OERTZEN: Na klar, bei 25 Prozent höherer Produktivität!

MANDEL: Jetzt bin ich aber der Ökologe und sage: Das ist doch positiv.

WOLTER: Moment. Du hast eben von der DDR gesprochen. Sie ist sicherlich der beste Verbündete der Sowjetunion. Wie sieht es bei den anderen Ländern aus? Bei Rumänien, Polen ...

BAHRO: Ich halte die vier west-osteuropäischen Länder für am gefährdetsten, in diesem Zusammenhang freilich auch die DDR, nicht Rumänien und nicht Bulgarien. Rumänien ist zwar ein bißchen unsicher, was die Bündnisverfügbarkeit betrifft, aber nicht sozialökonomisch. Das Unternehmen dort ist ziemlich stabil.

VON OERTZEN: Es hat in sich selbst weniger politische Abweichungen und soziale Konflikte als andere. Im übrigen habe ich das Gefühl ...

MANDEL: ... in sich selbst, da würde ich aufpassen.

WOLTER: Wenn die DDR und die anderen Länder in diesem Dilemma stehen, heißt das im Grunde genommen, daß die materiellen Grundlagen für die Entspannungspolitik bröckeln. Denn die Entspannungspolitik basiert ja doch zu einem wesentlichen Teil darauf, daß – in erster Linie auf die DDR bezogen, weil es das gefährdetste Land ist, aufgrund der nationalen Frage und der Berührungsmöglichkeiten rein sprachlicher und kultureller Art –, der Abstand zwischen West und Ost nicht so gravierend sein soll, daß er systemsprengend wird. Die Entspannungspolitik hatte neben dem politischen Aspekt der Anerkennung der Faktizitäten auch immer diese ökonomische Komponente. Denn mit einem schwachen und instabilen Land ist keine Entspannung möglich, weil dies systemgefährdend wirken kann. Die Sozialdemokratie hat ja auch die Taktik verfolgt bzw. die Grundlage der Entspannungspolitik war, das System dort so zu stärken, daß sie nicht panisch reagieren müssen, sich nicht ständig abgrenzen müssen. Das war ja die . . .

BAHRO: . . . so zu stärken nicht, aber wenigstens die Auseinandersetzungen nicht so zu forcieren, daß es scharf reagieren muß . . .

WOLTER: . . . doch, es direkt zu stärken. Es gibt ganz interessante Stimmen, die gesagt haben, daß der Westen die DDR stärken müsse, um den Zusammenhalt möglich zu machen. Wenn sich die Verhältnisse jetzt wieder wie eine Schere auseinander bewegen, d. h., daß der Produktivitätsabstand wieder wächst und so die Kluft auch wieder größer wird, dann würde das im Grunde genommen ja auch heißen, daß die materiellen Grundlagen für die Entspannungspolitik doch . . .

BAHRO: . . . langsam bröckeln. Also, es gibt da jedenfalls eine Gefahr. Das Problem ist meiner Meinung nach aber gar nicht lösbar auf lange Sicht. Es ist unlösbar, wenn wir es auf die Ebene des Aufholens in den Konsumtionsmöglichkeiten stellen. Es ist eine verkehrte Perspektive, wenn gewisse Genossen aus der tschechischen Opposition die Frage auf diese Weise stellen. Ich habe zum Beispiel dem Jiří Kosta neulich öffentlich widersprochen in Frankfurt, als er die These von der Unterversorgung ausgerechnet für die Tschechoslowakei und die DDR aufstellte. Natürlich gibt es da »Unterversorgung« von Westdeutschland aus gesehen. Natürlich gibt es da manchmal Mangel, aber das ist niemals ein Mangel an Lebensnotwendigem, sondern es ist so, daß ich ein bestimmtes Kleidungsstück nicht bekomme, welches ich mir anziehen möchte, also Mangel in einem Sinne, der keineswegs mit den wirklichen Notwendigkeiten menschlichen Lebens zusammenhängt. Ich kriege, wenn mir 8 Tage vor dem Urlaub der Trabant kaputtgeht, das Ersatzteil nicht mehr rechtzeitig, es sei denn, ich lege 50 oder 100 Mark dazu, um es über die verschiedenen schwarzen Beziehungen, die da möglich sind, zu bekommen. Dieser Art sind die Probleme. In Wirklichkeit gibt es keinerlei existentielle Nöte in der DDR und in der Tschechoslowakei. In Polen ist das anders mit dem Fleisch und ähnlichem, weil sie die Landwirtschaft nicht in der Hand haben. Aber sonst ist das Problem in der Sowjetunion und in Osteuropa politischer Natur. Würde es in den osteuropäischen Ländern gelingen, eine Adaptation des Überbaus an die jetzigen Erfordernisse zustande zu bringen, und würde es gelingen, eine gesellschaftliche Perspektive in Richtung Sozialismus zuwege zu bringen, dann würde man aus der Zwangslage kommen, immer darauf schielen zu müssen, wieviel Prozent vom hiesigen Lebensstandard, von der hiesigen Gütermasse man bieten kann.

WOLTER: Besteht denn die Gefahr einer Wiederbelebung repressiver, also stalinistischer Elemente in diesen Gesellschaften?

BAHRO: Dann muß man es von diesem Stalinismusbegriff heruntertransformieren, weil der zu leicht auf der Vordergrundebene als Terror usw. verstanden wird.
Und zwar aus taktischen Gründen würde ich den Begriff mal suspendieren. Wenn sich die inneren Widersprüche in Osteuropa zuspitzen, und solange wir davon ausgehen, daß es dort zu keiner neuen Generallösung kommt, solange wird natürlich die Tendenz zunehmen, durch restriktives Reagieren, durch autoritäre Politik, alles noch einmal sicher zu machen, präventiv Repression einzuplanen, wie jetzt mit den Gesetzesänderungen in der DDR. Es wird dabei nicht wieder Terror, Lager, Massenhaft

herauskommen. Sie werden diese Gesetze nur im äußersten Falle stärker anwenden. Sie benutzen sie vielmehr zur Herrschaftssicherung, um unter Bedingungen einer angespannteren Gesamtlage nichts ändern zu müssen, sondern alles so lassen zu können wie bisher.

VON OERTZEN: Ich glaube auch, daß – unter der Voraussetzung, daß sich die Politik der westeuropäischen kapitalistischen Länder nicht grundsätzlich ändert, im Sinne einer verschärften Repressionspolitik nach innen und eines verstärkten imperialistischen Engagements etwa in der dritten Welt – es keinen Grund gibt, weshalb wesentliche Elemente der Entspannungspolitik wegfallen sollten. Diese Entspannungspolitik, das war ja Ulfs Frage, ist ja doch auch eine mehrschichtige Angelegenheit gewesen, insbesondere natürlich aus der Sicht der Bundesrepublik Deutschland. Das heißt einmal schlicht und einfach die Liquidation bestimmter offener Kriegsfolgen, das heißt, die Herstellung völkerrechtlich oder staatsvertraglich geordneter Zustände im Verhältnis zu unseren ostdeutschen Nachbarn; dabei zweitens die, wenn auch verklausulierte, aber doch ernsthafte Anerkennung der Machtverschiebung und der neuen Grenzziehung.

BAHRO: Also die SPD-Ostpolitik von Brandt und Bahr war besser als ihr Ruf, besonders aus der Sicht der sozialistischen Länder gesehen.

VON OERTZEN: Dies ist ja doch schon ein wesentlicher Teil dessen, was in den letzten zehn Jahren in der bundesrepublikanischen Innenpolitik als Entspannungspolitik vertreten wurde. Dies war in erster Linie die Liquidation der Kriegsfolgen, der rechtlich offen gebliebenen Kriegsfolgen, und die Herstellung korrekter Beziehungen zu den östlichen Staatsnachbarn, annähernd »normaler« Beziehungen ...

BAHRO: ... denn die Verfassung der Bundesrepublik ist ja gegenüber der DDR nicht normalisiert worden ...

VON OERTZEN: ... aber de facto. Sehen wir uns mal das Grundvertragsurteil des Bundesverfassungsgerichtes an. Bei all seinen bedenklichen Zügen macht es doch deutlich, daß es in einem sehr großen Umfang – wenn auch mit dem knappsten aller möglichen Ergebnisse, nämlich mit der Zurückweisung der Klage durch 4:4 Stimmen in dem entscheidenden Punkt – der Bundesregierung zumindest de facto einen großen Spielraum normalen Umgangs mit dem östlichen Nachbarn gestattet. Im übrigen ist das Verhältnis zu Polen, zu Ungarn und zur ČSSR durch die berühmte Wiedervereinigungsklausel gar nicht belastet. Dort wurde die Normalisierung der völkerrechtlichen Beziehungen ohne solche staatsrechtlichen Vorbehalte vorgenommen. Der dritte Punkt der Entspannungspolitik bestand in der Vielzahl der sogenannten menschlichen Erleichterungen. Telefon-, Brief- und Postverkehr, weniger schikanöse Kontrollen, Vermehrung der Grenzübergänge, Ausbau der Autobahnen, Verbesserung und Beschleunigung des Eisenbahnverkehrs.

BAHRO: Da spitzt sich jetzt schon die Lage für die DDR zu.

VON OERTZEN: Ja. Etwas hat die Entspannungspolitik natürlich im Ernst nie zum Inhalt gehabt, nämlich eine inhaltliche Verringerung des Gegensatzes der beiden ökonomischen und politischen Systeme. (Zwischenruf Mandels: Konvergenztheorie ist Quatsch!) Und das von Bahr geprägte Schlagwort, von dem er heute nichts mehr hören will, des Wandels durch Annäherung, ist kurzfristig gesehen auch unzutreffend. An diese Möglichkeiten der Entspannungspolitik glaubt im Ernst heute niemand mehr. Die Basis der intensiveren persönlichen und auch wirtschaftlichen Beziehungen wird, glaube ich, nicht grundsätzlich aufgehoben werden. Außer, falls sie direkt zur Destabilisierung des Regimes beitragen oder die Destabilisierung bis an eine wirklich gefährliche Grenze treiben wird. Es wird Einschränkungen, eine Politik der Nadelstiche geben, aber es sind auch die entgegengesetzten Interessen eines gewissen Augenblicks deutlich sichtbar, so daß ich, unter dem Einfluß völlig illusionärer ideologischer Argumentationen, wie die, daß der Einmarsch in Afghanistan irgend etwas mit den Interessen des Warschauer Pakts in Mitteleuropa zu tun habe, was ich für aufgelegten Unsinn halte, vielleicht eine Krise der Entspannungsideologie in der Innenpolitik der Bundesrepublik Deutschland für möglich halte. Die Interessen sind aber vor Afghanistan dieselben gewesen wie sie es heute sind.

BAHRO: Osteuropa ist tief betroffen von der Afghanistan-Invasion ...

VON OERTZEN: Sie sind tief betroffen, aber daß das Interesse an korrekten nachbarlichen Beziehungen, an der Aufrechterhaltung der politischen Verwaltungskontakte und des Wirtschaftsverkehrs zwischen dem Lager des Warschauer Pakts und dem westeuropäischen Lager der NATO sich irgendwie durch Afghanistan von seiten des Warschauer Pakts geändert hätte, das halte ich für Mumpitz ...

MANDEL: Aber das Umgekehrte ist nicht hundertprozentig bewiesen. Einige, auch Linke, behaupten, das ist auch die Behauptung der DKP, aber auch die Behauptung von einigen Linken in der SPD, daß Afghanistan nicht ohne Zusammenhang mit dem Entschluß über die Mittelstreckenraketen in Westeuropa ist.

BAHRO: Das denke ich auch. Und einfach über den Faktor Nervosität in der Führung in Moskau.

VON OERTZEN: Ich halte es für möglich, daß sich diese beiden Ereignisse in den Köpfen der sowjetischen Führung in einer subjektiveren Art und Weise miteinander verknüpft haben. Obwohl, nach den für uns alle wahrscheinlich in gleich unzulänglicher Weise zur Verfügung stehenden Informationen, auch ohne den Nachrüstungsbeschluß der NATO das außenpolitische, und wenn man so will, das innenpolitische Erfordernis der klassischen, typischen bürokratischen Definition sowjetischer Interessen, wie die politische Führung der Sowjetunion sie immer in solchen Situationen vorzunehmen pflegte, die Intervention in Afghanistan mit Sicherheit von irgendeinem Zeitpunkt nach dem April 1978 an hat unvermeidlich erscheinen lassen. Sie wären auch ohne den Nachrüstungsentscheid einmarschiert.

MANDEL: Ja, sie sind ja schon vorher einmarschiert. Das ist nur eine Steigerung.

VON OERTZEN: Mal abgesehen davon, daß sie ohnedies schon präsent waren, es war ja nur noch eine dramatische Steigerung ihres Engagements. Sie hatten von dem Augenblick an, in dem sie sich nach dem Sturz der Regierung Daud im Frühjahr 1978 mit dem Regime Taraki politisch auf Gedeih und Verderb verbunden hatten, nach Anlegung ihrer Maßstäbe von wirkungsvoller und konsistenter Großmachtpolitik keine Wahl mehr. Das spricht gegen das System, daß es sich in solche Situationen bringt; aber von ihrem Standpunkt hatten sie keine Wahl mehr. Nach meiner Kenntnis der Meinungsbildungsvorgänge innerhalb der NATO, soweit sie in den innerparteilichen Diskussionen der SPD reflektiert worden sind, würde ich der Meinung sein, daß der Nachrüstungsbeschluß der NATO und später die polemische Reaktion auf den Einmarsch in Afghanistan nicht etwa zwei Elemente einer langfristigen und planmäßigen Wiederaufnahme der Eindämmungs- oder Bedrohungspolitik ge-

107

genüber der Sowjetunion sind. Das ist weder auf der einen Seite, wie mir scheint, Ausdruck einer langfristigen sowjetischen Verschwörung und eines Anschlags auf Entspannungspolitik und Ausgleich, noch auf der anderen Seite Ausdruck einer konsistenten und planmäßigen Einschüchterungspolitik des Imperialismus gegenüber der Sowjetunion. Beides ist nicht zutreffend. Aber beide Ereignisse mögen in den Köpfen der Führung der Sowjetunion einen Zusammenhang eingegangen sein ...

WOLTER: Wir gehen ja offensichtlich auch in den osteuropäischen Ländern von einer Verschärfung des Drucks aus. Die Frage ist die, was es für eine Reaktion geben wird. Wird also der verschärfte Druck auf eine selbstbewußtere Bevölkerung treffen, das heißt, wird der Druck zu einer Verschärfung des Widerstandes führen, oder wird der Druck das jetzt vorhandene, ja doch irgendwie beträchtliche Widerstandspotential, mal historisch betrachtet, eher wieder dämpfen?
Wer wird der Träger sein, wenn wir von einer Widerstandsperspektive ausgehen?

MANDEL: Vorher möchte ich noch einige Bemerkungen machen. Ich habe sehr große Bedenken dagegen, in einer solchen Diskussion diese Länder »realsozialistische« Länder zu nennen. Wir sind ja alle einverstanden, daß es sich nicht um sozialistische Länder handelt. Und ein realer Sozialismus, der kein Sozialismus ist, ist halt kein realer Sozialismus.

BAHRO: Nein. Real existierender ...

MANDEL: ... ja, ja, aber ein real existierender Sozialismus, der kein Sozialismus ist, ist halt ...

VON OERTZEN: ... dies ist ein ironischer Sprachgebrauch ...

MANDEL: ... ja, ja, ich weiß. Aber wenn diese Ironie einmal angewandt wird, wird sie von jedermann verstanden; wenn sie in einem Gespräch zwanzigmal wiederholt wird, dann verschwindet die Ironie ... Aber ich bin mit der ökonomischen Analyse von Rudi völlig einverstanden und würde sagen, daß wir das heute auch rein statistisch messen können, zumindest im Falle der Sowjetunion. Es gibt seit über 20 Jahren eine ununterbrochene Steigerung dessen, was man nur mit sehr viel Reserven den Kapitalkoeffizient nennen kann, das heißt, die notwendigen Ausgaben, um eine Einheit zusätzlicher Produktion zu erzeugen.

BAHRO: Ich kann das für die DDR unterstreichen. Wenn wir schon Maschinen aufgestellt haben und wir diese nicht mehr voll ausnützen können, weil wir das Reparaturpersonal nicht haben, so daß nicht genug produziert wird, dann wird der Beschluß gefaßt, noch mehr Maschinen hinzustellen.

MANDEL: Ja, das hast du ja schon geschrieben. Ich war ziemlich überrascht oder erstaunt, daß das jetzt aus der offiziellen sowjetischen Statistik für eine Zeitspanne von über 20 Jahren belegt ist. Der Kapitalkoeffizient steigt jedes Jahr, nicht riesig, aber er steigt permanent.

BAHRO: In einem Artikel in der Zeitschrift *Sowjetwissenschaften – Gesellschaftswissenschaften* habe ich in der DDR, im Knast, dasselbe gelesen ...

MANDEL: ... das ist also ein unleugbarer Tatbestand, woraus man allerdings keine unmittelbaren Schlüsse in bezug auf das Verhältnis zum Westen ziehen kann. Da kommt jetzt ein zusätzliches Element hinzu. Nicht nur durch die sinkende Wachstumsrate in den imperialistischen Ländern, sondern auch durch die Angriffe auf die Reallöhne und auf die Sozialleistungen ist es nicht ausgeschlossen, so paradox es auch klingen mag, daß sich das Wohlfahrtsgefälle zwischen West- und Osteuropa in den 80er Jahren leicht zugunsten Osteuropas verschieben wird. Das hängt davon ab, wie groß die direkten Eingriffe in den Lebensstandard hier in Westeuropa sein werden. Darüber werden die Kräfteverhältnisse zwischen den Klassen und der Ausgang der Klassenkämpfe in Westeuropa entscheiden. Ich bin kein Pessimist. Aber zumindest besteht die Möglichkeit. Und wenn ich die Sowjetliteratur lese, was dort über die Weltkrise veröffentlicht wird, dann denke ich, daß sie dies ein kleines bißchen in ihre Berechnungen miteingebaut haben. Sie sehen sehr gut, was Ulf hier angesprochen hat, daß der Druck auf Osteuropa wachsen wird und daß die Spannungen wachsen werden. Doch sie glauben, daß das auf dem Hintergrund einer Entwicklung in Westeuropa wachsen wird, die grundsätzlich anders verläuft als in den 50er und den 60er Jahren, und die anders verläuft als bei ihnen. Ich stimme mit Rudi total überein, daß es diese 20 Prozent oder 30 Prozent der Bevölkerung, die unter Verarmung und Elend leiden müssen, weder in der DDR, der ČSSR noch in Ungarn oder Polen – dort nur marginal, aber nicht in diesem Ausmaße – gibt. Hier hat sich doch etwas geändert im Westen. Für die meisten Sozialdemokraten und alle bürgerlichen Ideologen war es eine heilige Überzeugung, daß sie die Armut ein für allemal abgeschafft haben, im Gegensatz zu Amerika und zu Rußland. Heute ist es nicht mehr so eindeutig. Auf diesem Hintergrund könnten die russischen Staats- und Parteiführer für sich einen gewissen Spielraum sehen, der ihnen in der Behandlung Osteuropas verbleibt. Gäbe es in der Bundesrepublik zwei oder drei Millionen Erwerbslose, was eine Gesellschafts- oder politische Krise bedeuten würde, dann würde sich die Art, wie die DDR-Bürger die beiden Systeme vergleichen, etwas ändern. Sie würde sich nicht grundsätzlich ändern, aber man würde nicht mehr nur an den Autos messen ...

BAHRO: Hier will ich etwas einwerfen, um das zu unterstreichen. Es ist wahr, daß erstens die Hoffnung, daß die Widersprüche der anderen noch größer sein werden als die eigenen, alle Leute, die dort drüben politische Verantwortung haben, beherrscht. Dann kommt noch hinzu, daß im Zusammenhang mit der Entwicklung seit Mai 1968 öfter in der DDR zu hören war, daß der Vergleich der Lebensbedingungen nicht nur am materiellen Niveau gemessen werden könne. Viele einfache Leute, die keineswegs mit allem einverstanden sind, konzedieren jetzt, daß man es daran allein nicht festmachen könne und bemerken, daß das Leben in Westdeutschland ja doch verdammt hart sei ...

WOLTER: ... in der DDR auf eine andere Art ja nicht minder ...

BAHRO: ... nein, Ulf, das stimmt eigentlich nicht. Für den, in meinem Begriff gesprochenen, subalternen Werktätigen, der nichts weiter will als in Ruhe gelassen werden, ist das Leben in der DDR ziemlich sicher und bequem ...

WOLTER: ... Aber das ist doch kein normaler Geisteszustand, zu sagen, man wolle nur seine Ruhe haben ... (Gelächter, Bahro: Ein normaler, anormaler Geisteszustand. Mandel: Leider, leider. Aber nicht nur im Osten.)

BAHRO: ... ich will nichts weiter sagen, als daß das Durchschnittsbefinden in der DDR unterm Strich auf weniger unglückliches Bewußtsein hinausläuft als hier ...

MANDEL: ... ja, der Leistungsdruck ist geringer ...

VON OERTZEN: ... Wir messen die Sache jetzt nicht an irgendwelchen absoluten Maßstäben menschenwürdigen Daseins. Da könnte man dann mit Hegel sagen, daß der

Durchgang durch das unglückliche Bewußtsein ein notwendiges Stadium ist. Sondern wir nehmen einfach eine empirische Bestandsaufnahme von Zufriedenheit. Ich will hier kurz ein Beispiel erzählen: Ein jüngerer Techniker und seine Frau sind beide der DDR gegenüber kritisch, ohne daß sie etwa der westdeutschen Welt sekundieren wollten, ohne daß sie wollen, daß der Kapitalismus wieder eingeführt werden sollte. »Sozialismus« war für sie so selbstverständlich, daß sie darüber gar nicht redeten. Aber so, wie die Zustände dort sind, sollte es nicht sein. Als ich ihn fragte, was ihn dort am meisten bedrückte, sagte er: daß er nicht sagen könne, was er will und daß er nicht dorthin reisen könne, wohin er will. Dann war eine Pause, und dann fügte seine Frau hinzu, daß sie nicht kaufen könne, was sie will. Das schien mir übrigens auch ganz charakteristisch, (Bahro: Das ist sehr zutreffend.) diese klassisch patriarchalische innerfamiliäre Arbeitsteilung (Bahro: Genau, die kommt hier zum Ausdruck.) Aber ich will noch etwas hinzufügen. Ich habe den deutlichen Eindruck, daß sie das Unzulängliche auch in den materiellen Bedingungen empfanden. Was ihn aber an der Tatsache erbitterte, daß er die Ersatzteile für seinen Trabant nicht bekam, das war nicht allein der Aufwand an Geld, Kraft und Zeit, sondern, daß dies so völlig willkürlich, überflüssig und gar nicht notwendig war, vielmehr das Ergebnis von durch das System produziertem menschlichen Versagen. Was ihn erbitterte, das war nicht der absolute Abstand seiner Lebenshaltung im Verhältnis zur Bundesrepublik, sondern das Unwürdige des Zustands, Ersatzteile nicht oder nur über Bestechung zu bekommen. Nun komme ich aber zu etwas anderem. Eine tiefe Unsicherheit, die Unsicherheit über die zukünftige Lebensperspektive, hat, glaube ich, der größte Teil der DDR-Bürger nicht. Sie können nicht ins Bodenlose fallen. Der Boden ist staubig, er ist abgewetzt, er ist langweilig, aber es ist ein Boden. Diese Verzweiflung, die hier hinter den Reaktionen junger, einen Arbeitsplatz suchender Arbeiter oder Angestellter, auch älterer Arbeitnehmer, die ihren Arbeitsplatz gerade eben verloren haben, oder aus dem Produktionsprozeß ausgespuckter Frauen und Jugendlicher steckt, diese abgründige Haltlosigkeit, die Perspektivlosigkeit als Existenzkrise gibt es dort nicht.

BAHRO: Es ist ja wirklich de facto so, daß der mieseste Kumpel der Brigade dem Brigadier damit drohen kann, die Arbeit hinzuschmeißen. Das ist so ...

MANDEL: ... Es ist eine Tatsache, daß die Arbeitskraft drüben im großen und ganzen keine Ware mehr ist. Das ist keine kleine Angelegenheit, nein?

BAHRO: ... sie ist der Form nach absolut noch Ware ...

MANDEL: ... ja, der Form nach, aber de facto nicht. Es gibt keinen Arbeitsmarkt, weil es keine Arbeitslosigkeit gibt ...

BAHRO: ... weil wir dort geradezu ein System der Überbeschäftigung haben, diesen Überhang an fixem Kapital, das ist ja ein Überhang, der auch gegenüber dem Faktor Arbeitskraft wirkt. Der kann doppelt drohen, die Arbeit hinzuschmeißen, weil er weiß, daß er überall wieder genommen wird, und wenn es auch der schlimmste Wandervogel ist und sie ihn anderswo nicht gerne nehmen. Aber er kriegt wieder seine Arbeit. Zweitens kann er eine ganze Menge Krawall machen, bis er vor einem Arbeitsgericht in der DDR Unrecht bekommt, und nicht der Betrieb.

MANDEL: Ich würde noch weitergehen. Ich würde sagen, der Form nach ist die Arbeitskraft wegen der Entlohnung noch eine Ware. Aber dem Inhalt nach, wenn du dir die Gesetzstruktur ansiehst, so ist es in den bürokratisierten

Arbeiterstaaten, um nicht zu sagen, sogenannten sozialistischen Staaten, gesetzlich nicht leicht, einen Arbeiter zu entlassen ...

BAHRO: ... nein absolut nicht. Das meine ich ja gerade ...

MANDEL: ... das ist gesetzlich verankert. In dem Sinne ist der Charakter der Arbeitskraft als Ware juridisch nicht gegeben ...

BAHRO: ... also, du mußt schon fast kriminell werden, außer im politischen Fall, damit du eine fristlose Kündigung kriegst ... Immer, wo es an die Existenzfrage der politischen Macht geht, dort hört das Gesetz natürlich auf ...

MANDEL: ... ich war aber noch nicht fertig vorhin. Ich wollte auf einen Zusammenhang hinweisen, der bisher in dem Verhältnis zwischen Verschärfung der Gegensätze im Westen und Entwicklung im Osten nicht berücksichtigt wurde. Eines muß man berücksichtigen, was zum Teil explosive Folgen haben kann. Das ist die Rolle, die der Ost-West-Handel nach dem Anfang der Ostpolitik gespielt hat, vor allem in und nach der Rezession von 1974/75. Es ist die Rolle, die der Chinahandel jetzt für Japan, aber wahrscheinlich nur für eine kurze Zeit, spielen wird. Diese Rolle stößt auf ein objektives Hindernis, nämlich, was Rudi angesprochen hat, wachsende Schwierigkeiten der Devisenschöpfung ...

BAHRO: ... also der Realisierbarkeit auf dem kapitalistischen Markt ...

MANDEL: ... c'est ça, auf dem Weltmarkt der Waren, die exportiert werden, und was dem dann unmittelbar folgt, das ist die wachsende Verschuldung dieser Staaten. Einige dieser Staaten sind heute bis über beide Ohren verschuldet, insbesondere Polen und Ungarn. Auch China hat sich in eine sehr waghalsige Politik hineingewagt, wir werden sehen, was da passieren wird. Ich glaube, daß sie sehr schnell zurückstecken müssen ...

BAHRO: Sie haben ja schon zurückgesteckt.

MANDEL: ... ja, sie haben schon zurückgesteckt. Aber es wird noch viel weitergehen, weil ja auch sie unter demselben Zwang der Planwirtschaft stehen. Das ist ja keine kapitalistische Wirtschaft, genausowenig wie die sowjetische. Ich erinnere mich an eine große Debatte und einen der großen Siege, die Trotzki errungen hat, trotz seiner Niederlage in den 20er Jahren. Krestinsky wollte das Außenhandelsmonopol aufheben, was durch die Intervention der linken Opposition verhindert wurde. Und die Chinesen standen vor einigen Wochen an demselben Punkt. Wir werden sehen, was jetzt passiert, wenn sie ein Eintrittsangebot in den Internationalen Währungsfonds machen. Das kann sehr schwerwiegende Folgen haben, und ich glaube nicht, daß das passieren wird. Aber wir werden sehen. Das wird ein Zeichen sein. Jedenfalls wird die Höhe der Verschuldung die Expansion des Ost-West-Handels bremsen. Bislang ist der Umfang des Handels noch fluktuierend. Er ist einige Jahre sehr gestiegen, dann ist er zurückgegangen, dann wieder gestiegen. Ich glaube, allerdings, daß in den 80er Jahren die Einschränkungen kommen werden. Das Wachstum des Ost-West-Handels wird zurückgehen. Wahrscheinlich nicht in absoluten Zahlen, wohl aber bei der Wachstumsrate. Es ist mindestens für Polen und Ungarn – für die DDR kann ich es nicht beurteilen, aber ich nehme es an, und die ČSSR ist ein besonderer Fall – eine Tatsache, daß eine ganze Reihe von langfristigen Plänen auf einer sehr starken Expansion des Ost-West-Handels aufgebaut waren. Wenn das rückgängig gemacht wird, wenn es sich halbiert, dann könnten da doch einige ziemlich brisante Sachen passieren. Ungarn hat über jedes sinnvolle Maß hinaus überinvestiert. Ungarn hat heute die höchste Zahl an Industriearbeitern von allen sozialistischen Ländern, eine höhere Zahl als die DDR und die ČSSR. Das ist meines Erachtens total irrational. Ein Großteil dieser industriellen Neuinvestitionen war ausgerichtet auf den West-Export ...

BAHRO: ... ohne Rohstoffbasis ...

MANDEL: ... was da jetzt über die Bühne laufen wird, das werden ziemlich schwere Erschütterungen sein. Das würde ich nicht unterschätzen.

VON OERTZEN: Ich habe gar keine Vorstellung von Ungarn. Was sind das für Branchen?

MANDEL: Autobusse, Maschinen, Aluminium ...

BAHRO: ... Eisenbahn, schwere Sachen bauen die, gerade ohne eigene Rohstoffbasis.

VON OERTZEN: Als ich vor anderthalb Jahren in Mosambique war, waren gerade für den Stadtverkehr in Maputu 100 ungarische Autobusse angekommen. Die haben dort einen wesentlich besseren Ruf als die Lastwagen aus der DDR.

BAHRO: ... die sind besonders schlecht ...

MANDEL: Um auf Ulfs Frage zurückzukommen. Wie wird sich das jetzt auf die Bevölkerung auswirken? Das ist sehr schwierig vorauszusagen. Wir haben ja einen unterschiedlichen Sprachgebrauch. Wir werden später noch sehen, ob sich das mit demselben Inhalt deckt oder nicht. Genosse Bahro spricht von den notwendigen Änderungen im Überbau, ich spreche von politischer Revolution; es ist unwesentlich, sich jetzt über diese Wörter zu streiten. Ich bin mit ihm völlig einverstanden, daß die Skepsis über die Möglichkeit irgendeiner breiten politischen Massenaktion bei der fast hundertprozentigen Sicherheit einer militärischen Intervention, nach der Erfahrung, die man sowohl in Ungarn als auch in der ČSSR gemacht hat, das wichtigste Hindernis ist. Aber es gibt zwei Faktoren, die dem entgegenwirken könnten. Der eine ist die Internationalisierung einer solchen Massenreaktion, was in der polnischen Opposition eine sehr bedeutende Rolle spielt. Es spielt in der tschechischen eine geringere, aber doch nicht unbedeutende Rolle. Sie sagen sich, wenn es gleichzeitig in drei Ländern losgeht, dann ist die sowjetische Intervention unerhört schwierig, was ja auch objektiv stimmt. Da ist gar kein Zweifel dran.

BAHRO: Also dann steht die Sowjetunion vor einem ähnlichen Problem wie die Amerikaner, wenn sie in Südafrika losschlagen wollen.

MANDEL: Exakt. Das ist ganz klar. Die zweite Möglichkeit, die wichtiger ist als die erste, ist die eines radikalen Durchbruchs zum Sozialismus in Westeuropa. Da sind wir wieder bei den Ausgangspositionen angelangt. Wenn es zu einem entscheidenden Erfolg irgendeinen Teils der westeuropäischen Arbeiterbewegung käme, vielleicht mit der Ausnahme eines kleinen Landes wie Portugal, was aber sowieso unwahrscheinlich ist, dann würde das die Situation in Osteuropa erheblich ändern.

VON OERTZEN: Das ist jetzt eine interessante Frage. Ich habe hier nur Vermutungen. Welche Reaktion wäre auf die ersten Anzeichen eines Durchbruchs der Arbeiterbewegung in einem wichtigen westeuropäischen Lande vorhersehbar? Da gibt es ja zwei ideologisch gefestigte – wenn auch völlig konträre – Antworten. Die eine Antwort ist die, die von einem überzeugten, subjektiv aufrichtigen DKP-Anhänger gegeben wird. Der wird sagen, daß die Sowjetunion mit aller ihrer Kraft geschlossen hinter dieser revolutionären Bewegung stehen und sie unterstützen wird. (Zwischenruf Mandel: Hoffentlich nicht durch den Einsatz von Truppen.) Sie wird alle ihre politischen Kräfte mobilisieren, um diesen Durchbruch zu unterstützen. Die andere ist eine zynische und skeptische Kritik der Sowjetunion von links. Sie wird sagen, daß sie alles tun wird, um diese Bewegung abzuwürgen. Ich rede jetzt nicht von der Reaktion des Volkes, sondern von der Polit-Bürokratie. In dem politischen Bewußtsein der Linken mindestens in oder im Umfeld der SPD und der progressiven Kräfte in den deutschen Gewerkschaften gibt es eine Menge von Illusionen über den positiven Einfluß, den die Sowjetunion auf eine solche Entwicklung ausüben würde. Denn sie sei ja auch sozialistisch, wenn auch mit kleinen Fehlern ...

MANDEL: Was für einen Einfluß? Was stellen sich denn die Leute darunter vor?

VON OERTZEN: Vielleicht eine politische Unterstützung, daß die Sowjetunion sich z. B. nicht mit den Vereinigten Staaten auf eine gemeinsame Strategie zur Unterdrückung einer solchen Bewegung einigt, sondern daß sie den internationalen Raum absichern wird gegen solche Interventionen. Und daß sie ihre Kräfte, ihre Kader beeinflussen wird, diese Entwicklung zu stärken. Während die Skeptiker dazu neigen zu sagen, daß sie die Kader, die sie direkt oder indirekt kontrollieren kann, beeinflussen wird, die Bewegung zu zerstören, zu zerbrechen und zu desorientieren.

BAHRO: Ich sage dir, daß deine beiden Alternativen nicht stimmen. Die Sowjetunion wird selbstverständlich nicht dieses revolutionäre Feuer schüren. Das ist schon organisch unmöglich, um es mal so zu sagen, wenn man sich diese Leute vorstellt.

VON OERTZEN: Der Kriminalpsychologe pflegt in solchen Fällen zu sagen: »Diese Tat ist dem Beschuldigten wesensfremd.«

BAHRO: So ist es. Zweitens liegt es von vornherein nicht in der Wesensart des politbürokratischen Überbaus dort, eine revolutionäre Entwicklung in Westeuropa aktiv und bösartig zu sabotieren. Auch das ist nicht die Motivation ...

VON OERTZEN: Dies mußt du aber begründen. Denn es gibt ja eine Menge Indizien, die dafür sprechen ...

BAHRO: ... diese Indizien werden aber falsch interpretiert, wenn man so vorgeht. Was wird die Sowjetunion machen? Sie wird sich auf ihre Cunhals und Marchais' stützen. Sie wird also diejenigen ideologisch unterstützen und positiv beeinflussen, von denen heute gesagt werden muß, wie man es in den 20er Jahren von der SPD gesagt hat: nämlich, wenn man diese Leute wählt und diesen Leuten hilft, dann weiß man, man tut etwas für den Sozialismus und daß er mit diesen Leuten ganz bestimmt nicht kommt. Das wird die wirkliche Rolle der Sowjetunion sein. Und wir können uns freuen, wenn sie sich möglichst wenig darum kümmert.

MANDEL: Damit bin ich hundertprozentig einverstanden. Das einzige, was man von ihr wirklich fordern sollte, ist, daß sie ihre Finger weglassen soll. Aber ich möchte etwas differenzierter antworten. Es gibt Schwierigkeiten, internationale Prognosen und Analysen zu erstellen, weil sich hier ein sehr komplexes Zusammenspiel von staatspolitischen Kalkülen auf internationaler Ebene und direkten innenpolitischen Interessen ergibt. Die Haltung der Sowjetbürokratie gegenüber der portugiesischen Revolution ist nicht total identisch mit der, die die Sowjetbürokratie im spanischen Bürgerkrieg gehabt hat.

Das läßt sich aus der veränderten internationalen Situation ableiten, das heißt, aus der Tatsache, daß – trotz des grundlegenden Konservatismus dieser gesellschaftlichen Schicht – sie nicht dieselbe panikartige Unsicherheit hat, die sie in den 30er und zu Anfang der 40er Jahre mit einer gewissen Berechtigung hatte. Sie verfügt heute über einen riesigen militärischen Apparat (Zwischenruf Bahro: Das ist aber das Stärkste, was sie hat.) ... und in ihrem Verhältnis zu dem internationalen imperialistischen Bündnis geht sie heute, das könnte sich in den 80er Jahren ändern, nicht davon aus, daß sie am Vorabend einer unmittelbaren militärischen Bedrohung durch dieses Bündnis steht. Es handelt sich bei der Regulierung des Wettrüstens eher darum, daß es nicht zu starke wirtschaftliche Folgen nach sich zieht, als darum, um jeden Preis zu verhindern, daß man einem die Gurgel abschneidet. Dieses Gefühl haben sie nicht, daß sie am Vorabend eines amerikanischen Atomangriffs auf die Sowjetunion stehen. Und wenn sie vorgeben, daß sie Angst haben vor einer chinesischen Aggression, dann ist das reine Ideologie. Das ist die absolute Unwahrheit. Das ist nicht realistisch.

BAHRO: ... aber die Angst, die sie haben, ist real ...

MANDEL: ... die Bevölkerung hat vielleicht diese Angst, aber die Spitze nicht, vielleicht auch die unteren Funktionäre. Aber nicht die Leute, die die Information über die Schwäche der chinesischen Armee haben und die gesellschaftlichen und ökonomischen Zustände. Man braucht sich nur anzusehen, was sich in dem Krieg zwischen China und Vietnam abgespielt hat. Kein Marschall der Sowjetunion kann nach den Lehren des chinesisch-vietnamesischen Krieges glauben, daß China heute die Fähigkeit besitze, die Sowjetunion anzugreifen. Im Bewußtsein vieler Bevölkerungsschichten mag das ganz anders sein.

VON OERTZEN: Und die konzertierte Aktion China-Westeuropa?

MANDEL: Vorläufig ist das alles noch Science-fiction. Wir haben gesagt, daß sich das in den 80er Jahren verändern kann, aber ich habe versucht zu schildern, wie die Reaktion der Sowjetbürokratie zur Zeit der portugiesischen Revolution war. Im Augenblick der portugiesischen Revolution war das Science-fiction. Was sich in den 80er Jahren da ändern kann, das ist eine andere Sache. Was haben sie gemacht? Ich glaube, daß die ein wenig karikaturartige, pseudotrotzkistische Interpretation der sowjetischen Außenpolitik in diesem Falle im großen und ganzen zutraf. Sie haben versucht, den internationalen Status quo so wenig wie möglich zu gefährden, ohne in der einen oder anderen Richtung große Risiken einzugehen. Einige Gruppen der Linken vor allem bei den maoistischen Genossen, aber andere auch haben geglaubt, daß, wenn die portugiesische Revolution unter einer offenen antisowjetischen Führung gesiegt hätte, sowjetische Luftlandetruppen nach Portugal gekommen wären, um für die NATO die Ordnung wiederherzustellen. Das ist absoluter Irrsinn. Sie wären in bezug auf mögliche Auswirkungen auf Spanien oder Frankreich unzufrieden gewesen. Das ganze Gleichgewicht hätte sich verschieben können. Aber sie hätten sich auf politische Manöver, auf politische Intervention beschränkt. Sie hätten Cunhal oder andere Kräfte gebraucht, um diesen Prozeß zu verhindern. Aber wenn sie ihn nicht hätten verhindern können, dann hätten sie die Sache hingenommen. Sie hätten damit gelebt, wie sie mit Fidel Castro gelebt haben. Das war für sie keine Existenzfrage. Wo die Frage eine Existenzfrage wird ...

VON OERTZEN: Aber ein Durchbruch oder ein Sieg der sozialistischen Bewegung in der Bundesrepublik ...

MANDEL: ... dazu komme ich gerade. Das könnte zu einer Existenzfrage werden, wenn derartige Prozesse in Osteuropa etwas in Bewegung bringen. Wenn der französische Mai gesiegt und in Jugoslawien und der ČSSR den Prager Frühling, sagen wir mal, um 50 km/h beschleunigt hätte, dann wäre das für die Sowjetbürokratie eine unerhört explosive Situation geworden. Aber auch in diesem Falle muß man es in beiden Richtungen betrachten. Was waren ihre Möglichkeiten? Die ganze Intervention in der ČSSR war möglich, weil es eine isolierte Angelegenheit war. Wenn dahinter bereits ein Teil der staatlichen Macht in Westeuropa gestanden hätte, und mehr als ein Staat in Osteuropa, dann wäre alles möglich gewesen. In diesem Falle möchte ich sogar die erwähnten Luftlandetruppen nicht ausschließen. Aber ein leichter Beschluß wäre das nicht ...

BAHRO: ... Luftlandetruppen auch in Italien oder Frankreich? Angenommen, der Mai 1968 hätte in Westeuropa schon geklappt, dann hätten sie selbst in Frankreich Luftlandetruppen eingesetzt?

MANDEL: Nein. In Frankreich nicht, sondern in der ČSSR und in Jugoslawien. Der Zusammenhang wäre doch aber direkt gewesen. Du sprichst immer von Italien. Italien grenzt direkt an Jugoslawien. Eine siegreiche sozialistische Revolution wäre den Jugoslawen unmittelbar zu Hilfe gekommen. Daran habe ich nicht den mindesten Zweifel. Ich wüde da doch eher optimistisch sein ...

BAHRO: ... ich würde nicht annehmen, daß die sowjetischen Luftlandetruppen in einem solchen Fall nach Italien kommen.

MANDEL: Ich würde in einem solchen Fall sogar sagen, daß sie nicht einmal in die ČSSR gekommen wären.

(Zwischenruf Bahro: genau, das hätten sie nicht tun können.) Die Auswirkungen hättest du sogar in der Sowjetunion. Das ist eine total andere Weltlage. Darum habe ich gesagt, daß der Fall Portugals ein nebensächlicher ist. Aber wenn du mehrere größere westeuropäische Länder nimmst, dann hast du eine total neue Weltlage ...

VON OERTZEN: Darf ich eine hypothetische Situation noch einmal auszeichnen? Es wirkt vielleicht auch ein bißchen wie Science-fiction. Aber die Analysen der bevorstehenden russischen Revolution, die von der Führung der verschiedenen Fraktionen der russischen Sozialdemokratie zwischen 1900 und 1905 vorgenommen wurden, waren auch Science-fiction. Und sie haben die zukünftige Entwicklung relativ genau skizziert. Daß viele Marxisten das nicht tun und sich dagegen sträuben, halte ich für eine empfindliche Schwäche. (Zwischenruf Wolter: genau aus diesem Grund machen wir ja die Diskussion.) Sie haben nicht den Mut und die Phantasie, utopische Entwürfe für denkbare Möglichkeiten zu machen. Gehen wir einmal davon aus, daß es sowohl den nationalen und sozialen Befreiungsbewegungen in der dritten Welt als auch der Arbeiterbewegung in Westeuropa gelingt, aus einer Abwehrschlacht heraus eine Situation herbeizuführen, die folgendermaßen aussieht: In einem oder in einigen der kapitalistischen Länder Westeuropas gelingt ein Durchbruch. Auf der anderen Seite ist der amerikanische Imperialismus wegen des massiven Widerstandes revolutionärer Bewegungen in der dritten Welt so engagiert, daß er sich außerstande sieht, einen Mehrfrontenkrieg in Afrika, Asien, Lateinamerika und Europa zu führen. Er gibt Westeuropa gewissermaßen frei und beschränkt sein militärisches Engagement auf das Halten von militärischen Stützpunkten in Nordafrika oder Portugal und Spanien oder Norwegen. Gerade in der Bundesrepublik aber eben nicht. Er sichert seine militärische Minimalposition, gibt aber zu erkennen, daß er nicht mehr bereit ist, für die territoriale Integrität Westeuropas unmittelbar zu intervenieren, wie er es jetzt tun würde. Ich will noch einmal die Frage stellen, wie in einer solchen Situation die Möglichkeit zu beurteilen ist, daß eine sozialistische Bewegung in Westeuropa nicht vielleicht doch in einer Aktion der Verzweiflung der Sowjetbürokratie mit Waffengewalt bekämpft wird.

MANDEL: Ich würde die umgekehrte Schlußfolgerung ziehen. Das würde den Prozeß der politischen Revolution in Osteuropa und mindestens in den Teilen der Sowjetunion immens beschleunigen, die von nationalen Minderheiten bewohnt sind, also in der Ukraine, den baltischen Staaten, Georgien, wahrscheinlich auch in den großen proletarischen Zentren ...

BAHRO: ... also, ich halte so eine Intervention für schlechthin unwahrscheinlich.

VON OERTZEN: Zumindest objektiv halte ich es für unmöglich, 250 Millionen Westeuropäer in einer solchen Situation militärisch zu unterwerfen.

BAHRO: Ich halte es für unmöglich, daß das jetzige sklerotische Politbüro solch eine Intervention beschließen würde. Sie können so degeneriert sein, wie sie wollen, den Beschluß jedoch werden sie nicht fassen ...

MANDEL: Sie haben nicht die Mittel dazu ...

BAHRO: Was du, Peter, völlig außer acht läßt, das ist, daß die sowjetische Führung vor der sowjetischen Bevölkerung ein Legitimierungsproblem hat. (Heftige Zustimmung von Mandel) Und dazu gehört das Selbstverständnis des proletarischen Internationalismus, wie entartet es in der praktischen Politik auch immer ist. Gegen eine sozialistische Revolution – auch wenn sie sich an der Oberfläche antisowjetisch artikuliert, was sie hoffentlich nicht tun wird – zu intervenieren, das ist eine ideologische und soziologische Unmöglichkeit.

VON OERTZEN: Könnten sie nicht dieser sozialistischen Revolution »zu Hilfe kommen«, was ja genauso schlimm wäre wie eine Intervention?

MANDEL: Sie würden sich hüten, das zu tun, weil es dem Bazillus bei ihnen selbst noch Nahrung geben würde, wenn die sowjetische Armee mit einem wirklich lebendigen Rätesozialismus in größeren westeuropäischen Ländern konfrontiert wird und die Soldaten dort ihre eigenen Erfahrungen machen. Wir haben doch einige Unterlagen darüber, was in der ČSSR passiert ist. Das ist nicht so einfach gelaufen, wie man das glaubt. Die tschechischen Genossen haben Einfluß auf sowjetische Verbände bekommen. Das ist bloß ein kleines Land mit 15 Millionen Einwohnern. In Frankreich, Italien, Spanien, von der Bundesrepublik schon gar nicht zu sprechen, sind es 200 Millionen Leute; da ist es unvorstellbar. Ich würde das Umgekehrte sagen, nämlich, daß der Funke rasch auf die SU überspringen würde. Das wirkliche Problem – das man nie gelöst hat, weil die historische Erfahrung das nicht bewiesen hat – ist, daß die Bürokratie keine Klasse ist. Ein Bürgerkrieg in der SU – im klassischen Sinne des Wortes – zwischen der Bürokratie und einer aktiv gewordenen Bevölkerung ist ausgeschlossen. Bis auf kleine Teile der Geheimpolizei wird niemand bereit sein zu kämpfen. Wir haben das in Ungarn und in der ČSSR gesehen. Der größte Teil der Armee wird sofort zum Volk übergehen oder sich zumindest still verhalten. Das ist der Hauptbeweis, daß die Bürokratie keine Klasse ist. Sie hat keine organischen Wurzeln in der Gesellschaft, sondern herrscht durch die Passivität der Arbeiterklasse. Sobald diese Passivität verschwindet, entsteht eine total neue Situation. Ich würde sogar sagen, innerhalb von 24 Stunden, wie wir das in der ČSSR gesehen haben. Kein Mensch kann da voraussagen, in welche Richtung die Entwicklung gehen wird. Es kann sogar üble Elemente mit sich bringen. Wir wissen, daß es heute aus einer Reihe historischer Gründe in der russischen Bevölkerung sehr viele reaktionäre Tendenzen gibt, nicht prokapitalistische, aber reaktionäre im Sinne von chauvinistisch, panslawistisch zum Beispiel. Die werden also genug mit sich selbst zu tun haben, als daß sie groß an Intervention in Westeuropa denken könnten.

Wer soll das alles im Osten ändern? Perspektiven des Widerstands

WOLTER: Wir sind jetzt wieder bei der Frage nach den inneren Bedingungen der Veränderung der Verhältnisse angekommen. Ein Aspekt dieses Themas wurde allerdings noch nicht diskutiert, nämlich, wie der zu erwartende verstärkte Druck auf die Bevölkerung wirken wird und wer dann der Träger des Widerstands sein kann? Die Arbeiterklasse, die Intelligentsia, die aufgeklärte Bürokratie? Die Frage geht zunächst an dich, Rudi.

BAHRO: Ich sehe die Sache folgendermaßen. Die langfristige Tendenz in den osteuropäischen Ländern ist genau die, die sich 1968 in der Tschechoslowakei durchgesetzt hat. Das ist eine Tendenz, die so läuft, daß die intellektuellen Elemente des Gesamtarbeiters – und zwar nicht in dem beschränkten Sinne einer Intelligenz als Schicht, sondern insgesamt die intellektuellen Elemente des Gesamtarbeiters – zuerst ihre Ansprüche anmelden. Es gibt keine Tendenz einer proletarischen Revolution in Osteuropa, aber der Prozeß greift auf die Betriebe über: es gibt ja jetzt schon in den Betrieben politisierte Arbeiter, wenn auch nicht in sehr reichlichem Maße. Es dauert eine Weile, bis sich von dort wirklich basisdemokratische Prozesse bemerkbar machen. Diese Perspektive sehe ich für Osteuropa als wahrscheinlich an, halte es aber dabei für überaus wichtig, daß wir uns unsererseits auf die Unterstützung der richtigen Kräfte orientieren, wenn wir von Opposition dort reden. Das heißt in erster Linie, daß wir nicht vergessen dürfen, selbst für die ČSSR nicht, wo eine halbe Million Mitglieder aus der Partei 'rausgeflogen sind, daß sich die wichtigsten *konstruktiven* Kräfte für eine Erneuerung in Osteuropa in den entarteten kommunistischen Parteien befinden.

MANDEL: Für die Sowjetunion möchte ich das bezweifeln. Aber für Osteuropa gilt das zumindest teilweise

BAHRO: Die DDR ist das Land in Osteuropa, wo es vom Ausbildungsstand her am meisten Marxismus gibt. Er ist innerhalb der Partei organisiert. Wir brauchen diese Elemente unbedingt. Es ist eine gegenüber den dortigen Verhältnissen verständnislose, absurde Kritik, wenn gesagt wird, daß in diesen Kräften immer noch Leninismus stecke. Was dort noch an Leninismus vorhanden ist, ist eine große Hoffnung. Das ist nämlich nicht der Stalinismus, was dort von dieser verständnislosen Kritik getroffen wird, die man von hier aus übt. Das sind genau die Elemente, die, wenn sie einmal hervortreten, ganz etwas anderes machen werden als den Leninismus, den man an ihnen kritisiert hat. Die Lage in der UdSSR ist schlimmer, weil der Marxismus dort wirklich eine verheerende Niederlage erlitten hat durch den Stalinismus, durch die Erschießungskommandos letzten Endes. Diese Erschießungskommandos haben in Polen, Ungarn, in der Tschechoslowakei, in der DDR nicht gewütet. Das Potential ist vorhanden.
Worauf wir im Laufe dieser Debatte unbedingt noch zu sprechen kommen müssen, das ist die Notwendigkeit des Bündnisses der transformatorischen Kräfte hier und der transformatorischen Kräfte drüben, ob es nun direkt zu revolutionären Veränderungen hüben und drüben kommt oder nicht.

WOLTER: Noch eine Frage an dich, Rudi, und zwar dreht sie sich um die Perspektiven der Gesellschaftsveränderung vom »realen« zum wirklichen Sozialismus. Ist für dieses System, für das wir ja keinen gemeinsamen Namen gefunden haben, die Möglichkeit der Reformierbarkeit gegeben oder nur die der Revolutionierbarkeit der politischen Verhältnisse? Kann der antibürokratische Kampf aus den Reihen der Bürokratie selber geführt werden oder muß der ganze politbürokratische Komplex zerschlagen werden?

BAHRO: Wenn irgendwo eine Entgegensetzung der Begriffe Revolution und Reformation unfüglich ist, dann dort. Der Inhalt der Veränderungen dort wird eine antibürokratische Revolution sein, eine Revolution gegen die Politbürokratie so wie sie jetzt herrscht. Was aber den Hergang und die Kräfte betrifft, die dafür in Bewegung gesetzt werden können, so sind es in allen vier westosteuropäischen Ländern, von denen wir gesprochen haben, und in geringerem Umfang auch in den drei anderen Ländern, einschließlich der Sowjetunion, genau dieselben Potentiale, die in der Tschechoslowakei die Sache getragen haben, auf die man rechnen kann. Für die Tschechoslowakei hatte ich mir die Sache dann so vorgestellt, daß die demokratische Revolution gegen die Politbürokratie zunächst den Spielraum eröffnet, um die dort notwendigen sozialökonomischen Veränderungen, die für meine Begriffe in der Überwindung der alten Arbeitsteilung liegen, in Gang zu bringen. Die tschechische Entwicklung bis 1969 hat uns erfreulicherweise zusätzlich darüber belehrt, daß die Sache bis in die Betriebe dringt. In dem Maße, wie der alte politbürokratische Überbau ersetzt werden kann und wie die Kommunisten und Sozialisten so organisiert werden können, daß sie nicht über den Staatsapparat die Gesellschaft kontrollieren, sondern daß sie im Kontakt mit der Gesellschaft, überall dort, wo die Menschen tätig sind, gemeinsam mit diesen Menschen den Staat kontrollieren und ihn als Verwaltungsinstrument benutzen, in dem Maße, wie das gelingt, wird sich auch innerhalb der Gesellschaft der Status quo verändern und werden sich die Menschen verändern, die in diesen Gesamtprozeß eingetreten sind. Denn es wird sich eine neue Differenzierung um die Frage vollziehen, ob man nicht über den beispielsweise durch die Prager Reform erst mal etablierten Zustand, daß die intellektuellen Elemente ein Übergewicht an gesellschaftlichem Einfluß gewinnen, hinauskommen kann. Dann wird man erreichen, daß nicht in irgendeiner Form, wie der Löbl das dargestellt hat, die Intelligenz die Macht ergreift. Ich glaube nicht, daß das ganz richtig ist, was der Löbl sagt. Und vor allem ist das nicht meine Perspektive. Allerdings artikuliert er eine Tandenz, die tatsächlich da ist. Der Kampf um diese Frage wird in den osteuropäischen Gesellschaften erst nach dieser demokratischen Revolution gegen die Politbürokratie wirklich ausbrechen.

WOLTER: Ich glaube aber einen Widerspruch in deiner Konzeption festgestellt zu haben. Du vertrittst doch ein Konzept, das ich polemisch überspitzt als ein Auswechseln von Eliten bezeichnen möchte. Du sagtest, daß wir diejenigen mit dem überschüssigen Bewußtsein brauchen, also die in den Parteien versammelte kritische Intelligenz, die eine Erziehungsdiktatur neuen Stiles etablieren müsse, um den »subalternen« Arbeiter zum aufrechten Kommunisten zu erziehen. Das sei der einzige Weg, wie man in diesen Ländern vom realen zum wirklichen Sozialismus kommen kann. Ich habe meine Zweifel an einem Sozialismus »von oben«.

BAHRO: Das ist erst mal deine Interpretation. Es ist wahr, daß ich den Ansatz für die Veränderung in den osteuropäischen Ländern nicht basisdemokratisch gesehen habe, und auch, angesichts der Erfahrungen mit den Realitäten, die ich dort gemacht habe, jetzt nicht zu sehen vermag. (Zwischenruf Wolter: Der aufgeklärte Bürokrat!) Nein, das ist genau entgegen meiner Intention herausgelesen. Was ich diesen »Bund der Kommunisten« nenne, das ist eben nicht ein Überstaatsapparat, sondern die Wiederherstellung dessen, was eine kommunistische

Partei eigentlich hätte sein sollen. Sie sollte eine Organisation sein, die nicht vom Staat und von der Kontrolle der Staatsgeschäfte aufgefressen wird, sondern in einem bestimmten Rahmen tatsächlich eine solche Erzieherfunktion zu übernehmen hat. Allerdings in einer Weise, daß sie den Zustand, in dem sich noch Erzieher und Erzogene gegenüberstehen, überwinden hilft. Infolge alter Arbeitsteilung haben wir noch massenhaft Subalternität, die du nicht sofort überwinden kannst, sondern du mußt so einen »Bund der Kommunisten« haben. Er besteht aus Intellektuellen in dem Sinne Gramscis, d. h. aus Leuten, die sich über die gesamtgesellschaftlichen Probleme Gedanken machen und sich auch mit der dazugehörigen Theorie befassen. Die müssen mit der Basis leben und, indem sie zugleich diese und sich selbst qualifizieren, schrittweise die Praxis direkter Demokratie aufbauen.

WOLTER: Dann stelle ich dir noch eine ganz konkrete Frage. Es gibt selbstverständlich dümmere und klügere, aufrichtige und korrupte Bürokraten. Aber selbst die gutwilligen Bürokraten, die den Sozialismus nicht nur verbal artikulieren, um die Massen zu täuschen und die Legitimation für ihre eigene Herrschaft zu haben, sondern die das tatsächlich ernst meinen damit, können aber vor Probleme gestellt werden, die derart widersprüchlich sind, daß es eine glatte Lösung gar nicht gibt, so daß das Handeln der aufgeklärten Bürokraten auch wieder in eine andere Richtung geht, als sie selbst wollen. In der SU war es z. B. das Problem, die Akkumulation als Voraussetzung für die Industrialisierung zu bewerkstelligen, also die »historischen Aufgaben« der Bourgeoisie zu lösen. Wenn du sagst, daß der basisdemokratische Ansatz oder das Zurücknehmen der Exekutivgewalt durch die Assoziation von Produzenten erst mal nicht möglich ist, reicht denn das sozialistische Bewußtsein im Kopf als Garantie aus, daß diese Leute dann den richtigen Weg einschlagen?

BAHRO: Ich habe in erster Linie an die nächsten möglichen Schritte gedacht. Man darf doch nicht hoffen, Ulf, daß das Gesamtproblem der An-archie, d.h. die Herstellung herrschaftsloser Verhältnisse, in einem Schritt gelöst werden kann. Ich kann dir keine Garantie geben, daß es auf einer fortgeschrittenen Stufe nicht erneut zu solchen Konfrontationen kommt, zu dieser Monopolisierung von bestimmten Machtstellungen und wir die ganze Sache noch einmal machen müssen. Wir werden aber der nächsten Stufe nicht entgehen.

MANDEL: Ich glaube, daß der empirische Ausgangspunkt, also die Erfahrung, die wir bisher gemacht haben, sich nicht auf den Fall der ČSSR beschränken darf. Der Fall der ČSSR hat eine ganze Reihe von Besonderheiten, die zweifelsohne positiv sind.

BAHRO: Es war dort das erste Mal, daß eine ganze Gesellschaft in diesen Prozeß gerissen war.

MANDEL: Da habe ich aber einige Bedenken, dies so zu kennzeichnen. Aber ich würde drei, wenn nicht vier Erfahrungen mitverarbeiten. Das ist die ungarische Revolution von 1956, das sind die polnischen Ereignisse von 1956 und 1970, das sind die tschechischen und teilweise, obwohl das etwas ganz anderes ist, die jugoslawischen. Sie verdeutlichen aber am besten die negativen Seiten deiner Hypothese. Es hat sich in allen vier Fällen bestätigt, daß der Ausgangspunkt des Prozesses von Intellektuellen getragene Auseinandersetzungen in der Partei sind. Das ist zweifelsohne im politischen Monopol der Partei mitangelegt, genauso wie im Gefühl der Ohnmacht und der Atomisierung der Masse der Arbeiterschaft, die einen Anstoß, ein Signal von außen erhalten muß, damit sie nicht mehr das Gefühl hat, mit dem Kopf gegen die Wand rennen zu müssen, was sie aus offensichtlichen Gründen nicht tun will. Das kann man ihr auch nicht ernsthaft raten, das wäre eine Verheizung der noch übriggebliebenen kritischen Kader, die ja auch in der Arbeiterklasse nicht mehr so zahlreich sind. Andererseits hat die Fähigkeit der Selbstreform der Bürokratie in allen vier Fällen, auch in der ČSSR, ihre deutlichen Grenzen. Es geht bis zu einem bestimmten Punkt, weiter aber nicht. Da sollte man am Rande auch die chinesische Kulturrevolution berücksichtigen. Den Punkt möchte ich mit zwei zentralen Strukturfragen umschreiben, die miteinander verbunden, aber nicht notwendigerweise identisch sind. Das ist die Frage des Monopols der Machtausübung, wobei die innerparteiliche Demokratie wiederhergestellt werden kann. Das ist möglich. Einschließlich der Freiheit des Tendenzrechts. In Polen hat es 1956 de facto Tendenzen in der Partei gegeben. Ich kann mich nicht mehr genau an die Vorgänge erinnern, einige Tage später war ich dort gewesen. Aber der Stadtsekretär der Partei in Warschau hat damals über den Kopf des Zentralkomitees und des Politbüros hinweg diese große Massenversammlung für Gomulka auf der Straße in Warschau zusammengerufen. Es waren 200 000 Menschen gekommen. Das war eine fraktionelle Tat, ob es nun eine geheime oder offene Fraktion war, das spielt keine Rolle. Sie entsprach aber einer Veränderung der Kräfteverhältnisse innerhalb des Parteiapparats, auf eigene Verantwortung hätte er es nie gewagt. Das ist alles möglich. Über diesen Punkt hinaus waren meines Erachtens sogar die tschechischen Genossen nicht zu gehen bereit. Sie waren bereit, politische Clubs zu dulden, sie waren aber nicht bereit, eine Änderung des politischen Systems zu dulden, die dieses politische Monopol der Bürokratie wirklich in Frage stellte. Die zweite große Frage, die die Grenze der Selbstreform der Bürokratie angibt, das ist die Frage der Verfügungsgewalt über das gesellschaftliche Mehrprodukt. Das ist nicht die Frage der betrieblichen Selbstverwaltung. Das ist die große Lehre, die wir aus der jugoslawischen Erfahrung ziehen können. Auf

Betriebsebene kann man nicht über das gesellschaftliche Mehrprodukt bestimmen, das ist eine Illusion. Das ist ein Rückfall in, ich möchte fast sagen, liberal-bürgerliche marktwirtschaftliche Illusionen. Du kannst über das gesellschaftliche Mehrprodukt nur gesamtwirtschaftlich bestimmen.

BAHRO: Das ist die Frage, die Marx in der Kommuneschrift aufwirft, die Nation ökonomisch zu organisieren.

MANDEL: In einem solchen Fall sind es nicht die Partei oder der Staatsapparat, die die Nation organisieren, sondern es sind die assoziierten Produzenten, die, ich sage nicht einmal über den Umfang, aber wenigstens über die Verteilung dieses Mehrprodukts die großen Entscheidungen treffen müssen. Auch auf diesem Gebiet hat es in keinem dieser Fälle irgendeinen Schritt gegeben, was du ja selbst schreibst. Wenn es zu der betrieblichen Selbstverwaltung in der Tschechoslowakei gekommen wäre, wenn das Ota-Šik-Modell sich durchgesetzt hätte, was ja nur eine andere Form der bürokratischen Verwaltung des Mehrprodukts auf nationaler Ebene gewesen wäre, hätte das für den weiteren Verlauf des Prozesses eine sehr entscheidende Bedeutung gehabt. Die Betriebsräte oder die Arbeiterräte hätten sich, wie in Jugoslawien, einen Freiraum auf Betriebsebene erobert, was unerhört wichtig ist. Aber es entscheidet nicht die grundlegende Frage: Wer herrscht? Und in dieser Frage haben wir vielleicht einen dogmatischen Standpunkt, aber einen, der durch die ganze Geschichte der letzten 20 Jahre bestätigt wurde, also von allen diesen Ansätzen, die welthistorisch gesehen werden müssen. Mit einem Nebensatz komme ich noch einmal auf unseren Ausgangspunkt zurück. Rudolf wird mir da eher zustimmen als Peter. Marx hat im Vorwort zum *Achtzehnten Brumaire* über die innere selbstkritische Tendenz der proletarischen Revolutionen so wunderschön geschrieben. Wenn wir das mal welthistorisch betrachten, von allen Werturteilen über die Verkommenheit dieser Bürokratie abgesehen, dann müssen wir feststellen, daß es nicht zufällig ist, daß sich der Stalinismus in seiner schlimmsten Form nicht wiederholt hat. In nachfolgenden Revolutionen hat auch die verkommene Führung mit all dem, was da über die Bühne gelaufen ist und was wir schärfstens kritisieren, irgendwie auch ganz bewußt versucht, dies zu verhindern. Über die SED-Führung kann ich in dieser Beziehung nichts sagen. Aber ich bin absolut sicher, und das kann ich belegen, daß dies für Tito, Nagy, Dubček, Mao Tse-tung, Fidel Castro, Ho Chi-minh in ihrem Bewußtsein eine absolut entscheidende Rolle gespielt hat. Es war eine richtige Obsession, wie sie verhindern könnten, daß sich die russischen Verhältnisse in ihrer schlimmsten Form in ihrem Land wiederholen. Bei vielen polnischen Parteiführern, auch bei dem ehemaligen ungarischen Premierminister Hegedüs ist es so, ebenso bei dem ehemaligen Generalsekretär der polnischen Partei Ochab findest du dies. Das ist kein Gedankengut mehr, das heute nur einem kleinen Kreis von oppositionellen Kommunisten, also Leuten wie uns, eigen ist. Da ist der historische Tatbestand zu grausam, zu tiefgreifend gewesen, daß sich dem niemand entziehen kann. Das ist eine Problematik, die all diesen Leuten vor Augen ist. Nur können sie nicht über ihren eigenen Schatten springen. Da spielt die Frage der gesellschaftlichen Natur dieser Schicht eine ganz entscheidende Rolle. Wenn man glaubt, daß es eine Gruppe von Individuen, die hauptsächlich aus ideologischen Gründen oder aus einem falschen Verständnis heraus all diesen Unsinn macht, dann kann man die Möglichkeiten der Selbstreform sehr weit ausdehnen. Wenn man aber im Gegenteil wie wir der Meinung ist, daß es sich um eine wirklich verhärtete gesellschaftliche Schicht dreht, die materielle Privilegien zu verteidigen hat, und diese materiellen Privilegien auf der Basis dieses politischen Machtmonopols verteidigt, dann ist die Grenze dieser

Selbstreform gezogen. Dies vorausgesetzt, bin ich einverstanden, wenn man sagt, daß die Sache über Differenzierungen in der Parteispitze und von Teilen der Intellektuellen ausgeht, daß das wahrscheinlich unvermeidlich ist. Eine mögliche Ausnahme bildet Polen. Wenn der Prozeß in Bewegung kommt, dann gibt es allerdings nur zwei Möglichkeiten. Entweder bleibt er im großen und ganzen auf Differenzierungen innerhalb der Bürokratie beschränkt, Ablösung der Politbürokratie durch eine technokratische oder aufgeklärt-liberale Bürokratie, wobei die Arbeiterklasse höchstens zur Hilfestellung für diese oder jene Fraktion mobil gemacht wird, wie es in der radikalsten Form in der Kulturrevolution in China der Fall war. Dann wird das Ganze mit einem Katzenjammer enden. Dann wird das Ganze mit dem Bewußtsein enden, das man sich heute in China ansehen muß. Das ist eine fürchterliche Tragödie, in einem gewissen Sinne noch schlimmer als der Stalinismus, obwohl die Zahl der Toten unvergleichlich geringer ist. Wenn es so läuft, bedeutet dies, daß dieselben Leute *zweimal* betrogen wurden. Dieselbe Generation hat *zweimal* gehofft und hat *zweimal* gesehen, daß es zu nichts führt. Die psychologischen und politischen Folgen dieser Enttäuschung für die Zukunft des Kommunismus sind unglaublich verheerend. Die einzige Alternative dazu ist, daß es wirklich bis zum Ende durchgeführt wird. Es gibt nur eine Garantie gegen eine Restauration der bürokratischen Macht: Das ist eine tatsächliche politische Machtausübung durch die Mehrheit der Arbeiterklasse, d.h. durch die Masse der Bevölkerung. Es ist also die Rätedemokratie.

BAHRO: Und die gleich in der ersten Stunde?

MANDEL: Das ist nicht die Frage der ersten Stunde. Das ist die Frage der institutionellen Garantie, die die Arbeiter haben müssen. Sie müssen die Garantie haben, daß man ihnen nicht mit irgendwelchen Tricks, mit irgendeiner

Entscheidung, die von 15 Leuten in einem Präsidium gefaßt wird, das, was sie erworben haben, wieder wegnimmt. Schaut euch die Folgen doch an. Nehmen wir das polnische Beispiel. In Polen ist es nicht einmal so schlimm wie in China. In Polen waren es ausgezeichnete Genossen, nicht nur Intellektuelle, sondern auch Arbeiter, denn es hat dort 1956/57 Arbeiterräte gegeben. In Warschau, wo sich die größte Fabrik des Landes befindet, die Automobilfabrik, hat es die Selbsttätigkeit der Arbeiter in einem bedeutenden Rahmen gegeben. Diese ganze alte Generation ist heute total demoralisiert. Einige haben Selbstmord begangen, andere trinken, es ist schlimmer als bei den indifferenten, atomisierten Arbeitern in den anderen Ostblockländern. Die Garantie muß es also geben, und die Garantie kann nur eine Rätedemokratie sein, wobei ich sofort hinzufügen möchte, eine ökonomische und eine politische Garantie. Die ökonomische Garantie ist eine wirkliche Selbstverwaltung auf betrieblicher und überbetrieblicher nationaler Ebene. Die politische Garantie ist das Mehrparteiensystem. Für die gesamte Arbeiterklasse in Polen, Jugoslawien, teilweise in der ČSSR, wo du mit den Arbeitern reden kannst, ist es eine elementare Forderung, ein Axiom, daß es ein Mehrparteiensystem geben muß. In Ungarn hat es Arbeiterräte gegeben, die sich über diese Frage in Wahlen, in Abstimmungen geäußert haben. Und es gab Mehrheiten, die du nur unter totalitären Regimen erreichen zu können glaubst. Es waren Mehrheiten von 98 Prozent oder 99 Prozent. Das Einparteiensystem ist für sie inakzeptabel. Es bedeutet – wie gut die Führung auch sein mag – die Gefahr der Reproduktion der Verhältnisse, die sie aufheben wollen.

BAHRO: Deine Muster für Osteuropa stimmen nicht. Sie stimmen in keiner Weise. Fangen wir mal bei dem letzten an. Wenn du glaubst, daß die Forderung nach einem Mehrparteiensystem dort etwas mit deiner Vorstellung von proletarischer Demokratie und Rätesystem zu tun hat, dann irrst du dich gewaltig. Sie ist bei der Mehrheit nichts als ein Spiegel der westlichen bürgerlichen Demokratie und drückt den überwältigenden Mangel an politischer Freiheit im Sinne der Errungenschaften seit der Großen Französischen Revolution aus. Sie ist wichtig, hat aber nicht die Tendenz, die du meinst. Das hängt mit einem zweiten Punkt zusammen, in dem du die Lage ganz und gar durch eine falsche Brille betrachtest, wenn du die Kulturrevolution von Mao Tse-tung mit der tschechischen Geschichte unter dem Gesichtspunkt vergleichst, welche Enttäuschung den Arbeitern beschert wird, wenn »nur« das herauskommt. Was du als »nur« für die Tschechoslowakei charakterisierst, das habe ich, was die politischen Formen betrifft, nationale Restauration genannt. Es wäre für jedes dieser west-osteuropäischen Länder, für die Massen dort, unabhängig davon, ob ihre ökonomische Emanzipation im radikalen Sinne schon funktioniert, ein ungeheurer Fortschritt. Der Katzenjammer der polnischen Arbeiter erklärt sich übrigens nicht daraus, daß die ökonomische Emanzipation noch nicht erfolgt ist ...

VON OERTZEN: ... nein, das hat Ernest nicht gesagt. Er meint die Restauration des Machtmonopols der Bürokratie, daß im Jahre 1958 diese Genossen von dem Generalsekretär Gomulka wieder genauso behandelt wurden wie vor 1956.

BAHRO: Aber das war doch eine Restauration der Art, daß genau dasselbe wieder herausgekommen ist wie unter Gomulka nachher und jetzt wieder. Die politische Demokratiesierung – die noch nicht das Rätesystem beinhaltet, aber ein gewaltiger Fortschritt wäre und die die tschechische Geschichte mit Sicherheit gebracht hätte und worin der tschechische Prozeß über alles hinausgegangen ist, was es sonst gegeben hat – wäre in der ČSSR übrig geblieben. Der dritte Punkt, den ich für ziemlich falsch halte, ist der, daß du die ganze Geschichte in der Tschechoslowakei unter den Begriff »Selbstreform der Bürokratie« subsumierst. Vorhin hast du wieder einmal unterstrichen, daß diese Bürokratie keine Klasse ist, aber wenn du für das, was dort vorgegangen ist, diesen Begriff »Selbstreform der Bürokratie« benutzt, dann behandelst du sie doch als eine abgeschlossene Klasse. Du siehst nicht, daß das menschliche Potential, das in diesen Reformprozeß hineingegangen ist, also das aus der kommunistischen Partei, das aus der Gesellschaft, auch das vieler Leute, die im Staatsapparat sitzen, dies nicht im Namen ihrer bürokratischen Interessen getan hat. Was berechtigte Kritik bleibt und was zunächst offen bleiben muß, weil es nicht auf einen Schlag zu lösen ist, das ist, daß sich das Bildungsgefälle und damit die Dispositionsfähigkeit in dem Potential ungleich verteilt. Die Genossen, die sich an die Spitze des Prozesses gestellt haben, holen automatisch, ob sie wollen oder nicht, für sich aus der ganzen Geschichte mehr heraus, als für den Maschinenarbeiter unmittelbar dabei herauskommt. Auf einer höheren Ebene stellt sich die bürokratische Tendenz einfach aufgrund der Überlegenheit, was den Zugang zum Informationsprozeß betrifft, wieder her. Es ist richtig, daß das zu lösende Problem auch im Prager Frühling noch nicht endgültig gelöst worden ist. Es ist wahr, daß da wieder eine Schranke auftaucht. Aber wenn du nur von der Selbstreform der Bürokratie sprichst und meinst, daß das wie das Hornberger Schießen ausgeht, nämlich mit einer großen Enttäuschung für alle Beteiligten, dann ist das eben nicht wahr. Ich habe das Mehrparteiensystem in meinem Konzept nicht gewünscht, sondern bloß für das Tendenzrecht optiert. Meine Auffassung ist in dem Punkt deiner nicht so diametral entgegengestellt. Wenn das nicht mehr möglich wäre, als Tendenz in der erneuerten Partei zu wirken, dann müßte man sich freilich selbstständig als kommunistische Partei organisieren.

MANDEL: Ich glaube, daß wir ein kleines bißchen aneinander vorbeireden. Ich habe nicht gesagt, daß der Prager Frühling, so wie er konzipiert war und sich entwickelt hat, notwendigerweise zum Katzenjammer geführt hätte. Ich habe versucht, eine zweifache Dynamik aufzuzeigen, die andeutet, daß der Prager Frühling nur für eine kurze Zeit als ein Zwischenstadium hätte bestehen können. Meine These ist nämlich die, daß, wenn einmal die politischen Bedingungen für die Reaktivierung der Arbeiterklasse geschaffen sind, es unvermeidlich ist, daß die Arbeiterklasse selbsttätig in diesen Prozeß eingreift. Es ist nicht so, daß ich glaube, daß die Leute, die heute ein Mehrparteiensystem fordern, darunter eine Rätemacht verstehen. Ich bin da mit dir hundertprozentig einverstanden. Ich rede von etwas anderem. Ich sage, nachdem der Prozeß mit den liberalen Kommunisten angefangen hat, werden die Arbeiter Räte bilden, und in diesen Räten werden sie ein Mehrparteiensystem durchsetzen, in ihrem Interesse und nach ihren Möglichkeiten. Wenn das nicht geschieht, dann wird der Prager Frühling meines Erachtens zerdrückt. Dieser Zwischenzustand kann sich nicht halten. Er mündet entweder in eine allgemeine Politisierung der Gesellschaft – man kann das nicht auf die Arbeiter beschränken, da die gesellschaftliche Struktur dort ja ganz anders ist als in einer bürgerlichen Gesellschaft – oder es kommt zu einer Regression. Wenn diese Ansätze zur Rätebildung erstickt worden wären, dann hätte sich die Sache auch ohne die russische Intervention nicht auf dem Stand von Mai–August 1968 stabilisiert, sondern wäre, wie in Polen, zurückgegangen. Da die Differenzierungen im bürokratischen Apparat in der ČSSR viel schärfer waren als in Polen, ist es ausgeschlossen, daß Leute wie Dubček und Smrkovsky das gemacht hätten. Es wäre dann eine Zwischengruppe gewesen, es ist ziemlich eindeutig, wer das gewesen wäre. Du unterschätzt, glaube ich, die Tendenz, daß die Arbeiter, wenn die großen Hindernisse weggeräumt sind, schon rein aus ihren Tagesinteressen heraus, auf der Betriebsebene selbst ihre Angelegenheit in die Hände nehmen. Du unterschätzt die innere Dynamik, die ausgelöst wird und nicht auf dem rein ökonomischen Gebiet haltmachen kann.

BAHRO: Im Vordergrund scheint unsere Differenz jetzt ganz gering zu sein. Sie scheint sich darum zu drehen, ob dieses Zwischenstadium, von dem du sprichst, kurz oder lang ist. (Zwischenruf Mandel: Das hängt vom Grad der Selbsttätigkeit der Arbeiterklasse ab.) Ehe man zu dem Punkt kommt, der das wirkliche sozialökonomische Problem ist – nämlich die tatsächlichen Verhältnisse der alten Arbeitsteilung –, wird man eine ziemlich lange Zeit brauchen. Das heißt nicht, daß es Generationen dauern wird. Aber das Potential der Arbeiter in den Betrieben konzeptionsfähig zu machen ist eine Aufgabe, die nicht in einem Jahr zu bewerkstelligen ist.

WOLTER: Kann ich das jetzt mal kurz präzisieren? Du gehst bei deinen Überlegungen von einem Zustand aus, bei dem die Arbeiter durch die jahrelange politische Entrechtung und durch die Schwierigkeiten, die sich aus der Arbeitsteilung ergeben, zur Subalternität erzogen worden sind. Es kann sich keine Selbsttätigkeit entfalten. (Zwischenruf Bahro: Das ist eine Realität ihres Arbeitsprozesses.) Das nimmst du als gegebenes Faktum hin und sagst, daß das Potential für Veränderungen in der Intelligenz vorhanden ist, hauptsächlich als überschüssiges Bewußtsein ...

BAHRO: ... über das Stadium der Feuerbachthese von Marx, die davon spricht, daß sich bisher immer die Gesellschaft in Erzieher und Erzogene teilt, ist man objektiv zunächst nicht hinaus. Das findet man vor, wenn man den jetzigen Überbau weggeräumt hat.

WOLTER: Jetzt kommen wir ja zur Frage der politischen

Pädagogik, wenn man es so bezeichnen will. Ist denn das Problem, wie man den vielleicht tatsächlich nicht genügend gegebenen Bewußtseinsstand der Arbeiter verbessern kann, durch eine aufgeklärte Bürokratie überhaupt lösbar? Ist das nicht die Perpetuierung ihres Zustandes der Passivität? Für die Entwicklung von Kreativität bei einem »Subalternen« ist es doch ziemlich belanglos, ob die Anweisungen, die er bekommt, richtig oder falsch sind, ob er sie von einem machthungrigen und korrupten oder aufgeklärten und aufrichten Bürokraten bekommt. Daß sich das sehr unterschiedlich auf die Leistung auswirken muß, ist eine andere Frage. Er wird in beiden Fällen nicht zur Selbsttätigkeit ermuntert und befähigt. Die einzige Form, in der die Arbeiterklasse aktiv werden kann, scheint mir die praktische Bewährung – und das ist in der Form der Selbsttätigkeit – zu sein. Daß das eine immense Schwierigkeit ist, ist klar. Aber es ist vielleicht auch die einzige Garantie dagegen, daß sich die »sozialistischen« Bürokraten wieder verselbständigen können.

BAHRO: Das ist ja auch richtig. Aber was du immer unterstellst und wogegen ich nun nachhaltig protestieren muß, ist, daß du den Arbeiter in meinem Modell sofort wieder einer Bürokratie gegenübergestellt siehst. Du identifizierst das, was ich unter dem »Bund der Kommunisten« verstehe, als die Überstaatspartei, die mittels Staat, einschließlich verstaatlichter Gewerkschaften, die Arbeiter wieder gängelt, anstatt einen wirklichen Entwicklungsprozeß zustande zu bringen. Es gibt einen Punkt, Ernest, den du wahrscheinlich in deiner Überlegung überhaupt nicht mit drin hast. Wie kommt denn in einem osteuropäischen Lande die Betriebsbelegschaft zustande? Die kommen doch durch einen negativen Auswahlprozeß zustande. Jeder Arbeiter in der Werkstatt, der seinen Kopf raussteckt, dem wird gesagt, daß er seinen Meister machen muß, daß er in die Partei gehen soll. Und in der Regel wird er auch Meister und geht auch in die Partei, und er geht zur Fachschule, zur Ingenieurschule. Und dann steht er den anderen gegenüber.

MANDEL: Es ist eine negative Selektion, meinst du?

BAHRO: Ja. Deswegen bin ich doch auf den Gedanken gekommen, daß das Problem so tief liegt, daß man die gesamten Verhältnisse der alten Arbeitsteilung umwälzen muß. Meine Konzeption ist, daß dieser »Bund der Kommunisten« gerade die Instanz sein soll, mit deren Initiative die Gesellschaft das Bürokratieproblem löst. Er soll dafür kämpfen, daß die Möglichkeiten, die die Gesellschaft hat, dafür eingesetzt werden, diese Division, diesen Filterungsprozeß aufzulösen.

WOLTER: Es mag dir komisch vorkommen, aber mich erinnert dein Konzept ein wenig an das, was Trotzki und die Linke Opposition in den 20er Jahren versucht haben – und gescheitert sind: nämlich als Mitglieder der Bürokratie – ich meine das im soziologischen Sinne – den antibürokratischen Kampf zu führen. Auch Lenins Versuch, das Bürokratieproblem über die Arbeiter- und Bauerninspektion zu lösen, war ähnlicher Natur und ist voll in das Gegenteil umgeschlagen.

MANDEL: Rudi, was du schilderst, ist eine Strategie für Marxisten. Man kann darüber streiten, ob es die beste ist. Du hast das alles erlebt, du weißt mehr darüber und ich bin gerne bereit, in dieser Hinsicht vieles von dir zu lernen. Aber ich spreche über etwas anderes. Ich spreche nicht über die Strategie der Marxisten, sondern über den objektiven Entwicklungsprozeß der Massenkämpfe. Darum geben wir dem Wort »politische Revolution« eine so große Bedeutung. Wir sind davon überzeugt – vielleicht irren wir uns, das wird die Geschichte zeigen, was sie bisher aber nicht getan hat –, daß, wenn die Weichen gestellt sind, wenn das Monopol zerschlagen ist, wenn es die ersten Ansätze einer Möglichkeit freier Betätigung gibt, ohne sofort in Gefahr zu kommen, mit dem Kopf gegen die Wand zu rennen, dann wird die Arbeiterklasse selbst, unabhängig von ihrem Kulturstand und unabhängig von ihren Fähigkeiten, ziemlich schnell eine ganze Reihe von Initiativen zur Selbstorganisierung in Angriff nehmen.

BAHRO: Rätedemokratische Initiativen aus den Betrieben wird es geben.

MANDEL: Es wird sie nicht nur geben, sogar die Tendenz zu ihrer Zentralisierung ist absolut unvermeidlich. In Jugoslawien habe ich eines der wenigen Beispiele erlebt, die es dafür in der Geschichte der Arbeiterbewegung im 20. Jahrhundert gibt. Ohne einen einzigen organisierten Genossen in Jugoslawien zu haben, haben wir während der großen Krise von 1968/70 einige Artikel geschrieben. Wir haben geschrieben, daß der erste Schritt zur Lösung dieser Riesenkrise sein müßte, einen nationalen Kongreß der Arbeiterräte zusammenzurufen und diesen nationalen Kongreß mit seinen Verantwortungen zu konfrontieren. Einige Tage, nachdem dieser Artikel in Jugoslawien verteilt worden war, ist einer der Sekretäre des jugoslawischen Gewerkschaftsverbandes ins Fernsehen gekommen und hat genau diesen Vorschlag gemacht. Der lag für die interessierten Arbeiter so auf der Hand, daß das einzige, was man sich fragen konnte, ist, warum keiner vorher mit diesem Vorschlag gekommen war.

BAHRO: Darf ich dir eine Frage stellen? Wenn du jetzt an diese Arbeiterräte denkst und daran denkst, daß eine Betriebsbelegschaft ja wirklich einen Gesamtarbeiter darstellt, wen sollen diese Sowjets dann repräsentieren? Der Werkleiter ist zwar Bürokrat, aber er ist in seinem Betrieb doch auch Arbeiter. Wen sollen die Sowjets also repräsentieren, die Produktionsarbeiter oder den Gesamtarbeiter?

MANDEL: Wir haben da unsere ganz präzisen Vorstellungen in dieser Hinsicht. Es gibt zwei verschiedene Arten, an dieses Problem heranzugehen. Eine ist die strategische Frage, die Frage eines Idealmodells. Das geht wahrscheinlich in deine Richtung. Die andere ist die des kühlen Einschätzens von dem, was wirklich geschehen wird, oder von dem, was bereits in den Fällen geschehen ist, die wir kennen. Rudi, ich hoffe, du bist mir jetzt nicht böse. Meines Erachtens ist einer der Hauptgründe, wenn nicht der Hauptgrund, für den irrationalen Widerstand der Politbürokratie gegen alle diese Reformen, daß sie die Lage genauso einschätzt wie wir. Sie ist absolut davon überzeugt, daß, wenn das »grüne Licht« kommt, sich die Entwicklung nicht auf Reformen beschränken wird, sondern daß ganz grundlegende Änderungen, zum Teil sicher rückschrittliche – darüber mache ich mir keine Illusionen –, eintreten werden. Dein Modell ist an sich rationaler, aber das entspricht halt nicht der objektiven Lage, wie sie sich nach 25 Jahren bürokratischer Diktatur in der Sowjetunion nach 50 oder 60 Jahren bürokratische Diktatur in den Köpfen der Arbeiter widerspiegelt. Ich möchte ganz konkret auf eine Frage eingehen, die du aufgeworfen hast. Ich bin aus der Erfahrung, die ich selbst gemacht habe, überzeugt, daß bei den Produktionsarbeitern ein tiefes Mißtrauen gegenüber all denjenigen herrscht, die eine höhere Position innehaben. Das Mißtrauen ist natürlich gegenüber den Schergen der Politbürokratie oder der Geheimpolizei viel stärker, aber es gibt auch ein Mißtrauen gegenüber den liberalen Technokraten. Die Arbeiter werden fordern, und ich glaube, daß wir diese Forderung aufnehmen müssen, daß es in einem zentralen Arbeiterrat eine gesicherte absolute Mehrheit von Produktionsarbeitern gibt. Was sonst passieren wird ist – und das hat man ja bei der Entwicklung der tschechoslowakischen Räte gesehen –, daß tatsächlich die Mehrzahl der Abgeordneten, wenn auch nicht direkt im Fabrikrat, sondern auf der nächsthöheren Ebene der Delegation, Ingenieure und Direktoren sein werden. Wegen dieser Möglichkeit gibt es das tiefe Mißtrauen bei den Belegschaften. Trotzki hat einmal gesagt, daß man die Bürokraten aus den Räten hinausjagen muß. Diese Formel akzeptieren wir nicht in dieser Form, weil wir – wie du, Rudi – diese konkreten Differenzierungsprozesse innerhalb der Bürokratie jetzt erlebt haben. Es wäre ein Wahnsinn gewesen, 1968 die Losung auszugeben, Dubcek oder Smrkovsky aus den Räten rauszuschmeißen. Das wäre genau das gewesen, was den Russen und der konservativen Fraktion am besten gepaßt hätte. Der Nowotny hat mit solchen Parolen operiert. Das ist sinnlos. Aber was nicht sinnlos ist, und was dem Bewußtseinsstand der Arbeiter entspricht, man mag das bedauern, aber es ist so, das ist die Erlangung der Sicherheit, daß diese Räte nicht wieder zu Instrumenten einer Bürokratenmacht werden, und da spielt die Frage des Mehrparteiensystems eine Rolle. Aber auch die andere Frage spielt eine Rolle. Das ist die Frage, daß Arbeiter sicher sein wollen, daß sie die Sache beherrschen. Und wenn ich mich richtig erinnere, hat die deutsche Diskussion in den 20er Jahren das in der Theorie ein kleines bißchen vorweggenommen. Einige dieser Probleme wurden diskutiert.

VON OERTZEN: Während der Revolution von 1918/19 war das Problem genau umgekehrt. Da waren die Produktionsarbeiter dringend daran interessiert, daß wenigstens ein paar Angestellte überhaupt bereit waren, mit ihnen in den Arbeiterräten zusammenzuwirken.

BAHRO: Ernest, deine Informationen über das Mißtrauen der Arbeiter treffen absolut zu. Das Mißtrauen geht sehr weit. Und doch denke ich, daß deine Konzeption, wie du das Problem lösen willst, noch doktrinär ist. Das sieht folgendermaßen aus: Du hast einen Saal mit 20 Arbeitern, die dort an den Maschinen stehen und alle nebeneinander bedienen. Und an der Maschine 17 steht Willi. Der ist genauso ein Kumpel wie alle übrigen. Er steckt da mitten drin. Aber in seinem Köpfchen funkts hin und wieder, mehr als bei den anderen. Zu dem kommt eines Tages sein Parteisekretär in die Halle, oder er ruft ihn und sagt: »Du, paß mal auf, es läuft ja alles einigermaßen in der Abteilung, und es ist ja eigentlich schade, daß wir dich rausnehmen müssen, denn du bist einer unserer besten Leute hier, in Diskussionen usw. Wir haben unseren Bildungsplan nicht erfüllt. Du mußt jetzt also auf Schule.« Da sagt er erst mal: »Bei mir hast du da keine Chance, denn nachher verdiene ich weniger.« Wenn das nämlich eine Schwerpunktabteilung des Betriebes ist, dann hat er 800 bis 900 Mark raus, was in der DDR gar nicht wenig ist. Wenn er Ingenieur wird, dann bekommt er erst nachdem er schon ein oder zwei Jahre von der Schule zurück ist, nominell 1030 Mark und kriegt aber nur 850 raus. Jetzt wird er am Ende weichgeklopft, denn er ist ja vernünftig. Nach drei Jahren kommt der Mann von seiner Fachschule wieder und ist Technologe und richtet die Maschinen dort ein. Was meinst du, wie seine übrigen 19 Kumpel zu ihm stehen? Der fällt unter das allgemeine Mißtrauen. Der weiß ja selber genau, wie sie vorher beschissen haben alle zusammen. Der weiß den anderen viel zu gut Bescheid, was man da alles manipulieren kann, besser als der vorige Technologe, der vielleicht nur über die Schule gekommen war.

MANDEL: Aber da hast du doch nur bestätigt, daß dieses Mißtrauen nicht nur auf ein niedriges Bewußtsein oder einen geringen Informationsstand zurückzuführen ist, sondern auch auf der Ebene der Verteidigung materieller Interessen liegt.

BAHRO: Jetzt kommt aber erst die Argumentation. Wenn

du dir nun den Betrieb, immerhin jenseits des Kapitalismus, ansiehst, so kannst du doch nicht einen Bürokratiebegriff einführen, der diesen Technologen schon einschließt. An dieser Stelle, zwischen den Produktionsarbeitern – die tatsächlich die Gekniffensten sind, nach wie vor – und den Fachschulingenieuren, den Spezialisten den Schnitt machen zu wollen, das heißt über die Realität zu springen.

MANDEL: Welche Realität? Du gehst von den rein ökonomischen Realitäten aus ...

BAHRO: Nein, nein. Der Gesamtreproduktionsprozeß umfaßt doch alles, nicht nur die ökonomische Seite, die dann in Geldwerten ausgedrückt wird oder in Arbeitszeitrechnungen. Da gehört doch die Wissenschaft, die Technologie auch hinein. Das alles gehört zu dem Gesamtarbeiter des Betriebes. Andererseits geht nun hier der Schnitt mitten durch. Dem Kumpel steht eben auch in der DDR die gesamte, eigentlich menschliche Produktivkraft, die von Marx so genannte »Wissenskraft«, in Gestalt der Maschinerie gegenüber. An diesen Maschinen hat er einen derart sinnentleerten Arbeitsprozeß, daß er von seiner Gesamtmotivation her im Durchschnittsfalle überhaupt nicht in seinem Betrieb zu Hause ist, und da liegt übrigens die Grenze der Aussage, daß es keine Lohnarbeit mehr sei. Der Arbeiter ist hauptsächlich dort, um das Geld zu verdienen, was er haben muß. Wenn du jetzt auf diesem Potential die Rätedemokratie gründen willst, dann mußt du akzeptieren, daß diese Leute sich zunächst gar nicht anders artikulieren können, als sie nun mal sind. Objektiv ist zunächst nicht mehr drin, als daß sie darauf aufmerksam machen, wo sie »der Schuh drückt«, wie es Lenin damals für die Gewerkschaften forderte. Das Recht dazu muß da sein. Aber wenn du weiter willst, mußt du wirklich über das System der kapitalistischen Maschinerie hinauskommen. Was ich jedenfalls meine, ist, daß alle Fraktionen des betrieblichen Gesamtarbeiters, da er ja in der Realität fraktioniert ist, in den Räten vertreten sein müssen.

VON OERTZEN: Ich halte einen Teil eurer Differenzen für das Ergebnis von Scheingegensätzen. Einiges hat sich ja eben noch geklärt. Ich will das auch nicht alles noch einmal aufrollen. Jeder von euch hat in seiner Argumentation teils historische und teils funktional-systematische Gesichtspunkte entwickelt, aber jeweils auf verschiedenen Gebieten. Historische z.B., wenn es darum geht, die konkrete ökonomische oder politische Situation zu analysieren, von der der Prozeß einer »politischen Revolution« (Rudi hat diesen Ausdruck in seiner *Alternative* auch verwendet) ausgegangen ist oder wieder ausgehen könnte. Funktionell-systematische etwa, wenn es darum geht, festzustellen, wie sich innerhalb des Gesamtarbeiters in diesen Systemen technische Intelligenz und Produktionsarbeiter zueinander verhalten oder wenn man fragt, ob ein politisches Mehrparteiensystem erforderlich sei.
Ich will noch mal bei der Frage nach der historischen Ausgangssituation einsetzen. Ich stimme euch zu, daß die ausschließende Entgegensetzung von bloßer Selbstreform und Arbeiterrevolution nicht produktiv ist. Wenn wir uns die vier Beispiele, die Ernest erwähnt hat, einmal vor Augen führen, so ist die jugoslawische Reform nach 1950 eine klassische Form der bürokratischen Selbstreform, die in der Tat in sich selbst steckengeblieben ist. Sie ist nicht durch eine wirklich breite Bewegung der Masse der Arbeiter ergänzt worden. Sie begann als eine außenpolitisch motivierte Befreiungsaktion . . .

BAHRO: . . . es war eine von oben ausgehende Initiative. Aber nicht ergebnislos. Insofern kann auch eine bürokratische Selbstreform einen, wenn auch begrenzten Sinn, haben.

VON OERTZEN: Die polnischen Ereignisse von 1956 waren eine Reformbewegung, die sich auf eine teilweise Mobilisierung der Bevölkerung in den Betrieben unter Hinweis auf die angeblich oder wirklich drohende russische Intervention gestützt hat. Der Gomulka ist damals von Betrieb zu Betrieb gezogen und sagte: »Wenn ihr nicht diszipliniert seid, dann kommen die Moskalen und schneiden uns allen den Hals ab. Ihr müßt jetzt eure berechtigten Forderungen zurückstellen und dürft nicht über eine gewisse Grenze hinausgehen.« Die Grenze hat er genau so definiert, daß das Machtmonopol einer reformierten Bürokratie nicht in Frage gestellt wurde. In den Parlamentswahlen schließlich bekam er dann eine ungeheuer breite demokratische Legitimation, denn es waren ja freie Wahlen. Sie hätten ihn abwählen können, er hat aber die Spitzenstimmenzahl bekommen. Dann hat er den Laden dichtgemacht, alle weiteren Bewegungen abgewürgt und die rebellierende Intelligenz Gruppe für Gruppe in den Hintergrund gedrängt. In Ungarn ist aus einer – überstürzten – bürokratischen Selbstreform in wenigen katastrophalen Wochen ein Massenaufstand geworden, der mit brutaler äußerer Gewalt niedergeschlagen worden ist. In Ungarn hätte die Bewegung vermutlich zu einer Situation geführt, in der eine echte kapitalistische Restauration möglich gewesen wäre. In der ČSSR ist die Eigendynamik der Bewegung ebenfalls nicht aus dem System herausgebrochen worden, sondern durch Intervention von außen.

BAHRO: Die Auslösung der 68er-Januarbeschlüsse war ja keine Initiative wie die Titos, jetzt von oben zu reformieren, sondern man hat auf Herausforderungen aus der Gesellschaft antworten müssen.

VON OERTZEN: Ja. Aber diese Herausforderungen der Gesellschaft hatten mehr den Charakter der Aktivität von ideologisch-politischen Fraktionen, deren Ergebnisse dann zum Teil von einer Fraktion der Bürokratie antizipiert worden sind. Es hatte doch schon seit Jahren mit einer Freigabe der Diskussion mindestens im literarisch-kulturellen Raum begonnen. Zwei Jahre vorher, 1966, bin ich mit einer Delegation von Bildungspolitikern aus Niedersachsen in der ČSSR gewesen. Da war schon eine viel größere Spannweite der Diskussion unter den Parteikadern zu bemerken als in der DDR. Es gab auch schon ein wesentlich größeres Maß an freier Äußerung in der Bevölkerung, an der Basis, in literarischen Zirkeln, im Zusammenhang mit Theateraufführungen, die Kafka-Konferenz. Das heißt, daß die Bewegung im Grunde lange vor dem »Frühling« auch als eine Selbstreform der Bürokratie begonnen hat, die dann eine echte Massenbewegung ausgelöst hat. In diesem Punkt stimme ich Ernest zu, daß es in der Regel mit einer Fraktionierung innerhalb der Bürokratie beginnt. Und zwar aufgrund von objektiven Problemen, die sie in ihrer bisherigen Zusammensetzung nicht mehr lösen können. Diese führt allerdings nicht dazu, die Monopolsituation im Prinzip in Frage zu stellen, zum Beispiel die formale, quasi staatsrechtliche Legitimation des politischen Monopols, des Monopols einer einzigen Partei und die Aufrechterhaltung eines Mindestmaßes an zentralisierter Meinungsbildung innerhalb dieser Partei. Es ist nicht so, daß die Haltung der Parteiführung von einer irgendwie gearteten demokratisch legitimierten Basis bestimmt wird, sondern das Ausmaß, in dem die Basis sich artikulieren darf, wird im Prinzip von der Parteiführung bestimmt. Die Parteiführung kann ein relativ großes Ausmaß an unterschiedlichen Meinungen zulassen, aber sie hat jederzeit das Recht, die Pluralität unterschiedlicher Meinungen, die Dauer, die Stoßrichtung kritischer Kampagnen, zu bestimmen. In dem Augenblick, in dem ihr die Kritik zu weit zu gehen scheint, kann sie erklären, daß die Kritik nicht legitim sei. Während der wirklich demokratische Weg der wäre, daß die Kritik bestimmen kann, daß eine

Parteiführung nicht mehr legitim sei. In diesem System wäre das völlig sinnwidrig. Es ist der satzungsrechtliche Rahmen des politischen Monopols, daß die Grenzen des Spielraums der demokratischen Meinungsbildung von der Spitze bestimmt werden. Die Souveränität geht im Prinzip von oben aus.

MANDEL: In der jugoslawischen Verfassung ist das ausdrücklich nicht der Fall. In Jugoslawien ist das ein de-facto-Zustand, der aber in offenem Widerspruch zur Verfassung steht.

VON OERTZEN: In Jugoslawien gibt es eine einzige Ausnahme von dieser Praxis. Dies gilt nicht für den Ausgleich von regionalen Interessengegensätzen. Das Monopol der Spitze gilt nicht in diesem Fall. Der Ausgleich der regionalen Interessen erfolgt in einem sehr begrenzten Rahmen durch einen Prozeß, der mit demokratischer Mehrheitsbildung gewisse Ähnlichkeiten hat. Die Teilwillensbildungen der Republiken werden nicht von der Bundesspitze limitiert, es gibt in regionalpolitischen Fragen auch im jugoslawischen zentralen Parlament Mehrheitsabstimmungen, wo dann vier Regionen gegen die anderen beiden stimmen, und dies wird nicht von vornherein durch eine vorweggenommene Meinungsbildung in der obersten Parteispitze unterbunden. Aber sonst ist es de facto, im Gegensatz zum Wortlaut der Verfassung, genau so. Meiner Meinung nach besteht überhaupt kein Zweifel daran, daß die Bewegung in der ČSSR ohne die Intervention darauf hinausgelaufen wäre, dieses formalisierte Monopol zu brechen. Die Frage nach dem Mehrparteiensystem ist ja eine Frage, die man beantworten kann, indem man sich sklavisch eng an diesen Begriff hält; aber man muß es nicht. Ich kenne einen Genossen aus der ehemaligen sozialistischen Partei, der sich bei der Vereinigung der Parteien 1948 nicht der Vereinigten Partei angeschlossen hat. Er hat danach in der ČSSR also weitgehend illegal gelebt; beim Beginn des »Frühlings« hat er dann eine erhebliche Rolle in dem »Club der Parteilosen« gespielt. Dieses war nach seinen Schilderungen eine Basisbewegung, die den Charakter einer rudimentären Rätebewegung gehabt hat. Er hat es mir an einem Beispiel aus einem großen Pilsener Betrieb geschildert. Bei den Delegiertenwahlen für den nachher für illegal erklärten 14. Parteitag sind die Mitglieder der Parteizelle, 50 oder 60 Genossen, vor eine Vollversammlung des Betriebes zitiert worden. Die Vollversammlung des Betriebes hat verlangt, daß die Parteizelle den Delegierten, den diese Parteizelle zum Parteitag zu schicken hatte, durch die Vollversammlung der gesamten Belegschaft dieses Betriebes approbieren ließ. So hat die Versammlung der zu 95 Prozent parteilosen Betriebsbelegschaft den Delegierten der Kommunistischen Partei zu dem Parteitag entstandt. Dies war quasi die Durchbrechung der Hierarchie der Kommunistischen Partei durch einen basisdemokratischen Prozeß.

MANDEL: Ich würde sagen, daß der 14. Parteitag viel mehr ein Rätekongreß als ein Kommunistischer Parteitag war.

VON OERTZEN: Es besteht nicht der geringste Zweifel, daß, wenn dieser Prozeß der Demokratisierung ungehindert weitergegangen wäre, es völlig unvermeidlich gewesen wäre, daß sich auf einem solchen Rätekongreß gewisse Tendenzen mit unterschiedlichen Akzenten gebildet hätten, quasi Fraktionen, so wie ja auch das bürgerliche Parteienwesen erst einmal mit Fraktionierungen im Honoratiorenparlament begonnen hat. Die Abgeordneten waren ja ursprünglich zu einem erheblichen Teil nicht auf bestimmten Parteiplattformen gewählt worden. Zweitens würden diese Meinungsverschiedenheiten, Meinungsdifferenzierungen in einem relativ kurzen Zeitraum unvermeidlicherweise auf die Wahlkörper zurückgewirkt haben. Wenn zum Beispiel ein Wahlkreis mit zwei großen Betrieben rätedemokratisch ein oder zwei Delegierte hätte wählen können, dann hätten sechs oder acht Delegierte mit deutlich voneinander unterschiedenen Programmen kandidiert. Dann kommen Fragen auf wie die der Sicherung von Mehrheitsstandpunkten, der Vertretung von Minderheitsauffassungen, des formalen Ablaufs, der Garantie, daß Wahlen nicht manipuliert werden können. Auch ein Rätesystem braucht eine formalisierte Wahlordnung, braucht Regeln, die nicht verletzt werden dürfen, weil eine Wahl sonst für ungültig erklärt werden muß, wenn z.B. Minderheiten keine faire Chance bekommen.

MANDEL: Wenn das in Deutschland geschehen würde, kannst du sicher sein, daß das in den ersten 24 Stunden schon geregelt worden wäre.

VON OERTZEN: Ich kenne die Protokolle der Vollversammlung der Berliner Arbeiter- und Soldatenräte aus den Jahren 1918/19. Die haben sich die Stenographen aus dem preußischen Herrenhaus geholt. So sind für alle entscheidenden Revolutionssitzungen der Novemberrevolution von Parlamentsstenographen Wortprotokolle angefertigt worden; so gründlich waren deutsche Revolutionäre. Ein Pluralismus politischer Tendenzen in der Rätedemokratie, die dann natürlich auch die vorhandenen sozialen Differenzierungen widerspiegeln, unterschiedliche regionale Interessen, den unterschiedlichen sozialen Entwicklungsstand, aber auch einen unterschiedlichen Bewußtseinsstand, unter Umständen konfessionelle Einflüsse, führt notwendigerweise zu einem institutionalisierten politischen Pluralismus, der, und nur er, zumindest eine Möglichkeit der Garantie gibt, daß das Meinungsbildungsmonopol einer einheitlichen bürokratischen Organisation durchbrochen bleibt. Ich mache mir überhaupt keine Illusionen, daß auch ein arbeitendes Räteparlament immer noch einen gegenüber dem wirtschaftlichen Produktionsprozeß und der Bevölkerung insgesamt abgehobenen Machtapparat darstellt. Der sofortige Übergang zur völligen Auflösung, gewissermaßen zum Einsaugen dieser bürokratischen Struktur in die Gesellschaft ist nicht möglich.

MANDEL: Der Staat fängt an abzusterben ...

VON OERTZEN: ... fängt vielleicht an, aber er ist es noch lange nicht ...

MANDEL: ... er stirbt nicht in 24 Stunden oder auch nicht in 24 Jahren ab. Da sind wir uns alle einig.

VON OERTZEN: Und diese institutionelle Garantie des politischen Pluralismus hat doch eine verdammt große Ähnlichkeit mit dem ganzen Komplex von institutionellen Garantien, die man sich zwar besser denken könnte, die aber doch der bürgerlichen parlamentarischen Demokratie entsprechen.

BAHRO: Das sind Formen, die nicht unbedingt an der bürgerlichen Gesellschaft hängen.

Die Autoren

Rudolf Bahro, geboren 1935 in Bad Flinsberg/Isergebirge. Von 1954 bis 1979 Mitglied der SED, 1962 bis 1965 Mitarbeit beim Zentralvorstand der Gewerkschaft Wissenschaft in Berlin, 1965 bis 1967 Stellvertretender Chefredakteur der Zeitschrift *Forum,* 1967 bis 1977 im Bereich der Wissenschaftlichen Arbeitsorganisation in der DDR-Industrie tätig, in dieser Zeit entstand auch sein Buch *Die Alternative* in Nachtarbeit. Als erste Teile der *Alternative* im Westen publiziert wurden, wanderte Bahro ins Zuchthaus Bautzen und wurde zu 8 Jahren Haft verurteilt. Er saß dort vom 23. 8. 77 bis 17. 10. 79, als er schließlich nach einer internationalen Protestkampagne im Zuge einer Amnestie zum 30. Jahrestag der DDR in den Westen entlassen wurde. Bahro lebt jetzt in Bremen, hält eine Gastvorlesung an der FU Berlin und hat einen Forschungsauftrag an der Uni Bremen über die allgemeine Theorie des historischen Kompromisses. Bahro ist auch Mitglied des Redaktionsbeirates unserer Zeitschrift KRITIK. Veröffentlichungen: *Die Alternative, Ich werde meinen Weg fortsetzen, Die nicht mit den Wölfen heulen, Plädoyer für eine schöpferische Initiative.* Als Band 3 der edition VielFalt erscheint von Bahro: *Elemente einer neuen Politik.*

Ernest Mandel wurde 1923 in Frankfurt am Main geboren, lebt heute als Dozent an der Freien Universität in Brüssel und ist führendes Mitglied der IV. Internationale, deswegen erhielt er auch von 1972 bis 1978 Einreiseverbot in die Bundesrepublik. Er ist Autor zahlloser Veröffentlichungen u. a.: *Marxistische Wirtschaftstheorie,* Frankfurt 1969; *Der Spätkapitalismus,* Frankfurt 1972; *Die EWG und die Konkurrenz Europa–Amerika,* Frankfurt 1968; *Der Sturz des Dollars,* Verlag Olle & Wolter, Berlin 1973; *Kritik des Eurokommunismus,* Verlag Olle & Wolter, Berlin 1978. Mandel ist auch Mitglied des Redaktionsbeirats der Zeitschrift KRITIK. 1981 erscheint im Verlag Olle & Wolter sein Buch über das Werk Trotzkis.

Peter von Oertzen wurde 1924 in Frankfurt/Main geboren, wuchs aber in Berlin auf. Nach dem Wehrdienst von 1942 bis 1945 Studium der Soziologie, Geschichte und des Staatsrechts in Göttingen. Seit 1963 ordentlicher Professor für Politik an der Technischen Hochschule Hannover. 1946 erfolgte der Eintritt in die SPD. Von 1955 bis 1959 und seit 1967 Landtagsabgeordneter in Niedersachsen, seit 1970 Vorsitzender des SPD-Bezirks Hannover, seit 1973 Mitglied des Bundesvorstandes der SPD. Von 1955 bis 1960 war von Oertzen Mitherausgeber der Zeitschrift *Sozialistische Politik* und von 1962 bis 1966 Mitherausgeber der gewerkschaftlichen Zeitschrift *Arbeitshefte*. Veröffentlichungen: *Die soziale Funktion des staatsrechtlichen Positivismus, Betriebsräte in der Novemberrevolution.* Demnächst bei Olle & Wolter: *Arbeiterbewegung und Gewerkschaften.*

„Eine unglaublich lustige Satire über das Patriarchat!"

Arne Ruth, **Expressen**

Gerd Brantenberg
DIE TÖCHTER EGALIAS
240 Seiten, DM 19,80

EGALIA –
EIN MEILENSTEIN DES FEMINISMUS

Ich erkläre mir den enormen Erfolg damit, daß „Die Töchter Egalias" eine Lesebedürfnis befriedigt, das im allgemeinen von feministischer Literatur eher frustriert wird. Selten hatten wir bisher was zu lachen; hier aber wird feministische Theorie und Erfahrung in Form einer ungeheuer witzigen, bissigen und scharfsinnigen Satire auf das Patriarchat vermittelt. Ein kluges und geistreiches Buch, voll überraschender und entlarvender Einfälle und Beobachtungen, voll konstruktiver Phantasie. Uneingeschränkt zu empfehlen, ja ein Meilenstein des Feminismus, finde ich, wie Beauvoirs „Das andere Geschlecht", Milletts „Sexualität und Herrschaft" und Schwarzers „Der kleine Unterschied".

Dr. Luise F. Pusch

Verlag **olle & wolter** GmbH * Postfach 4310 * 1000 Berlin 30

Lateinamerika — Analysen und Berichte

**Band IV:
Internationale Strategien
und Praxis der Befreiung
340 Seiten, DM 24,80**

Mit den Analysen und Länderberichten dieses vierten Lateinamerika-Jahrbuches wird die gründliche Information über alle wichtigen Ereignisse fortgesetzt. Ein Schwerpunkt des analytischen Teils befaßt sich mit internationalen Strategien gegenüber Lateinamerika: mit der Sozialdemokratie, der Weltbank und den Auswirkungen der Internationalisierung des Finanzkapitals.
Auf der anderen Seite wird die Praxis der Befreiung am Beispiel Nicaraguas dargestellt.
Die Länderberichte geben dem Leser alle wissenswerten Daten und Informationen an die Hand, die Grundlage für ein Verständnis der sozialen, politischen und wirtschaftlichen Entwicklung sind.

240 Seiten, DM 24,80

Das Alltagsleben hat sich politisiert. Dieses Buch handelt von den erfahrbaren Veränderungen in der Stadt und auf dem Land. Und es handelt von der gesellschaftlichen Betroffenheit, vom gesellschaftlichen Widerstand, von Bürgerinitiativen, die sich gegen die Zerstörung der sozialen und natürlichen Umwelt zur Wehr setzen.

VERLAG OLLE & WOLTER GMBH
POSTFACH 4310, 1000 BERLIN 30

edition VielFalt
die neue taschenbuchreihe
bei olle & wolter

Die 80er Jahre werden wilde Jahre. Für uns alle. Von der Politik bis zum Alltagsleben wird sich vieles ändern. Neue Probleme erfordern neue Antworten. Darüber diskutieren ein Sozialdemokrat, ein Revolutionär und ein ökologischer Sozialist — kontrovers, aber gemeinsam, umfassend, aber spannend.

DER NEUE BAHRO:
Rudolf Bahro
Elemente einer neuen Politik
Zum Verhältnis von
Ökologie und Sozialismus
ca. 160 Seiten, ca DM 9,00
edition VielFalt 3

Partei kaputt
Das Scheitern der KPD
und die Krise der Linken
Beiträge von Willi Jaspers, Rainer
Möhl, Karl Schlögel, Christan Semler
und Bernd Ziesemer
ca. 160 Seiten, ca. DM 9,00
edition VielFalt 4

Ulf Wolter (Hrsg.)
Rudolf Bahro/Ernest
Mandel/Peter
von Oertzen
**Was da alles
auf uns zukommt...**
Perspektiven der
80er Jahre
2 Bde.,
je 160 Seiten,
je DM 7,40
edition
VielFalt 1 und 2

Elmar Altvater/Jürgen Hoffmann/
Willi Semmler
**Vom Wirtschaftswunder
zur Wirtschaftskrise**
Ökonomie und Politik in der BRD
Aktualisierte Ausgabe
2 Bde., je 220 Seiten, je DM 9,80
edition VielFalt 5 und 6

K. Villun
Einer für alle
Kriminalroman
Aus dem Norwegischen von
Astrid und Einhart Lorenz
ca. 140 Seiten, ca. DM 9,00
edition VielFalt 7

VielFalt-das beste Mittel gegen Einfalt
Verlag olle & wolter GmbH * Postfach 4310 * 1000 Berlin 30

Rudolf Bahro / Ernest Mandel
Peter von Oertzen

Was da alles auf uns zukommt...

Perspektiven der 80er Jahre

Band 2

Herausgegeben von Ulf Wolter

edition VielFalt bei olle & wolter

edition VielFalt – herausgegeben von Ulf Wolter

CIP-Kurztitelaufnahme der Deutschen Bibliothek

Bahro, Rudolf:
Was da alles auf uns zukommt . . .: Perspektiven
d. 80er Jahre / Rudolf Bahro; Ernest Mandel;
Peter von Oertzen. Hrsg. von Ulf Wolter. –
Berlin: Olle und Wolter
NE: Mandel, Ernest; Oertzen, Peter von:
Bd. 2. Die politischen Perspektiven der 80er Jahre. –
1980.
(Edition Vielfalt; eV 2)
ISBN 3 88395 702 X

1. Auflage – 1. bis 9. Tausend
© 1980 Verlag Olle & Wolter, Postfach 4310,
1000 Berlin 30
Titelzeichnung: Ziegler, Berlin
Gesamtherstellung: Ebner Ulm
Printed in Germany
Alle Rechte vorbehalten
ISBN 3 88395 702 X

Über die Revolutionierung des Alltagslebens

MANDEL: Ich verstehe, was du damit meinst, Peter. Aber du mußt jetzt sehen, warum ich sage, daß das etwas anderes ist. Ich sage nicht, daß es etwas anderes ist, weil ich das, was du meinst, ablehne. Sondern weil ich glaube, da bin ich mehr mit Rudi einverstanden, daß das alles letzten Endes wenig nützen wird. Es wird an den praktischen Machtverhältnissen wenig ändern, wenn nicht zusätzliche materielle Garantien eingebaut sind, die per definitionem in der bürgerlichen Demokratie nicht bestehen. Ich glaube z. B., daß der halbe Arbeitstag, d. h. die radikale Herabsetzung der Arbeitszeit, eine absolute materielle Vorbedingung für wirkliche Selbstverwaltung ist. Man kann sich ganz einfach vorstellen, daß auch ein intelligenter Arbeiter, der 8 Stunden pro Tag arbeitet, der auch immerhin essen, schlafen und noch ein paar andere Sachen machen muß, daß der ...

VON OERTZEN: ... aber auch das läßt sich doch nicht in 2 × 24 Stunden realisieren ...

MANDEL: ... da bin ich nicht einverstanden. Da bin ich für Radikalität. In den industriell fortgeschrittenen Ländern hat heute die Losung des halben Arbeitstages eine ähnliche Bedeutung wie »Friede, Land und Brot« in der russischen Revolution. Und zwar in einem doppelten Sinne. Es ist das, was die überwältigende Mehrheit der Bevölkerung unmittelbar mit der Revolution identifizieren kann, und es ist das, was den Widerhall dieser Revolution in der Welt riesig machen wird. Wir können uns das gar nicht vorstellen, wie groß das Echo sein wird.

VON OERTZEN: ... ich halte es einfach nicht für verantwortlich, wenn man eine 40-Stunden-Woche hat, mit der Redensart »halber Arbeitstag« zu arbeiten. Du kannst von der Reduzierung auf 35 oder 32 Stunden reden, aber du darfst es nicht auf die Hälfte reduzieren ...

MANDEL: ... nein. Ich meine, 4 Stunden pro Tag. Das einzige, was ich nicht weiß, ist, ob es auf 5 oder 6 Tage verteilt werden soll. Aber das ist unwesentlich.

VON OERTZEN: Also binnen 24 Stunden nach dem Sieg der antibürokratischen Revolution soll von 40 Stunden auf 24 reduziert werden.

MANDEL: Ich sage nicht, nach der antibürokratischen Revolution. Ich sage, vor allem bei uns, im Westen, wenn wir eine sozialistische Revolution durchführen.

VON OERTZEN: Das fängt doch mal irgendwo an. Gesetzt den Fall, es finge in der DDR an.

MANDEL: In der DDR ist es absolut möglich, genauso wie in der Bundesrepublik, in Frankreich, in England, in Italien, in Amerika. Gleichzeitig muß damit ein radikaler Abbau des parasitären, unerhört aufgeblähten Verwaltungs-, Verteilungs- und Gott weiß was für Apparates einhergehen, der total unnütze Sachen macht; es ist doch so, daß dieselben Beamten dieselben Probleme zwei, drei, vier oder fünfmal behandeln. Und die allgemeine Arbeitspflicht muß eingeführt werden. Das ist klar. Wenn du den heutigen Produktionsaufwand über dieselben Leute auf die halbe Arbeitszeit verteilen willst, dann wirst du einen Rückgang der Produktion haben. Darüber braucht man sich nicht zu streiten. Weißt du, wie niedrig die Zahl der Produktionsarbeiter heute in der westeuropäischen Gesellschaft ist? Wie tief das gefallen ist? Es gibt kein westeuropäisches Land mehr, wo das mehr als

30 bis 35 Prozent der aktiven Bevölkerung ausmacht. Ich spreche nicht von den Lohnabhängigen, sondern von den produktiven Arbeitern. Wenn du eine rationelle Organisation der allgemeinen Arbeitspflicht in der materiellen Produktion hast, dann kannst du heute ohne Rückgang der Produktion den halben Arbeitstag einführen. Für mich ist das die Vorbedingung für eine wirkliche Selbstverwaltung. Wenn du das nicht hast, dann ist die Selbstverwaltung nur Selbstbetrug. Leute, die 8 Stunden am Tag im Betrieb arbeiten und den Rest noch dazu machen müssen, allein schon den Weg von zu Hause zum Betrieb und vom Betrieb nach Hause, die haben einfach die Zeit nicht, um selbst zu verwalten. Für die wird die Teilnahme an langen Sitzungen ein Zeitverlust sein, und sie werden dann wegbleiben, wenn du sie nicht zwingst, hinzugehen. Hoffentlich werden wir sie nicht zwingen. Du mußt von vornherein davon ausgehen, daß du besondere materielle Bedingungen schaffen mußt, damit der formale Charakter der Demokratie, der bürgerlichen parlamentarischen Demokratie, nicht auch in der Rätedemokratie formal bleibt. Die Tragik der russischen Revolution, auch da bin ich mit Rudi völlig einverstanden, ist nicht, daß irgendeine Fraktion, die Stalinisten oder die Bürokraten, die Arbeiter aus den Räten rausgeschmissen haben, oder daß man die Rätemacht durch eine Verschwörung abgewürgt hat, sondern die Tragik ist, daß die Arbeiter aus den Räten weggeblieben sind. In den Räten waren nur noch die aktiven Kommunisten übriggeblieben, und in einem wachsenden Maße die Staatsbeamten. In Rußland kam zum Achtstundentag noch der Hunger und der Rest hinzu. Wenn du das alles ausschaltest, wenn du dir die Frage ganz konkret stellst, wie ein normaler Arbeiter oder Angestellter, der 8 Stunden seine Routinearbeit machen muß, in der Praxis ...

VON OERTZEN: ... du brauchst mich nicht zu überzeugen, daß Selbstverwaltung bei einer 48-Stunden-Woche

Bandarbeit nicht möglich ist. Das weiß ich auch. Es geht nur darum, in welchem Zeitraum du das unter den gegebenen konkreten Bedingungen schaffen willst. Wir haben vorhin vom Durchbruch der sozialistischen Bewegung in der Bundesrepublik gesprochen, wo du die fortbestehenden kapitalistischen Verhaltensweisen wegräumen mußt, unter dem Druck fortdauernder Konkurrenz mit machtvollen großen, noch kapitalistischen Nationen, mit fortbestehenden, noch keineswegs umgestürzten bürokratischen nichtkapitalistischen Systemen, ausgenommen vielleicht den Durchbruch in einem oder zwei ehemals »real sozialistischen« Ländern. Das ist doch ein erster Anfang; das ist doch eine Entwicklung, die nicht in drei Monaten und auch nicht in einem halben Jahr beendet ist. Die nimmt mindestens mehrere Jahre in Anspruch, vielleicht ein halbes oder ein ganzes Jahrzehnt. Da kannst du doch nicht davon ausgehen, daß du mit einer Handbewegung die gesamten parasitären Verwaltungs- und Organisationsstrukturen einfach beseitigen kannst.

MANDEL: Das habe ich nicht gesagt. Ich habe gesagt, daß ich sie zwingen werde, mindestens 4 Stunden am Tag im Betrieb zu arbeiten.

VON OERTZEN: Stell dich mal hin und organisiere hier das Versorgungsamt um. Das ist doch keine Angelegenheit, die du mit ein paar Redensarten vom Schreibtisch erledigen kannst.

MANDEL: Peter, ich glaube, daß du eine Sache übersiehst. Ich will dir einen guten Rat geben. Auch diese Sache ist nicht einfach in meinen grauen Zellen da geboren. Sieh dir an, wie die Sache im rückständigen Barcelona, im rückständigen Katalonien von 1936 ...

VON OERTZEN: ... gerade deswegen ...

MANDEL: Deswegen ist es schiefgegangen? Nein.

VON OERTZEN: Nein. Gerade deswegen war es einfacher. Weil der gesamte komplizierte sozialstaatliche Apparat überhaupt noch nicht existiert hat. Das verstehst du nicht? Hast du jemals ein Versorgungsamt von innen gesehen, an dem Huntertausende oder Millionen von Renten hängen? Willst du da jeden zweiten Beamten herausholen und zu VW stopfen? Das ist doch Irrsinn!

MANDEL: Wenn du da die Schwierigkeit siehst, dann muß ich dir sagen, daß die kapitalistische Technik da glücklicherweise schon die Lösung gebracht hat. Warum kannst du diese ganze Sache nicht über den Computer laufen lassen?

VON OERTZEN: Böse Zungen sagen: Seit die Computer in den Versorgungsämtern eingesetzt werden, kommen die Bescheide später und schlampiger als früher.

MANDEL: Vielleicht, aber du brauchst nicht so viele Leute anzustellen. Darum hat man ja die Computer eingeführt. Ich glaube, daß du nicht das – für mich – Entscheidende siehst, nämlich die notwendige Radikalität einer Revolution im Bewußtsein der Menschen. Das läuft wie ein roter Faden durch alle erfolgreichen Revolutionen, sowohl die bürgerlichen als auch die proletarischen der Weltgeschichte. Wenn du glaubst, daß du Leute begeistern kannst, oder daß sich Leute mit total neuen staatlichen Strukturen identifizieren, ohne daß das in irgendeinem Punkt etwas Entscheidendes in ihrem täglichen Leben ändert, dann hast du eine – entschuldige – rein intellektuelle Auffassung ...

VON OERTZEN: Das Problem sehe ich schon. Radikale Änderungen sind sofort nötig.

MANDEL: Was willst du denn radikal ändern? Bei den russischen und den chinesischen Bauern konntest du ihnen den Boden geben; das war eine radikale Änderung für Hunderte Millionen von Leuten. Was willst du den deutschen Arbeitern geben? Eine Stunde Arbeitszeit weniger? Das gibt ihnen der Kapitalismus. Ein bißchen mehr Lohn? Das gibt ihnen der Kapitalismus.

VON OERTZEN: Das ist nun wirklich unverantwortlich. In einem Zeitpunkt, in dem der Versuch, mit massiven Streikaktionen auch nur eine einzige halbe Stunde in Richtung auf die 35-Stunden-Woche vorwärtszukommen, abgewehrt worden ist, zu behaupten, daß ihnen das der Kapitalismus gibt, ...

MANDEL: ... das hat ihnen der Kapitalismus in der Geschichte gegeben. Du hast jetzt eine besondere Konjunktur, in der er ihnen das nicht geben kann. Nebenbei gesagt, in Belgien – das ist ein ärmeres Land als die Bundesrepublik – haben die Unternehmer die stufenweise Einführung der 36-Stunden-Woche angenommen. Bei uns ist das schon angenommen, in drei Jahren wird es realisiert. Es geht hier ja auch nicht darum zu erklären, warum die Stahlarbeiter ihren Streik für die 35-Stunden-Woche verloren haben. Es handelt sich darum, in irgendeinem Punkt für die Masse der Lohnabhängigen – wir haben hier glücklicherweise keine Masse von Kleinbauern – in den industriell entwickelten Ländern die Revolution in einer radikalen Umwälzung ihres Tageslebens zu verkörpern. Auf dem Konsumsektor kannst du das ganz bestimmt nicht machen. Im Gegenteil. Da müßtest du eher etwas im umgekehrten Sinne wirken. Im Verwaltungssektor kannst du es nicht machen, wenn du nicht die materiellen Vorbedingungen dafür schaffst. Im Produktionssektor fordert das viel mehr Zeit. Für den Produktionssektor würde ich dir zustimmen. Man muß den Arbeitsrhythmus, die Technologie, die Arbeitsorganisation radikal ändern. Das kannst du weder in einem Monat noch in einem Jahr machen. Das wird Jahre erfordern. Was du wohl machen kannst, das ist die radikale Änderung der Arbeitszeit. Es gibt heute doch nichts, nichts, was einem Arbeiter in einem industriellen Land näher liegt als diese Forderung. Eine Revolution, die das auf ihre Fahne schreibt und das verwirklicht ...

VON OERTZEN: Das leugne ich doch gar nicht. Ich bestreite aber die Möglichkeit, daß du binnen dreier Monate die durchschnittliche tägliche Arbeitszeit von acht auf vier Stunden heruntersetzen kannst.

MANDEL: Das ist ein rein administrativer Beschluß.

VON OERTZEN: Oder du senkst die Produktion auf 60 Prozent. Ich sage ganz ehrlich, daß dies kein Thema ist, das man in dieser Art und Weise behandeln kann. Nimm an, daß du die Macht hast, etwas Derartiges zu dekretieren. Dann hast du innerhalb von 2 Jahren die Konterrevolution auf dem Halse wegen des Chaos, das du angerichtet hast ...

MANDEL: Ich bin absolut der umgekehrten Überzeugung. Ich glaube nicht, daß die Produktion so sinken wird. Gut, es gibt keine Garantie, aber ich bin fest davon überzeugt.

VON OERTZEN: Ich verlange konkrete Analysen, in denen das als möglich, als materiell möglich nachgewiesen wird. Die bloßen Behauptungen reichen mir nicht aus.

MANDEL: Das sind keine bloßen leeren Behauptungen. Ich mache dich auf einen Fall aufmerksam. Ich gebrauche ihn oft in der Agitation zu dieser Frage. Ich weiß, daß die Leute sich dann fürchterlich aufregen. Als vor ein paar Jahren der Bergarbeiterstreik in England die Regierung Heath vor unlösbare ökonomische Probleme gestellt hat,

hat die Regierung Heath die 3-Tage-Woche eingeführt. Das ist drei, vier Wochen über die Bühne gelaufen. Alle Betriebe haben nur drei Tage pro Woche gearbeitet. Sieh dir den Produktionsindex an. Die Produktion ist vielleicht um 5 Prozent zurückgegangen, nicht mehr. Ist das nicht eigentümlich? Als 1968/69/70 die Streikwelle in den Großbetrieben von FIAT in Italien ihren Höhepunkt erreicht hatte – ich weiß nicht, wieviel hundert Streiktage es waren –, ist die Produktion um 20 bis 25 Prozent gestiegen, gemeint ist die Jahresproduktion! Wenn du mal von nahem betrachtest, was es heute in den Großbetrieben insgesamt – nicht am Fließband, aber insgesamt – in den Belegschaften an Hohlräumen gibt, mußt du dir deine Schlußfolgerungen noch einmal überlegen. Rudolf hat die Zahlen für die DDR gebracht.

BAHRO: Ich habe gezeigt, daß man ohne große Einbußen auf sechs Stunden zurückgehen könnte, und daß dabei noch eine bedeutende Verlängerung des Bildungsprozesses für alle herauskommen könnte. Dem Rechengedanken von Ernest würde ich, erst recht für hier, absolut zustimmen. Das Problem besteht gar nicht darin, die Fabriken nicht mehr auszulasten, sondern es besteht nur darin, mehr Leute an diese Arbeitsplätze zu stellen. Diese Leute sind an sich da, wenn – um es provokatorisch zu sagen – wir zum Beispiel nicht mehr für uns in Anspruch nehmen, nicht im Betrieb (Mandel bricht in schallendes Gelächter aus: Wie sag ich's meinem Kinde? Das Lachen steckt an.) zu arbeiten, sondern auch die 4 Stunden machen, und so zahllose andere Leute.

VON OERTZEN: Bei solchen völlig unproduktiven Tätigkeiten wie der Berufspolitik mag dies ja gehen, aber wie steht es zum Beispiel mit dem Lehrer, der wirklich seine 40 Stunden in der Woche tätig sein muß, um seinen Unterricht anständig zu machen?

BAHRO: Du kennst sicherlich die These von Ivan Illich, daß man die ganze Schule in ihrer bisherigen Gestalt abschaffen sollte. Der rationelle Kern dabei ist, daß man viel berufsmäßiges Lehrertum ersetzen könnte. Wenn ich tatsächlich nur noch 20 Stunden in der Woche arbeiten gehen muß, dann wird es mir vielleicht eine Freude sein, auch noch Wissen und Erfahrung weiterzugeben. Ein Punkt: Welcher ungeheure Aufwand ist in dieser Gesellschaft deshalb notwendig, weil die Individuen wegen der Tatsache, daß ungleich verteilt wird, und sich alle mehr unter den Nagel reißen wollen, kontrolliert werden müssen? Wieviel Papiere müssen ausgefüllt werden, damit die Gesellschaft via Staat nicht betrogen wird. Wenn man also die Einkommen egalisieren würde, hätten wir eine riesige Arbeitseinsparung. Ich stimme aber zu, daß das in Barcelona leichter war, und als nächste Stufe, daß das in der DDR leichter ist als hier. Ernest hat nicht zufällig in seiner Formel für die Lösung dieses Problems, uns beide für vier Stunden in die Produktion zu schicken, das Wort »zwingen« gebraucht. Wenn du es sofort in der Stunde der Revolution auch lösen willst, wenn du für diesen Prozeß keine Zeit gibst, dann organisierst du dir nicht erst nach 2 Jahren, wie Peter sagt, die Konterrevolution, sondern du schaffst dir das viel schneller an den Hals, was die Chilenen beim Lastwagenstreik hatten, von allen Leuten, die jetzt im Arbeitsprozeß auch nur irgendwie privilegierte Positionen einnehmen ...

MANDEL: Nein, wir reden hier aneinander vorbei. Das ist ein Mißverständnis. Ich habe nie vorgeschlagen, daß man einen Verwaltungsbeamten zwingt, zusätzlich zu seinen acht Stunden noch vier in den Betrieb zu gehen. Ich habe gesagt, daß man ihn zwingt, anstatt seiner acht Stunden nur noch vier Stunden zu arbeiten, dann wird er sehr froh sein. Für ihn ist das auch die Reduktion auf den halben Arbeitstag. Die Erziehung, die Krankenversorgung, die Sozialversorgung soll man nicht abbauen. Die Hälfte des

Staatsapparates, die Hälfte der Beamten heute arbeitet nicht in diesen Bereichen. Ich sage, daß du vier oder fünf Ministerien total aufheben kannst, sie sind total nutzlos. Was für einen Zweck hat das Verkehrsministerium? Es gibt doch schon eine Eisenbahnverwaltung. Warum brauchst du zwei Verwaltungsbehörden für dieselbe Sache? Das Postministerium verdoppelt die Postverwaltung. Das Innenministerium wird man hoffentlich sofort abschaffen – ohne vom Verfassungsschutz zu reden –, genauso wie eine ganze Reihe anderer Dinge.

VON OERTZEN: Also ich kann euch nicht zustimmen. Dein Argument, Rudi, geht an Ernests These gänzlich vorbei. Vorausgesetzt, daß wissenschaftliche Tätigkeit auch produktive Arbeit ist, dann löst du kein einziges Problem, wenn du uns beide für vier Stunden täglich in den Betrieb schickst. Ich sehe dabei mal von der erzieherischen, moralischen Seite der Sache ab. Aber wenn die tägliche Arbeitszeit für *alle* auf vier Stunden verkürzt wird, dann können wir innerhalb dieser Zeit nur entweder wissenschaftlich arbeiten oder im Produktionsbetrieb. Und daß wir unsere wissenschaftliche oder meinetwegen administrative Tätigkeit neben bzw. nach den vier Stunden im Betrieb ableisten sollen, hat Ernest eben, von seinem Standpunkt aus völlig konsequent, zurückgewiesen. Vier Stunden Arbeit für jeden und die weiteren drei bis vier Stunden des Tages – neben Fahrzeit, Erholung, Privatleben – für persönliche Bildung, Diskussion, Teilnahme an der demokratischen Selbstverwaltung im Rätesystem.
Daß eine solche Regelung optimal wäre, leugne ich nicht; ich halte sie nur nicht sofort oder kurzfristig für realisierbar. Ich glaube, daß ihr beide den »unproduktiven« Teil des Staatsapparates quantitativ bei weitem zu groß und den – unter gegebenen und nicht sofort änderbaren ökonomisch-sozialen Bedingungen – unverzichtbaren Teil bei weitem zu klein einschätzt. Natürlich hat Rudi im Prinzip recht, wenn er im Hinblick auf die Zukunft – nach

einer schließlich erreichten radikalen Arbeitszeitverkürzung und auf der Grundlage eines erheblich gesteigerten Bildungsniveaus der gesamten Bevölkerung – davon ausgeht, daß ein viel größerer Teil der Erziehung, Bildung und Ausbildung der Kinder und Jugendlichen nicht mehr durch professionelle Institutionen, Kindergärten, Schulen, Ausbildungssätten, sondern in gesellschaftlicher Selbstverwaltung, durch Eltern, Nachbarschaften, freie Gruppen, quasi in der »Freizeit«, außerhalb der gesellschaftlich notwendigen Pflichtarbeitszeit geleistet werden kann. Aber das ist ein Fernziel, bestenfalls eine mittelfristige Etappe der Entwicklung, aber keine Sofortmaßnahme.

Nach einem sozialistischen Durchbruch wirst du keinen einzigen Lehrer in die Produktion stecken können, sondern im Gegenteil: erst einmal noch sehr viel mehr Lehrer brauchen, auch wenn du die Wochenarbeitszeit nicht wesentlich unter 40 Stunden verkürzt. Du mußt die Pflichtstundenzahl für die Lehrer runtersetzen, damit sie sich besser vorbereiten können, damit sie mehr Zeit zur Fortbildung haben, damit in der Organisation innerhalb der Schule weniger Streß herrscht und mehr entspannte vernünftige Kooperation. Du mußt ferner die Größe der Klassen oder Lerngruppen radikal heruntersetzen. Wenn du die durchschnittliche Klassengröße von jetzt, sagen wir mal: 28 Kindern, nur um $1/4$ auf 21 heruntersetzt, dann brauchst du $1/3$ mehr Lehrer, und wenn du sie – was wünschenswert wäre und was übrigens an der Oberstufe des Gymnasiums typischerweise fast erreicht ist – auf 14 senkst, brauchst du doppelt soviel Lehrer wie jetzt. Darüber hinaus soll ja wohl die Ausbildung qualitativ verbessert und auch quantitativ ausgedehnt werden. Ernest hat z.B. in vielen seiner Schriften gefordert, für alle Menschen zumindest eine irgendwie geartete Hochschulbildung vorzusehen. Aber dafür muß die Zahl der Hochschulen und der dort Tätigen – zumal wenn auch diese in den Genuß gewisser allmählicher Arbeitszeitverkürzungen kommen

sollen, wogegen ich ja gar nicht bin – doch wohl vermehrt werden und nicht vermindert. Ernest sagt, Erziehung, Krankenversorgung, Sozialversorgung sollte man nicht abbauen. Ich meine sogar, in weiten Bereichen muß etwa die Sozialversorgung ausgebaut, quantitativ vervielfacht werden, zumindest für eine lange Übergangszeit, bis die schlimmsten sozialen und psychischen Schäden der gegenwärtigen Gesellschaft halbwegs behoben worden sind: psychische Störungen, Alkoholismus, Drogensucht, Kriminalität. Und moderne Formen der Sozialversorgung – etwa eine offene, wohnortnahe Arbeit mit psychisch Kranken anstelle der alten mörderischen, sinnlosen Irrenanstalten – erfordern auf lange Zeit mehr geschultes, engagiertes Personal und nicht weniger.
Und dann muß man neben Erziehung, Krankenversorgung, Sozialversorgung doch wohl auch die technischen administrativen Funktionen des Staates als vorerst unentbehrlich betrachten. Von Post und Verkehr spricht Ernest ja selbst; aber auch in der inneren Verwaltung, ja sogar in der Polizei gibt es vorerst unentbehrliche technische Funktionen, z. B. die Verkehrspolizei. Nicht einmal auf Kriminalpolizei, Gerichte und Strafanstalten wird man sofort verzichten können. Ein vernünftiger Strafvollzug, der unsoziales Verhalten nicht »bestraft«, sondern versucht, Menschen ihre Selbstachtung wiederzugeben und ihr soziales Verantwortungsbewußtsein zu stärken, benötigt z. B. ein Vielfaches an Personal wie die jetzigen Gefängnisse – und ein viel besser qualifiziertes Personal obendrein (was wieder eine längere Ausbildung braucht usf.). Wenn Ernest meint, daß etwa die Hälfte des Staatsapparates, die Hälfte der Beamten nicht in diesen Bereichen arbeiten, dann irrt er einfach. Er spricht davon, vier oder fünf Ministerien total aufzuheben. Darüber kann man vielleicht reden. Aber die Beamten der Ministerien stellen nur einen winzigen Bruchteil des gesamten Staatsapparates dar. Bei Post und Bahn sind schätzungsweise 400–450 000 Menschen in der Bundes-

republik beschäftigt. Dagegen sind die paar tausend Personen der Bonner Ministerien unerheblich; und auch davon sind sicherlich viele nicht sofort entbehrlich. Eine genaue quantitative und qualitative Analyse des gesamten administrativen Apparates unserer Gesellschaft – nicht nur des Staates – ist ungeheuer schwierig; ich kann das hier nicht so aus dem Ärmel schütteln. Nur eines: In der Landesverwaltung (hier in Niedersachsen) entfallen z. B. 60 Prozent der Personalkosten auf die Bereiche Kultur, Wissenschaft und Soziales; und die Länder stellen quantitativ – neben Bahn und Post – den Löwenanteil des öffentlichen Dienstes. Wenn wir den Riesenapparat der Sozialversicherung mal beiseite lassen, den man – wie ich vorhin schon gesagt habe – auch nicht ohne weiteres drastisch verkleinern kann.
Aber kommen wir nochmal zum Post-, Verkehrs-, Justiz- und Innenministerium zurück. Was die direkte positive Organisation in der Post und bei der Bahn der DDR anbetrifft, so wird dort pro Transport- oder Kommunikationsleistung sicherlich weniger Verwaltungskraft gebraucht als bei uns, weil die ganze komplizierte Kommunikation mit der privaten Wirtschaft fehlt. Aber auch dies ist eine Geschichte, die sich mindestens über mehrere Jahre hin erstreckt, bis du das abgebaut haben kannst. Für den Justiz- und Verwaltungsapparat würde das eine radikale Vereinfachung des gesamten rechtlichen Systems voraussetzen, insbesondere des ungeheuer komplizierten Verwaltungsrechts, das ja auch zum Teil wegen der Kompliziertheit der kapitalistischen Eigentumsverhältnisse und der ökonomischen Verkehrsverhältnisse so kompliziert ist. Die Verhältnisse zu ändern ist möglich und vor allem nötig; die Frage ist nur: Wie schnell?
Ich wende mich nicht gegen die Richtigkeit der grundsätzlichen Parole, daß eine massive direkte, unmittelbar einleuchtende, sinnlich faßbare Verbesserung der Lebenslage sofortige oder fast sofortige Folge eines sozialistischen Durchbruchs sein muß. Ich wende mich zweitens

auch nicht dagegen, daß du sagst, daß es nicht geht, gleich im Anschluß an die Revolution die Menschen mit mehr Konsumgütern zu überschütten. Du kannst auch gewisse andere Dinge nicht sofort erreichen. Die Verbesserung der technischen, sozialen, hygienischen Arbeitsbedingungen ist freilich relativ rasch zu erreichen. Auf diesem Gebiet würde die Freisetzung oder Entlassung der Betriebsbelegschaft von dem politischen Druck, der bei uns arbeitsrechtlich und drüben durch den Parteiapparat vermittelt ist, zu einem Aufatmen führen und als eine qualitative Erleichterung empfunden werden. Und ich gebe dir auch zu, daß eine rasche deutliche Verkürzung der Arbeitszeit ein Ziel ist, das man programmatisch unterstreichen sollte. Wogegen ich mich gewehrt habe, das war die Vorstellung, daß man von einer durchschnittlichen Wochen-Arbeitszeit von 38 Stunden, wie sie jetzt hier noch geleistet wird, in einer solchen Geschwindigkeit zu 24 oder 28 Stunden heruntergehen kann, daß man sagen kann, daß dies eine Sofortforderung ist. Ich kann mich darauf einlassen, daß man in einem Plan über mehrere Jahre, wie Rudi es vorgeschlagen und auch aus der Statistik der Berufsgruppen und der Einkommen der DDR als möglich nachgewiesen hat, 6 Stunden täglich als Ziel festlegt. Wobei natürlich noch hinzukommt, daß es ein anderes Element gibt, das jedenfalls hier bei den Arbeitern und Angestellten eine große Rolle spielt, nämlich die Verkürzung der Lebensarbeitszeit, ein früheres Rentenalter. Dies verringert natürlich den Spielraum, in dem du die Wochen- und die Tagesarbeitszeit verkürzt.

MANDEL: Ich bin davon nicht überzeugt. Ich glaube, daß es in den USA umgekehrte Tendenzen gibt, ansatzweise auch in den reichsten europäischen Ländern, also in der Schweiz und in Schweden. Das hängt etwas mit der Lebensdauer des Arbeiters zusammen. Die Arbeiter fühlen sich beschissen, wenn sie ihre Rente mit 65 Jahren bekommen und mit 66 Jahren sterben. Das ist offensichtlich. Wenn sie aber mit 75 Jahren sterben, dann sieht die Sache schon ein bißchen anders aus. Dann beginnt die umgekehrte Dynamik. Das können dir die Ärzte aufweisen, und auch die Psychologen; dann sterben sie, weil sie nicht mehr arbeiten, weil sie nutzlos geworden sind. Da mußt du Zwischenformen finden, wo man von der Sowjetunion viel lernen kann. Da mußt du eine kürzere Arbeitszeit haben, jedoch mit gesicherter Rente. Sie dürfen nicht den Eindruck haben, daß sie übers Ohr gehauen werden. Die Rente behalten sie. Aber wenn sie außerdem täglich vier oder zwei Stunden oder ein paar Monate im Jahr arbeiten wollen, dann sollen sie das tun können. Das gibt es ja jetzt in breitem Ausmaß in Frankreich als Forderung der Gewerkschaften. In einigen Industriebereichen ist es bereits verwirklicht, was man »le travail à la carte« nennt. Für den durchschnittlichen Angestellten ist das nicht möglich. Aber jeder über 55 oder 60 Jahre ...

VON OERTZEN: Das gibt es auch bei uns. Zum Beispiel in den Tarifverträgen der Gewerkschaft Nahrung und Genuß kann der Betreffende die Arbeitszeit in den letzten beiden Arbeitsjahren stufenweise von 40 Stunden bis auf 24 Stunden verringern. Beim Urlaub ist aber eine gewisse Grenze erreicht. Wir nähern uns jetzt der Normalurlaubszeit von 30 Arbeitstagen, die in vielen Fällen tariflich schon erreicht ist, was sechs volle Arbeitswochen bedeutet ...

MANDEL: Von der Arbeitsmedizin wurde der dialektische Zusammenhang zwischen dem Wunsch nach längerem Urlaub und dem unerhörten Arbeitsdruck ja beschrieben. Wenn der Arbeitsdruck radikal abnimmt, durch die Minderung des durchschnittlichen Arbeitstages, dann nimmt auch der Druck nach immer mehr Urlaub ab. Viele Leute langweilen sich im Urlaub, was allerdings durch die bürgerliche Konsumstruktur bedingt ist.

WOLTER: Wenn ihr einverstanden seid, dann würde ich

vorschlagen, daß wir bei der Frage nach den Voraussetzungen für die Selbstverwaltung weiterdiskutieren.

MANDEL: Es handelte sich darum, daß die institutionalisierten Garantien für die Selbstververwaltung absolut notwendig sind. Meines Erachtens sind sie aber nicht ausreichend, um das Entstehen einer neuen Hierarchie, einer neuen Elite oder Bürokratie – die in der Arbeitsteilung angelegt ist, da bin ich mit Rudi absolut einverstanden –, zu verhindern. Neben diesen institutionellen, juridischen und politischen Garantien mußt du materielle Garantien in dem Sinne einbauen, wie wir das diskutiert haben.

VON OERTZEN: Mit dieser Formulierung wäre ich einverstanden. Ich bin auch ein bißchen auf die Provokation von Ernest hereingefallen und habe mich an der Frage der Arbeitszeitverkürzung festgebissen. Die institutionelle Sicherung politischer Freiheiten ist eine zwingend notwendige Voraussetzung für den Weg zum Sozialismus, aber ich gebe zu: Die Schaffung der materiellen Voraussetzungen für die Nutzung dieser Freiheiten ist es auch. Im übrigen werden wir uns wahrscheinlich auf eine Reihe anderer Dinge einigen können, die ich für genauso dringlich halte wie du. Das wäre z. B. ein radikaler Abbau der Einkommensunterschiede, ich habe immer dazu geneigt zu verlangen, diejenigen, die funktional privilegiert sind, nicht besser, sondern eher schlechter zu bezahlen. (Zustimmung von allen Seiten.) Im Grunde ist es eine völlig ungerechte Bevorzugung, daß jemand, der, wie ein Wissenschaftler, nur das zu tun braucht, was ihm Spaß macht, außerdem dafür noch ein so gutes Gehalt bekommt. Außerdem sollte man auch nach den Grundsätzen der Rotation verfahren, so daß sich niemand in bestimmten funktionalen Schlüsselpositionen verankert. Da gibt es eine ganze Reihe von institutionellen Vorkehrungen, von denen ich sogar sagen würde, daß sie auch eine psychologische Auswirkung haben. Ich habe z. B. immer die Vorstellung gehabt, daß eine progressive politische Mehrheit in einer schwierigen ökonomischen Situation, in der sie versuchen muß, eine kombinierte Aktion zwischen Regierungsmacht und Massenmobilisierung zu verwirklichen, mit einer Herabsetzung der Ministergehälter und der Abgeordnetendiäten anfangen sollte. Und zwar in einer Form, die zeigt, daß es nicht nur eine Geste ist, sondern die spürbar macht, daß die Regierenden bereit sind, ihre Ideale erst einmal persönlich zu verwirklichen. Wie weit man damit kommt, das ist eine andere Frage. Dies ist eine Probe auf die Ernsthaftigkeit, die Glaubwürdigkeit solcher Regierungen ... Solche symbolischen Handlungen sind mehr als nur äußere phrasenhafte Zeichen. In diesem Punkt bestehen zwischen uns wahrscheinlich gar nicht so schwerwiegende Meinungsverschiedenheiten. Zum Beispiel halte ich bei ehrenamtlichen Gewerkschaftsfunktionären die tarifvertragliche Verankerung der Möglichkeit zusätzliche Bildungsveranstaltungen zu besuchen, sich politisch weiterzuqualifizieren, für einen weiterführenden Schritt.

MANDEL: Revolution ist nicht in erster Linie eine Frage der Gewalt, und Revolution ist nicht einmal in erster Linie die Änderung der staatlichen Institutionen, obwohl das – im Gegensatz zur Gewalt – eine sehr entscheidende Rolle spielt. Die Revolution ist in erster Linie etwas, was für die breite Masse einen radikalen Bruch mit den vorherigen Verhältnissen darstellt. Was die Revolution auslöst, ist ziemlich beliebig. Wie es sich aber im Bewußtsein niederschlägt, das ist die entscheidende Frage. Man darf nicht vergessen, daß die russische Revolution möglich geworden ist und sich auch im Bürgerkrieg konsolidiert hat, weil sie 60 Millionen Bauern Boden gegeben hat. Das war eine unerhört radikale Änderung für die Mehrheit der Bevölkerung.
Und wir stehen heute vor der Schwierigkeit, dies ist im Marxismus mit angelegt, etwas ähnlich Umwälzendes für die kommende Revolution zu formulieren. Wenn wir sa-

gen, daß die kapitalistische Produktionsweise die materiellen Voraussetzungen für eine sozialistische Gesellschaft in ihrer höchsten Entwicklung schafft, dann ist dieser Gedanke von den meisten Marxisten nicht voll durchdacht worden. Oder einige haben die Sache dann so vereinfacht, indem sie sagten, daß dies für die Produktionsebene gelte, im Konsumsektor aber die absolute Verelendung bestehe. Dieser Widerspruch werde zur Explosion führen. So ist es nicht gelaufen. Du hast eine ganze Reihe von historischen Beispielen von Revolutionen, die du nicht wiederholen kannst. Du kannst nicht das Ähnliche oder das Gleiche machen. Aber vor allem kannst du keine »Revolution« machen, die aussieht, als ob sie keine wäre. Das gibt es nicht. Ich meine die Auffassung, nach der eine Reihe von graduellen Veränderungen, die in ihrer kumulativen Wirkung dann letzten Endes ...
Das ist das, was bei den linken Eurokommunisten, den Gradualisten, nicht den reinen Reformisten, unterschwellig mitspielt. Ich sehe in dieser Position auch grundlegende ökonomische Widersprüche, was mir aber in dieser Position am schwächsten erscheint, das ist das totale Fehlen der psychologisch-moralisch-politischen Dimension. Du kannst eine Arbeiterklasse, die nicht wirklich überzeugt ist von einer radikalen Änderung, nicht irgendwie in eine Revolution hineinmogeln, mit Tricks.

VON OERTZEN: Die vorherige programmatische Klärung, welche radikalen Veränderungen die Revolution bedeuten würde, ist eine sehr starke Motivation. Dies ist im Prinzip sicher richtig. Ich habe bisher die qualitativen Veränderungen, die diesen Eindruck erwecken können, allerdings im wesentlichen in einer radikalen Aufhebung der Betriebshierarchie gesehen. Das ist für mich der entscheidende Punkt: die wirklich radikale Aufhebung jedes repressiven Elements in der weitgehend erst einmal fortbestehenden funktionalen Hierarchie der modernen arbeitsteiligen Industrieproduktion durch Elemente der –

auch politischen – Arbeiterselbstverwaltung. Keine der Formen der notwendigen Disziplinierung ohne Zustimmung der Betroffenen, radikale soziale Kontrolle der betrieblichen Vorgesetztenfunktionen. Da haben wir die Erfahrungen aus dem kapitalistischen Betrieb, dieser Mischung aus materieller Verlockung, Furcht und Entfremdung, die die soziale Atmosphäre beherrscht; wo sie in den Betrieben nichts zu sagen haben, wo man ihnen eher gestattet, von ihrer Arbeitszeit mal eine Stunde zu verbummeln als irgend etwas mitzubestimmen oder gar selbst zu bestimmen. Da halte ich sogar eine radikale und sofortige Änderung für möglich.

MANDEL: Aber auch da stößt du auf die Zeitgrenze. Bei allen, die unmittelbar am Fließband, unmittelbar an der Maschine stehen, ist es nicht schwer; du kannst den Zeitmesser abschaffen, also den, der über die Schulter guckt. Aber bei allen, die nicht an der Maschine oder am Fließband stehen, wird es sofort eine Zeitfrage. Du kannst die Arbeitsorganisation, die Planung der Arbeit, nicht ausschalten. Hier ist die Frage, wer die Arbeit plant, die Arbeiter selbst oder andere für sie? Da kommst du auf diese Zeitfrage.

BAHRO: Es kommt auch in der DDR vor, daß man Angst vor dem Chef hat. Aber das sind spezielle Dinge. An sich kann sich der unmittelbar Vorgesetzte dem Konsens der Basis keineswegs entziehen. Es ist manchmal schwer festzustellen, ob der Meister nicht eigentlich eher seinen Kollegen gegenüber verantwortlich ist als dem Vorgesetzten ...

VON OERTZEN: ... für den Meister gilt das, aber diese klassische Meisterfunktion ist in modernen technisierten und durchrationalisierten Betrieben ja häufig weggefallen.

BAHRO: Man sucht auch in der DDR nach neuen Möglichkeiten. Dort ist die soziale Schranke zwischen den verschiedenen betrieblichen Hierarchieschichten weggefallen. In der Sowjetunion und in Polen beispielsweise ist das ganz anders. Aber in der DDR kann es dem technischen Direktor passieren, daß er die Dreckhand auf seinem Jackett hat, wenn er da durch die Halle geht, und es hält jemand gerade für notwendig, mal demonstrativ mit ihm zu fraternisieren.

MANDEL: Tatsächlich? Es ist nicht von ungefähr, daß die Deutschen die besten Veranlagungen haben, den Sozialismus aufzubauen, wie es der gute Karl Marx sagte. Die Franzosen haben die besten politischen Voraussetzungen, die Deutschen haben den Rest.

VON OERTZEN: Ich hatte natürlich die westdeutschen Großbetriebe gemeint. Hier ist die Betriebshierarchie ja tatsächlich teilweise direkte politische Herrschaft. Wobei die innerbetriebliche Gewerkschafts- und Betriebsratshierarchie nicht selten voll in die Betriebshierarchie integriert ist. Jede innergewerkschaftliche Minderheit, die es wagt, wirkungsvoll die Interessen der Kollegen gegen irgendwelche faulen Kompromisse zu vertreten, kann da ein Lied von singen, was das heißt, gegen die Zusammenfassung von Kapital- und Apparatherrschaft anzugehen. Andererseits gibt es bei uns viele mittlere und kleinere Betriebe. Wer z.B. einen ganz kleinen Laden hat und dort auf Bestellung hochqualifizierte Apparate herstellt, der zahlt den Beschäftigten wahrscheinlich noch Prämien, weil die sich an der Konstruktion beteiligen.

BAHRO: Wenn du die fragst: »Kann man in der Schweiz den Sozialismus aufbauen?« werden sie antworten: »Ja, aber schade um die schöne Schweiz.«

VON OERTZEN: Darf ich, da wir gerade bei etwas heiteren Erzählungen sind, einen Scherz erzählen? Eine gemischte Delegation von englischen Unternehmern und Gewerkschaftsfunktionären besichtigt DDR-Industriebetriebe. Die Gruppe tritt in einem großen Betrieb in die erste Werkhalle – die Halle ist leer. Der Betriebsdirektor sagt, es wäre Mittagspause. Sie verlassen die Halle, machen einen Rundgang durch das Betriebsgelände und betreten die zweite Halle, aber dort wird auch nicht gearbeitet. Allerdings stehen die Kollegen überall in Gruppen herum und unterhalten sich. Der Führer ist schon etwas verlegen und sagt: »Es ist eine Produktionsbesprechung.« Sie kommen in die dritte Halle, da steht die Belegschaft auch herum und arbeitet nicht. Der Begleiter wird ganz nervös. Da sagt der englische Delegationsleiter: »Beruhigen Sie sich, die Verhältnisse kennen wir. Bei uns in Großbritannien arbeitet die herrschende Klasse auch nicht.« Dieses, ist mir berichtet worden, sei von einem führenden, der SED angehörigen Betriebsfunktionär einer westdeutschen Delegation als Scherz erzählt worden.

BAHRO: Das ist durchaus glaubhaft, das kenne ich gut. Nehmen wir an, es seien offiziell 8 Stunden zu arbeiten. Da sie nach 6 Stunden ihre Norm geschafft haben und kein Interesse daran besteht, daß die Norm erhöht wird, müssen sie die Maschinen dann abstellen. Dann ist die Halle wenigstens eine Stunde vor Schluß geräumt. Die nächste Schicht kommt nicht allzu pünktlich, um anzufangen. Die Maschinen stehen also bei Schichtwechsel – je nachdem wie die Norm ist – unter Umständen anderthalb bis zwei Stunden still.

VON OERTZEN: Welche politischen, organisatorischen, moralischen, bewußtseinsmäßigen, sozio-kulturellen Voraussetzungen auf der Basis weitgehender Gleichheit der Einkommen müssen gegeben sein, daß es ganz selbstverständlich wird, daß man nicht in Abhängigkeit von einem Akkord mit einem festen, angemessenen, ausreichenden Gehalt und sozialer Sicherheit in der vereinbarten Arbeitszeit nach seinen Kräften die besten Leistung erbringt?

BAHRO: Das mußt du sittlich verankern, nach demselben Prinzip wie einst das Gebot »du sollst nicht stehlen«.

MANDEL: Aber meinst du nicht, Peter, daß gerade eine radikale Herabsetzung der Arbeitszeit mit der disziplinierenden Drohung – nicht durch eine höhere Gewalt, sondern einfach durch die konkrete Feststellung der Selbstverwaltung –, daß, wenn wir es nicht in vier Stunden schaffen, einen bestimmten Produktionsausstoß von Gütern und Dienstleistungen zu erbringen, wir gezwungen sein werden, wieder fünf oder sechs Stunden zu arbeiten?

WOLTER: Da taucht erstens das Problem auf, daß das alle einsehen, und daß zweitens bei allen eine gleiche Interessenlage gegeben sein muß und drittens auch ein weitgehend ähnliches Leistungsvermögen vorhanden ist. Vorhin wurde ja lange über materielle Voraussetzungen der Arbeiterselbstverwaltung gesprochen. Es gibt m. E. auch bestimmte Voraussetzungen für das Funktionieren egalitärer Strukturen, die von der anderen Seite, nämlich den Betroffenen, erfüllt sein wollen. Dieses Problem halte ich für genauso gravierend, vielleicht noch für schwerwiegender. Wenn du eine andere Form von Ausbeutung vermeiden willst, die zwar materiell nicht so gravierend sein mag, aber bei egalitären Strukturen und Einkommensverhältnissen einen psychologischen Sprengsatz erster Güte darstellt, nämlich die faktische Ungleichheit der Leistungsbereitschaft und das Leistungsvermögen, wo einige aus objektiven oder subjektiven Gründen tatsächlich am höheren Arbeitsergebnis anderer partizipieren, sich also – und so kann man das sehen – unzulässig bereichern, ein gewisses Maß an parasitärem Verhalten zeigen, dann mußt du eine Lösung für das Problem der faktischen Ungleichheit der Individuen in bezug auf Leistungsbereitschaft und Leistungsmoral parat haben. Sonst wird die auf ungleiche Voraussetzungen aufgestülpte Egalität leicht zur tatsächlichen Ungleichheit. Und im Falle egalitärer Strukturen wird diese Ungleichheit immer auf Kosten derjenigen gehen, die bereit und in der Lage sind, ihr Bestes für den gemeinsamen Zweck zu geben. Und das schafft erhebliche Probleme. Denn die Ökonomie der Arbeit, Grundlage jeder Gesellschaft, wird ja nicht aufgehoben, sie erhält lediglich eine andere Form. Beim 4-Stunden-Arbeitstag wird der Effektivitätsgedanke eher eine größere Rolle spielen müssen, will man nicht einen rapiden Abfall des Lebensstandards ins Auge fassen, der ebenfalls nicht jedermanns Sache ist. Und wir werden zwangsläufig – das haben bislang alle revolutionären Versuche in teils erschütterndem Maße gezeigt, und wir haben diese Erfahrung auch im kleinen Rahmen unseres Verlages machen müssen – vor dem Problem stehen, daß die durch den Kapitalismus erzeugten Verhaltensweisen den Voraussetzungen einer Selbstverwaltung widersprechen, in mehrfacher Hinsicht. Da ist zum einen die Koppelung der individuellen Arbeitsleistung an die individuelle Lohnhöhe, und die Gesamtleistung einer Gesellschaft oder eines Betriebes ist ja die Summe der individuellen Leistungen. Und da ist zum anderen das Problem der Umkehrung der Werte. Die verflixten »kapitalistischen« Tugenden, Ordnung, Pünktlichkeit, Disziplin, Leistung etc., bleiben ja bestehen, nur daß sie plötzlich »sozialistisch« heißen, »freiwillig« und ohne individuellen Vorteil erbracht werden sollen. Und da die Probleme der Arbeitsteilung und der funktionalen Hierarchie zwar vermindert, aber auf absehbare Zeit nicht abgeschafft werden können, werden wir auch beim 4-Stunden-Tag und selbstverwalteter Arbeitsorganisation unter Strukturen und Bedingungen arbeiten müssen, die den alten irgendwie ähneln. Und gerade die linken Kapitalismuskritiker werden es schwer haben, die Tugenden zu propagieren, die sie vorher so bekämpft haben. Insofern sehe ich an diesem Punkt, wie Rudi das auch in seinem Buch betont hat, die Notwendigkeit einer Kulturrevolution.

BAHRO: Ich bin da verhältnismäßig optimistisch. Nachdem, was ich so gesehen habe, halte ich es für möglich – wenn eine wirkliche Veränderung erfolgen und man tatsächlich nur noch vier Stunden arbeiten würde. In der jetzigen Verhaltensweise steckt sehr viel Protest gegen die Herrschaftsverhältnisse im Arbeitsprozeß. Wenn ich daran denke, wie wir als Studenten gearbeitet haben, als wir in die Genossenschaften, die sich damals noch nicht selbst über die Runden bringen konnten, gegangen sind, um die Kartoffeln herauszuholen oder als wir in die Braunkohle gegangen sind! Da haben wir doch gegenseitig aufgepaßt, daß jeder mitzog. Das ergab sich. Bei diesen Einsätzen damals zog wirklich jeder mit. Nun gut, mehr als die Hälfte in der Gruppe waren Genossen. Und wir waren alle aus Glauben an die Sache dabei.

MANDEL: Klar, das ist eine ideologisch oder moralisch homogene Gruppe.

VON OERTZEN: Ihr brauchtet es nicht euer Leben lang zu machen.

BAHRO: Ja, bloß wenn man es nur vier Stunden am Tag machen muß, dann ist es nicht mehr das Leben lang. Das sind 20 Stunden in der Woche. Ich glaube, daß in dieser Hinsicht was drin ist.

VON OERTZEN: Wenn ich nach 20 Stunden gesellschaftlich notwendiger nützlicher Arbeit in der Woche mit gutem Gewissen während des Rests der Zeit tun und lassen kann, was mir Spaß macht. Das wäre schon gar nicht schlecht.

WOLTER: Das geht ja nicht. Es sind zwar nur vier Stunden Arbeit, aber dazu kommt noch ein beträchtlicher Zeitaufwand, der zur Selbstverwaltung nötig ist.

MANDEL: Dazu wirst du aber nicht gezwungen. Ich sage

nur, daß die materiellen Möglichkeiten dafür geschaffen sind. Zwingen tut nur die politische Bürokratie. Du kannst die Leute nicht zwingen, zu den Versammlungen zu kommen. Wenn sie nicht kommen, dann kommen sie nicht. Ich glaube, daß die Mehrheit kommen wird.

WOLTER: Was passiert im hypothetischen Fall, daß die Leute nicht kommen? Dann bist du doch irgendwo gezwungen, Maßnahmen zu ergreifen.

VON OERTZEN: Dann trifft der Grundsatz ein, in dem Ernest und ich sicher wieder völlig einig sind. Wenn das Proletariat dann wirklich unter dem Sozialismus nicht leben will, dann kann man und darf man es nicht dazu zwingen.

MANDEL: Dann ist es tatsächlich bewiesen, daß der Sozialismus eine Utopie war, und dann wirst du eine andere hierarchische Schichtung einer nachkapitalistischen Gesellschaft in einer mehr oder weniger permanenten Weise haben. Ich bin zutiefst überzeugt, daß das nicht passieren wird. Dafür gibt es natürlich keine Garantie, wir werden sehen.

BAHRO: Ich bin absolut davon überzeugt, daß das gehen kann. Wir unterscheiden uns bloß darin, daß ich nicht mehr daran glaube, daß man aus dem Augenblick der Revolution heraus die teifgreifenden Veränderungen schnell durchdrücken kann, die uns das garantieren. Ich glaube eher, daß es ein Prozeß sein wird, wo wir mehrmals von vorne anfangen werden müssen, wie es Lenin damals sagte. Über das Problem der Hierarchiebildung springen wir nicht in einem Satz.

MANDEL: Nein, da bin ich einverstanden. Du wirst die Hierarchie nicht total abbauen. Wir müssen uns welthistorisch doch sehr bewußt sein darüber, daß es zweimal schiefgegangen ist. Es ist mit dem reformistischen Gradualismus und mit der russischen Revolution und ihren Nachfolgern schiefgegangen, was die totale Emanzipation betrifft. Wenn es ein drittes Mal schiefgeht, dann wird die Chance unerhört gering sein, daß es in absehbarer Zeit noch einmal angefangen wird. Das kollektive Bewußtsein der Menschheit, insbesondere das kollektive Bewußtsein der Arbeiterklasse, ist etwas sehr Reales. Man muß auch sehr aufpassen, wenn man über die politische Passivität der Arbeiterklasse in der Sowjetunion oder in der Bundesrepublik spricht. In der DDR ist es wahrscheinlich noch etwas anderes, weil es da ganz konkrete materielle Zwänge gibt. Hinter dieser Passivität steckt nicht nur eine gewisse Anpassung an Konsum und ein Gefühl der Ohnmacht, die Mehrwertproduktion oder Ausbeutung zu brechen. Da steckt vielmehr ein hoher Grad an verlorenem Selbstvertrauen drin. Trotzki hat das auch für die Folgen des deutschen Faschismus so dargestellt, und ich glaube nicht, daß er unrecht hatte. Je mehr man über diese Periode liest, um so deutlicher wird das. Die eigentliche, rein physische Zermalmung war bedeutend, aber nicht entscheidend. Das Entscheidende war das entschwundene Selbstvertrauen, der verschwundene Glaube an die Möglichkeit der Veränderung. Die Tatsache, daß das »moralische Kapital« verlorengegangen ist, ist viel wichtiger als der ganze Rest. Wenn eine Gesellschaftsklasse an etwas glaubt – auch unter ungünstigen materiellen Bedingungen –, dann kann sie Berge versetzen. Wenn sie glaubt, daß sie betrogen worden ist in dem, was man ihr versprochen hat, in dem, was sie sich selbst versprochen hat, dann ist es unerhört schwierig, neu anzufangen. Wir müssen jetzt zum dritten Mal neu anfangen ...

VON OERTZEN: Und es gibt so etwas wie ein »kollektives Gedächtnis«, selbst wenn es nicht bewußt ist.

MANDEL: Klar. Das spielt auch eine große Rolle. Und ich würde sagen, daß du es nur empirisch beweisen kannst, und zwar, wenn du von dem Begriff »Masse« weggehst. Für die Masse kannst du es natürlich nicht beweisen. Aber wenn du dir die Einzelnen aussuchst, wirst du es feststellen. Du mußt dir einmal den Unterschied in der Bundesrepublik zwischen den Jahren 1945/50/51/52 und heute ansehen. Damals hattest du sogar nach dem Krieg, nach dem Faschismus, nach den fürchterlichen Bomben – wir sind damals durch die Länder gefahren, Georg Jungclas, Willi Boepple und ich in der Antiremilitarisierungskampagne –, wo du hinkamst, in Klein- oder Mittelstädten, im DGB, in der IG Metall, in der ÖTV, überall ehemalige Kommunisten, ehemalige Mitglieder der KPD oder der KPO und der SAP, geschulte Marxisten, sitzen. Das Problem war nicht, daß sie das Wissen nicht hatten. Es war auch nicht das, daß sie in die bürgerliche Gesellschaft irgendwie integriert waren, sie hatten den Glauben verloren.

VON OERTZEN: Ich kenne das auch. Nicht, daß sie nicht ihre Pflicht taten, aber ihr Mut zur Zukunft, der Mut, zu glauben, es könne noch einmal anfangen, das war weg.

MANDEL: Richtig, das war verschwunden, es war zerstört.

BAHRO: Ich bin da optimistischer als du.

MANDEL: Nein, nein. Ich spreche von der Vergangenheit. Heute ist die Sache schon wieder anders geworden. Es gibt eine neue Generation von Arbeitern.

BAHRO: Ich will nicht den moralischen Verlust herunterspielen, den ein drittes Nichtgelingen bringen würde. Aber die Sache der allgemeinen Emanzipation geht dann nur in einen längeren Zyklus über. Das ist das, was Reich vor allem gezeigt hat, daß erst die dritte Generation wieder über einen bestimmten Punkt, der mal in der Fixierung der ersten festlag, hinauskommt.

Wer soll das alles ändern?
Die Frage nach dem revolutionären Subjekt

WOLTER: Nachdem wir im ersten Teil versucht haben, die Entwicklungstendenzen der 80er Jahre in Ost und West zu skizzieren, sollten wir uns jetzt über die Veränderungsperspektiven unterhalten und auch darüber, wer denn das Subjekt einer sozialistischen Veränderung sein könne. Damit schlagen wir zugleich eine Brücke zur Ausgangsfrage unseres Gesprächs, die auf eine kritische Bilanz der bisherigen Revolutions- und Reformversuche hinauslief. Vom Resultat der Geschichte ausgehend sind ja die beiden Hauptfraktionen der Arbeiterbewegung bislang offenkundig beim Versuch des Aufbaus einer emanzipatorischen sozialistischen Gesellschaft gescheitert. Dieser nicht zu leugnende Tatbestand läßt mehrere Interpretationen zu. Die eine liefert die Erklärung, warum er gescheitert ist. Dabei spielen naturgemäß politisch-strategische Gründe die dominierende Rolle, Fehler der Führung in entscheidenden revolutionären oder konterrevolutionären Augenblicken, die auch ohne weiteres – und zu Recht – konstatiert werden können. Konsequent würde das also heißen, daß die klassische Marxsche Bestimmung des revolutionären Subjekts nach wie vor gültig ist. Die Arbeiterklasse ist die einzige gesellschaftliche Kraft, die aufgrund ihrer Stellung in dieser Gesellschaft zu grundlegenden Veränderungen in der Lage ist, wenngleich es gerade diese Stellung ist, die ihr die Einsicht in ihre »eigentlichen Interessen« verwehrt. Vermittlungsglied dieses Widerspruchs ist die revolutionäre Avantgarde. Periodische Aktivitäten, etwa der Mai '68, der »heiße Herbst« in Italien usw. scheinen diese Anschauungen ebenso zu bestätigen wie die oft berech-

tigte Kritik an den anderen Ansätzen zur Lösung des Problems. Das Unbefriedigende bei dieser Sichtweise ist, daß das zweifellos vorhandene Problem der Nichtübereinstimmung von »historischer Mission« und »tatsächlichem Verhalten« über längste Zeiträume hinweg ungelöst bleibt. Es ist dies ein klassisches avantgardistisches Konzept, das in revolutionären Situationen greifen mag – das ist bislang allerdings für industrialisierte Länder historisch nicht bewiesen –, aber für Zeiten, wie wir sie jetzt haben, keine praktische Bedeutung hat, weil es sich auf einen hypothetischen und nicht den aktuellen Gesellschaftszustand bezieht. Der Vertreter einer solchen Konzeption ist eine Antwort auf die Frage schuldig, was wir denn in nicht-revolutionären Situationen machen sollen? Das Vorbereiten auf den großen Sturm ist für viele keine ausreichende Antwort mehr, sie möchten nicht zur Handlungsunfähigkeit verdammt sein.
Die Sozialdemokratie als Bewegung, nicht als Summe von Individuen, plagen solche Fragen nicht. Sie geht von der Nicht-Aktualität und Unmöglichkeit einer revolutionären Umwälzung der Gesellschaft aus. Sie akzeptiert die Verhältnisse so wie sie sind und sagt: »Machen wir das Beste daraus und verhindern wir das Schlimmste.« Das Schlimmste ist für sie dabei sowohl die Reaktion – da hat sie historisch versagt, beim Faschismus – wie die Revolution – da war sie schon 1918 ff. erfolgreicher. Damit könnte man das Problem abhaken, wenn es nicht die fatale Tatsache gäbe, daß diese Sozialdemokratie ganz offenkundig die überwältigende Mehrheit des »eigentlich« revolutionären Subjekts vertritt, und zwar über Jahrzehnte hinweg. Sie ist also als – sagen wir ruhig verbürgerlichte – Arbeiterpartei die offenkundig dem vorherrschenden Bewußtseinsstand angemessene Vertretung der überragenden Mehrheit des »revolutionären Subjekts«. Das scheint mir auch die Wurzel des Reformismus anderer Massenparteien der Arbeiterklasse zu sein, nehmen wir die Eurokommunisten. Eine *praktische* linke

Alternative zu ihr ist nicht in Sicht, und das müßte wohl unser Verhältnis zum Reformismus bestimmen. Bei uns heißt die *praktische* Alternative zur Sozialdemokratie Strauß, Dregger, Albrecht. Da führt kein Weg dran vorbei. Und in der jetzigen weltpolitischen Situation würde mir bei dem Gedanken ganz fürchterlich übel. Gibt es eine Möglichkeit, ein pragmatisches, realistisches Verhältnis zur Sozialdemokratie zu finden, ohne dabei die eigene Identität und den Gedanken an Veränderungsperspektiven aufzugeben? Die Sozialdemokratie muß sich allerdings die Frage gefallen lassen, ob sie nicht selbst zur Schaffung der Probleme beiträgt, an denen sie periodisch immer wieder scheitert. Sie ist die Partei des Klassenkompromisses, lebt von der Passivität des Bürgertums und der Arbeiter oder umgekehrt von der teilweisen Übereinstimmung der Interessen der wichtigsten Fraktionen dieser beiden Klassen. Ob ein solches Modell funktioniert, liegt nur zum Teil in ihrer Hand. Man sollte es doch einmal deutlich aussprechen, daß die materielle Voraussetzung für die Möglichkeit der Regierungsübernahme der SPD, also die Möglichkeit des Klassenkompromisses, die erfolgreiche Rekonstruktion der westdeutschen Wirtschaft unter der CDU-Herrschaft war. Die politische Voraussetzung war wohl die Unfähigkeit der CDU, ihr Konzept auf die Bewältigung der Probleme umzustellen, die sich seit Mitte der 60er Jahre aus dem Umkippen der Weltwirtschaftskonjunktur ergeben, und zum anderen das gewachsene Selbstbewußtsein der Arbeiter, die ihren Anteil am von ihnen geschaffenen Reichtum sichern wollen, wie auch die durch die Studentenbewegung ins gesellschaftliche Bewußtsein gedrängte Notwendigkeit der Reformierung der ausschließlich auf wirtschaftlicher Leistung und Erfolg basierenden Gesellschaftsstrukturen der Wiederaufbauphase. Was ist, wenn die materiellen Vorbedingungen für den Klassenkompromiß schwinden? Das gegenwärtige Konzept der Sozialdemokratie basiert doch auf der

Überlegung, daß die einzige Form der Lösung interner Probleme durch die Orientierung auf den Weltmarkt zu finden sei. Durch die Anwendung der fortgeschrittensten Technologie soll der Weltmarkt erobert werden, sollen die deutschen Firmen exportstark sein, gut verdienen, damit Einkommen und Arbeitsplätze sichern, also die Basis für den Klassenkompromiß aufrechterhalten. Insofern ist es wohl weniger die Altersweisheit, die den Pragmatiker Helmut Schmidt zum Entspannungspolitiker macht, als vielmehr die tiefe Einsicht, daß die Veränderung des internationalen Status quo, politische Krisen, Handelsembargo, Kriege etc. die Exportmöglichkeiten der deutschen Wirtschaft drastisch einschränken und zum Kollaps der exportorientierten Strategie und damit der eigenen Machtbasis führen können. Wie wird die Politik der Sozialdemokratie sein, wenn die Voraussetzungen für das »Modell Deutschland« nicht mehr stimmen? Wenn die Krisen auf dem Weltmarkt zunehmen, wenn bestimmte menschenfeindliche Technologien wie Atomkraftwerke in ihrer ungehemmten Anwendung gestoppt werden? Was wird sie tun, wenn ihr Handlungsspielraum kleiner wird?

Schließlich der letzte Aspekt der Frage. Das traditionelle Revolutionsmodell geht von der Tatsache der Spaltung der Gesellschaft in Klassen aus, die sich durch ihre Stellung zum und im Produktionsprozeß definieren. Motor der Veränderung ist dabei die Einsicht in die Ungerechtigkeit der Verhältnisse. Analytisch ist die marxistische Position sicherlich die zutreffendste Schilderung der kapitalistischen Verhältnisse. Nur ist es zugleich offenkundig, daß – für uns zumindest – die Frage der ungleichen Verteilung nicht mehr die direkte Sprengkraft hat wie in Situationen absoluten Mangels. Neben die Eigentumsfrage tritt in zunehmendem Maße die der Lebensqualität, die allerdings nicht mehr nur dinglich aufgefaßt wird, sondern in rapide wachsendem Maße auch von der stofflichen, der gebrauchswertmäßigen Seite. Die innere

Leere des äußeren Reichtums, das Wachsen des Unglückbewußtseins, die Erkenntnis der Sinnlosigkeit des Prinzips der Herrschaft der Dinge über den Menschen, kurz das, was ich als den Kern der Ökologiefrage ansehe, führt zu einem Bewußtseinswandel in der Gesellschaft, der zum Teil auch falsche Fronten aufbauen kann. Die Ökologie- und Alternativbewegung als neues revolutionäres Subjekt? Da muß doch die Frage gestellt werden, wie das, was ebenfalls nur aufgrund der gegebenen materiellen Verhältnisse für einige möglich ist, zu einem gesellschaftlichen Faktor werden kann? Es kann doch nicht ernsthaft behauptet werden, daß alternativ bewirtschaftete Bauernhöfe oder Kleinstbetriebe eine gesellschaftliche Strategie darstellen. Das geht an den Existenzbedingungen von 90 Prozent der Bevölkerung vorbei. Auch hier klafft ein Widerspruch zwischen der Ideologie und der Realität. Wie können wir es schaffen, daß das wachsende Bewußtsein von der Sinnlosigkeit und Widersinnigkeit des Prinzips der Herrschaft der Materie über das Leben, der toten Arbeit über die lebendige, des Warenkonsums über die schöpferische Entfaltung zu einem gesellschaftsverändernden Faktor wird und nicht nur zum Privatrefugium für diejenigen, die es sich sozial leisten können auszusteigen? Ein letzter Aspekt der Frage: Schließlich und endlich ist Klassenherrschaft auch Gewaltherrschaft. Man mag mit durchaus berechtigten Argumenten der Meinung sein, daß die Fixierung der Sozialisten auf die Klassenfrage für unsere Verhältnisse inhaltlich politisch unfruchtbar ist, im Gegenteil, die kulturelle Bindung der Arbeiter an die kapitalistische Gesellschaft festigt. Trotzdem stehst du ab einem bestimmten Punkt der Veränderungstendenzen vor dem Problem der Machtfrage, und da kommt die Klassenfrage wieder in den Vordergrund.

BAHRO: Wenn es so ist, Ulf, daß es keine *praktische* linke Alternative zur Sozialdemokratie gibt, dann hast du zwar recht, daß wir uns auf ein pragmatisches, realistisches Verhältnis zur Sozialdemokratie und vor allem auf die kameradschaftliche Diskussion mit Sozialdemokraten einlassen müssen. Aber vielleicht nicht so spezifisch, mit solcher Bevorzugung der Sozialdemokratie, nun sie als Institution genommen. Pragmatisch und realistisch müssen wir das ganze etablierte Parteiensystem nehmen und davon ausgehen, daß sich überall neue Motivationen ansammeln müssen und werden. Es dürfte sich darum handeln, das alte Institutionensystem (als *einen* Aspekt der bestehenden Zustände) gerade auch in den Menschen, die ihm dienen, in Frage zu stellen, und unsererseits auch Symbole für die Bereitschaft zu setzen, den Individuen Veränderungen zuzutrauen. Ich habe ja drüben gesehen, daß man die Funktionäre nicht mit dem Apparat verwechseln darf. Natürlich braucht es eine Krisensituation, bis neue Einstellungen so zusammenschießen, daß Handlungsmöglichkeiten daraus werden. Wenn ganz tiefenhistorische Umschichtungen anstehen, sind stets in allen Klassen und Schichten der betroffenen Gesellschaften Menschen aus ihrer sozialökonomischen Interessenlage im engeren Sinne herausgetreten.

Und für uns als Linke würde ich einen wesentlichen Unterschied machen zwischen »Aufgeben« im Sinne von Preisgeben der eigenen Identität unter dem Druck der etablierten Mächte und zwischen ihrer bewußten Veränderung unter dem Druck bisher nicht bewältigter Probleme. Die Art unseres Linksseins steht objektiv gründlich in Frage. Mit einer äußerlichen Anpassung, mit einer bloßen neuen Einfunktionierung unserer alten Wahrheiten und Haltungen ist es nicht mehr zu machen. Das hätte konservative Konsequenzen, und wie ich meine, nicht nur für uns selbst, sondern auch gesellschaftlich. Das konventionelle Linkssein gehört mit zu der Gesamtstruktur, die überwunden werden muß. Auf uns kommen Entscheidungen zu, nicht nur unsere Ansichten, sondern unsere Existenzform, unsere Horizonte, unsere Frontstel-

lungen zu ändern. Wenn wir »hart« bleiben, das ist ja auch was Psychisches, drohen uns Brüche, persönliche Zusammenbrüche auch. U. a. kommt heraus, daß dann plötzlich Genossen zu dem Schluß kommen »alles, was unser Aristoteles gelehrt hat, ist falsch«. Das heißt, die Enttäuschung am gelernten Marxismus schlägt in abstrakte Negation um, und auf einmal verzichten sie auf das Instrument der Analyse, auf die ganze sozialökonomische und soziologische Dimension. Wenn wir uns lockern könnten, die Souveränität fänden, unsere Tradition angstlos in Frage zu stellen ... Sagen wir, weniger angstvoll. Die Verbissenheit, mit der manche von uns sprechen, wenn sie darstellen, was »richtig bleiben muß«, verrät die Fesselung unserer Energien, ganz analog zu den Dingen, die Wilhelm Reich in seiner *Charakteranalyse* behandelt hat.
Bei der Alternativbewegung dürfen wir nicht mit Prozentsätzen rechnen. Wir wissen noch nicht, wie weit diese neuen Genossenschaftsversuche als eine ökonomische Gegenstrategie reichen. Daß sie nicht ausreichen, nun, das ist klar. Es steckt ja eigentlich gar keine Strategie im Sinne der großen Planentwürfe, Revolutionstheorien drin, an die wir bei dem Wort gleich denken. Es ist ein Stück Wirklichkeit, die sich da, über psychologische Vermittlung, äußert. Es ist »Unbehagen in der Kultur« auf ganz anderer Stufenleiter als zu Zeiten Freuds. Wenn wir nichts finden, womit deine 90 Prozent der Bevölkerung etwas anfangen können, geht natürlich nichts. Aber es wird auch nichts gefunden werden, wenn wir einfach bei den 90 Prozent bleiben, etwa innerhalb der Gewerkschaften so weitermachen wie bisher, mit Neuanpassungen im Rahmen der bisherigen Horizonte. Wir müssen mit dem Standbein herunter vom Karussell, und das ist zunächst eine Frage der Entscheidung vieler einzelner, die sich in der Alternativbewegung, so gemischt sie auch ist, erst mal einen Ort für dieses Standbein suchen. Könnte sich die Perspektive nicht so darstellen, unter

dem kulturrevolutionären Aspekt, daß sukzessiv die Mehrheit der Bevölkerung mit einem Teil, günstigenfalls dem wesentlichen, ihrer Energien aus dem System »aussteigt«? Doppelstrategie umgekehrt sozusagen, d. h. für die Massen »Marsch aus den Institutionen«. Und das natürlich als längeren Prozeß gedacht. Jedenfalls aber ökonomisch unterlegt. Wenigstens einen Teil der Lebensbedingungen und Lebenszusammenhänge außerhalb konstituieren und dadurch die Allmacht des Bestehenden abbauen, unterhöhlen. Wenn etwa die Facharbeiter nicht aussteigen – *wieso* können sie es sich »nicht leisten«, während es der abgebrochene Student, der noch gar keine »ökonomische Basis« hat, kann? Und andere wieder, die es sich sozusagen wirklich »nicht leisten können«, werden gerade vom System selbst hinausgedrängt, marginalisiert, wie wir das nennen. Aus unserer Fragestellung nach Alternativen muß die Interessenvertreterideologie heraus. Was wissen wir, wer es sich leisten kann, aus- oder vielmehr umzusteigen. Ohne ein Draußen zum System, ohne eine Dialektik zwischen Drinnen und Draußen, sowohl gesellschaftlich als auch im einzelnen Menschen, wird es nicht gehen.

VON OERTZEN: Ich habe in der Diskussion bereits ganz beiläufig gesagt, daß es mir scheint, daß in den nächsten 10 Jahren gesamtgesellschaftliche Probleme sich zu politischen und sozialen Konflikten auf zwei parallelen Entwicklungslinien zuspitzen werden. Einmal durch die Vertiefung der Krisenhaftigkeit der kapitalistischen Wirtschaft im Zuge der Auswirkungen der langen Welle der Konjunktur mit einem stagnierenden Grundton. Dies bedeutet, daß die Rezession verschärft, internationalisiert und verallgemeinert wird, daß der Druck auf die Arbeiterklasse zunimmt und ihre unvermeidliche Gegenwehr hervorrufen wird. Die sozialistischen Kräfte werden sich an den dann gegebenen Möglichkeiten orientieren. Es war wohl ein Konsens, gleich wie wir die langfristige Entwicklung der natürlichen Ressourcen und des Verhältnisses Mensch–Natur beurteilen, daß das kapitalistische System jedenfalls kurzfristig eine wirkungsvolle ökologische Politik durchkreuzen wird. So wird also diejenige Bewegung, die unmittelbar bei dem Phänomen der Ressourcenverschwendung und der Naturzerstörung kritisch ansetzt, objektiv zu der Bewegung parallel laufen, die an ökonomischen und sozialen Problemen ansetzt. Die Interessen sind allerdings nicht identisch. Der Arbeiter, der in der Kraftwerksindustrie die Atomkraftwerke herstellt, von der Rationalisierung bedroht ist, dem innerbetrieblichen Druck unterworfen ist, der vor der Möglichkeit eventueller Arbeitslosigkeit steht, der kämpft unter Umständen. Jedoch sicherlich nicht auf der Linie der ökologischen Bewegung.

BAHRO: Der kämpft vom Standpunkt ganz unmittelbarer Interessen aus, keineswegs von dem der welthistorischen Mission.

VON OERTZEN: Und der konservative Landwirt, der sich dagegen wehrt, daß seine noch relativ intakte Lebenswelt durch irgendein gigantomanisches Projekt einer sechsspurigen Autobahn oder durch einen Truppenübungsplatz oder durch eine Wiederaufbereitungsanlage zerstört wird, der kämpft auch. Er kämpft aber an einer ganz anderen Front, und die beiden sind nicht leicht auf eine einheitliche politische Linie zu bringen. Aber es sind beides Linien, auf denen sich zunehmende soziale Kämpfe abspielen werden. Das war eine These, die ich gestern aufgestellt hatte. Vielleicht könnte man jetzt einfach an diesem Punkt fortfahren. Gerade in der Bundesrepublik ist es zu erwarten, daß um die ökologischen Probleme sich sogar so etwas wie Massenbewegungen entwickeln, auch wenn sie nicht primär im traditionellen Sinne klassenkämpferischen oder sozialistischen Charakter haben werden.

MANDEL: Das ist durchaus nicht auf die Bundesrepublik beschränkt.

VON OERTZEN: Das kann ich nicht beurteilen. Ich glaube auch, daß es nicht auf die Bundesrepublik beschränkt ist. Für diese kann man es jedenfalls mit ziemlicher Sicherheit sagen.

MANDEL: Ich glaube, daß man doch Ulfs Frage nach dem revolutionären Subjekt zuerst behandeln muß, weil sich da eine allgemeinere Frage stellt. Ich sehe die ökologische Bewegung als eine Ein-Punkt-Bewegung (single-issue-movement) an. Ihre fortschrittliche Funktion ist offensichtlich. Es ist die Pflicht von Sozialisten, in ehrlicher, loyaler Weise an jeder fortschrittlichen Ein-Punkt-Bewegung – wie der Bewegung für die Legalisierung der Abtreibung oder einer Antikriegsbewegung – teilzunehmen, ohne zu versuchen, diese Bewegungen für sich zu instrumentalisieren. Aber gerade weil es eine Ein-Punkt-Bewegung ist, stellt sie die Frage nach dem revolutionären Subjekt in einer ganz prägnanten Form. Kann sie ein Ersatz für die Funktion sein, die der klassische Marxismus der Arbeiterbewegung und der Arbeiterklasse bei der Umgestaltung der Gesellschaft, bei der Schaffung einer sozialistischen Gesellschaft, zugeschrieben hat?
Aus zwei Gründen glaube ich es nicht. Erstens, weil ich der Meinung bin, daß die Bestimmung der Arbeiterklasse als revolutionäres Subjekt von einer von Marx gegebenen richtigen Analyse der objektiven Vorbedingungen – ich rede jetzt nicht von den subjektiven – für eine klassenlose Gesellschaft ausgeht. Diese objektiven Vorbedingungen findet man nur im Proletariat. Ich möchte nur eines unterstreichen. Im Gegensatz zu den Intellektuellen, den kleinen Landwirten, den Handwerkern wird das Proletariat in der kapitalistischen Gesellschaft selbst, durch den kapitalistischen Arbeitsprozeß in einem Grad

zur Kooperation und zu kollektivem Handeln erzogen, den man bei keiner anderen gesellschaftlichen Schicht findet. Das ist eine absolute Vorbedingung für eine Reorganisation der Gesellschaft auf kooperativer und solidarischer Grundlage. Wenn man davon ausgeht, daß sich diese Qualitäten im Proletariat entweder nicht so weit bewahrheitet haben, wie Marx das angenommen hat, oder – noch schlimmer – durch die spätere Produktivkraftentwicklung rückgängig gemacht oder teilweise verschüttet werden, dann ist die einzige Schlußfolgerung, daß eine sozialistische Gesellschaft, eine allgemeine Emanzipation unmöglich ist. Die Schlußfolgerung ist nicht, daß es ein anderes revolutionäres Subjekt geben kann. Eine andere gesellschaftliche Kraft, die den Grad an ökonomischer und gesellschaftlicher Vorbereitung für eine solidarische Gesellschaft aufbringen könnte, gibt es im Spätkapitalismus oder in der spätbürgerlichen Gesellschaft nicht. Eine Summe von Individuen kann das nicht ersetzen. Das zu glauben ist ein Rückfall in den utopischen Sozialismus. Abgesehen davon, daß diese Summe von Individuen eine kleine Minderheit bleiben wird, während ein riesiger Prozentsatz der Bevölkerung in Lohnarbeitsverhältnisse kommen wird und diese selben Fähigkeiten zur Kooperation aus der Tageserfahrung erhalten wird. Dies ist gerade die Feststellung, die durch die Geschichte bewahrheitet wurde und die Marx der sozialistischen Bewegung beigebracht hat. Heute gilt dies nicht nur für Produktionsarbeiter in der Industrie, sondern für weite Bereiche des Dienstleistungssektors, für die Post, für Banken und Kreditbetriebe. Die Mechanisierung der Büroarbeit schlägt da in derselben Richtung durch. Diese objektiven Voraussetzungen kann man außerhalb der lohnabhängigen Klasse nicht finden. Das ist für mich absolut einwandfrei. Wenn man sagt, daß dieses revolutionäre Subjekt es nicht geschafft hat oder es nicht schaffen kann, dann ist die Schlußfolgerung für mich eindeutig. Dann wird es niemand schaffen. Dann ist die Schlußfolgerung pessimistisch. Es erscheint mir als reine Utopie, daß eine kleine Minderheit von aufgeklärten Intellektuellen fähig wäre, eine so riesige Anstrengung zu machen, ohne die materiellen Voraussetzungen dafür zu haben, d.h. die praktische Erfahrung mit Solidarität und Kooperation im täglichen Leben.

Der zweite Grund ist noch triftiger als der erste, doch da bin ich wahrscheinlich mit euch beiden nicht einverstanden. Ich glaube, daß jede Ein-Punkt-Bewegung in sich eine reformistische Tendenz hat, nicht notwendigerweise im pejorativen Sinne des Wortes. Es handelt sich hier um die Verwirklichung eines einzigen Zieles, und nicht um die Verwirklichung der gesamten Umgestaltung der Gesellschaft. Zu glauben, daß dieses besondere Ziel, z.B. die Verhinderung des Baus von neuen Kraftwerken oder die Wiederherstellung des ökologischen Gleichgewichts, automatisch gesamtgesellschaftliches Bewußtsein – gesamtgesellschaftliches kritisches Bewußtsein bestimmt, aber gesamtgesellschaftliches *revolutionäres* Bewußtsein nicht –, erzeugt, das ist meines Erachtens wiederum utopisch. Manche sagen, diese Bewegungen seien objektiv revolutionär, weil ihre Ziele im Kapitalismus nicht verwirklichbar sind. Das ist nicht empirisch bewiesen, empirisch kann man sogar das Gegenteil beweisen. Man kann beweisen, daß diese Bewegungen mehr und mehr auf ganz konkrete spezifische Ziele ausgerichtet werden und daß eine Reihe dieser Ziele erreichbar sind. Das ist eine Frage des Kräfteverhältnisses. Es ist nicht ausgeschlossen, daß es in mehreren kapitalistischen Ländern tatsächlich zu einem Moratorium über den Bau von neuen Kraftwerken kommt. Wenn man genug Leute auf die Beine bringt, genug Unterschriften hat, wenn man die Mehrheit in einem Referendum hat – es gibt ja schon das Beispiel Österreichs –, dann wird man das halt erreichen. Dann ist die Sache zu Ende. Ich sage nicht, daß sie für alle zu Ende ist, aber für viele, die teilgenommen haben. Auch nach Ende des Vietnam-Kriegs war die Sache in der Antikriegs-Bewegung nicht für alle zu Ende, aber für die Mehrheit wohl. Das ist ja gerade das Kennzeichen einer Ein-Punkt-Bewegung.

WOLTER: Rudi, du hast ja sicherlich eine ganz andere Auffassung zu diesem Thema.

BAHRO: Wenn ich diese Einschätzung teilen würde, die Ernest da vorgetragen hat, dann könnte ich mir tatsächlich jetzt irgendwo ein Häuschen im Allgäu suchen und sehen, wie ich die restlichen 20 Jahre mit irgendwelchen ästhetischen Spielereien verbringe, weil es mit der sozialistischen Perspektive nichts werden kann, wenn sie an diesem vordefinierten Subjekt hinge, von dem du sprichst. Was ist eigentlich das Subjekt, über das wir diskutieren? Der Prolctariatsbegriff ist zunächst ein abstrakter Begriff. Wenn ich ihn für heutige Zwecke negiere, dann heißt das nicht – und das ist mir jetzt außerordentlich wichtig –, daß auch nur ein einziges Individuum, das auch Du unter den abstrakten Begriff subsumieren könntest, bei mir aus dem Gedanken herausfällt. Es handelt sich nur darum, unter welchem Namen man die in der Gesellschaft vorhandenen Kräfte, die eine andere Zivilisation als die kapitalistische zwingend brauchen, ansprechen und in Bewegung versetzen kann. Das im *Kommunistischen Manifest* definierte Subjekt hat bisher im Gesamtergebnis seiner Bewegung nicht so funktioniert, wie man es damals erwarten mußte. Dann kommt ein zweiter Punkt hinzu. Du benutzt den Proletariatsbegriff in der praktischen Diskussion eigentlich nach wie vor so, wie das Proletariat zwischen Kautsky und Lenin ausdiskutiert worden ist – im Unterschied zu dem, was du schreibst, wenn deine Bücher dick werden. Wenn du wirklich das intellektuelle Potential nicht voll einrechnen willst, wenn du schon gestern die in die Diskussion geworfenen Technologen zur anderen Seite rechnest – diese Tendenz hast du –, dann negierst du, daß Marx hinter den Proletariatsbegriff im *Kommunistischen Manifest* noch manches Fragezeichen gesetzt hat, ohne das später weiter auszuführen. Ich übertreibe und weiß, daß es dann nicht mehr ganz wahr ist. Aber im Prinzip steht in den *Grundrissen,* daß dieses selbe Proletariat, das den unmittelbaren Produktionsprozeß trägt, verschwindet, weil die Maschinerie es letztendlich überflüssig macht, und daß dieses Proletariat auch, in meinen Begriffen gesprochen, durch die Tatsache, daß ihm alle geistige Potenz des Produktionsprozesses gegenübersteht, zwangsläufig subalternisiert wird. Andererseits werden die Gelehrten, die Forscher etc. mit in das Proletariat gedrängt, so daß man sich das Subjekt, das die Produktivkräfte tatsächlich trägt, meiner Überzeugung nach wirklich nur als den Gesamtarbeiter der Gesellschaft vorstellen kann. Wenn du in die praktische Diskussion gerätst, verengt sich dein Proletariatsbegriff immer wieder auf die unteren Schichten. Jetzt kommt eigentlich erst der mir wichtige Gedanke. Wenn der kapitalistische Reproduktionsprozeß die unmittelbare Arbeit aus der Fertigung rausdrängt, ist es um so dringender, sich zu fragen, wer eigentlich dasjenige Subjekt ist, das durch die Gesamtverhältnisse herausgefordert wird. Du stellst nun ja auch schon fest, daß es gar nicht mehr der unmittelbare Gegensatz zwischen Lohnarbeit und Kapital ist, der direkt die Unzufriedenheit und die Veränderungsbedürfnisse formiert; und du sprichst davon, daß die Menschen immer mehr danach fragen, wie das Verhältnis zwischen privater, individueller und gesellschaftlicher Konsumtion ist, wie die Investitionen kontrolliert werden können, wie der Reproduktionsprozeß als ganzer durchsichtig gemacht werden kann. Und das sind lauter Probleme, Ernest, die kommen aus einer Sphäre, an die ich aus der Situation der acht Stunden an meiner Maschine überhaupt nicht herankomme. Das heißt nicht, daß die Menschen, die an der Maschine stehen, aus dem Konzept ausgeschlossen sein sollen, im Gegenteil. Deine Argumentation zu der 4-Stunden-Geschichte halte ich gerade deshalb für so ungeheuer wichtig. Mit der Kautskyanisch-Leninschen Vorstellung, warum das Proletariat nun das bevorzugte Subjekt sein soll, nämlich weil es Solidarität und Kooperation verkörpern kann, sind wir an einem ganz schmalen Ausschnitt aus dem Wirkungsfeld des kapitalistischen Reproduktionsprozesses gelandet. An den Maschinen sind sowieso nicht sie es, die kooperieren, dort ist die Kooperation durch das fixe Kapital vorbestimmt. Was bleibt, ist vornehmlich der Zusammenschluß unter der Gewerkschaftsbürokratie, nämlich um das Lohninteresse, Arbeitszeit, gewisse Arbeitsbedingungen sicherlich eingeschlossen. Das ist praktisch alles, was aus dieser Sphäre herauskommt, wenn man sie nach wie vor als das A und O betrachtet. Demgegenüber sehen wir, daß die anderen Punkte, an denen man etwas ändern müßte und auf die sich jetzt die subjektiven Kräfte konzentrieren, von vornherein einen viel weiteren Kreis von Menschen als die unmittelbaren Produktionsarbeiter betreffen, daß die sogar Menschen betreffen, die – formell gesehen – keine Lohnarbeiter sind, die aber dennoch dem Gesamtreproduktionsprozeß in einer entsprechenden Rolle gegenüberstehen. Und jetzt kommt mein letztes Argument. Die Gesamtkrise unserer Zivilisation gäbe es auch, wenn die ökologische Krise gar nicht existierte. Der Arbeiterkampf führte bisher nur theoretisch, nie praktisch an die Frage heran, wie der Mensch sich als Mensch in der Produktion reproduzieren kann, und wie er es außerhalb der Produktionssphäre tun kann. Dies zeigt sich natürlich am schärfsten bei den Arbeitern an der Maschine. Deswegen bleibt es wichtig, ihre unmittelbaren Interessen zu berücksichtigen. Ich will sie nicht links liegen lassen. Der Gesamtkrise unserer kapitalistisch verfaßten Zivilisation wird jetzt durch die ökologische Krise gewissermaßen die zweite kosmische Geschwindigkeit verliehen. Und die menschlichen Interessen im weitesten Sinne, die emanzipatorischen Interessen sind der Antrieb dabei. Du unterliegst mit deiner Definition der Ökologiebewegung als Ein-Punkt-Bewegung einem fast tragischen Mißverständnis. Das wäre ungefähr so, als wenn du den Begriff des Hauptkettengliedes als Beleg für eine Ein-Punkt-Bewegung...

MANDEL: Das ist ein sehr unglückliches Beispiel. Das hat zum Sozialismus in einem Lande geführt und zu vielen anderen üblen Sachen.

BAHRO: Ich meine nur: Für uns ist doch klar, daß die ökologische Krise im Verhältnis zu all den anderen Elementen der Krise dieser kapitalistischen Zivilisation ein »hypercharakteristischer Ausdruck« für das ist, worauf Kapitalismus hinausläuft.

MANDEL: Für dich ist das klar. Ich glaube, daß das für 90 Prozent derjenigen nicht klar war, die in Gorleben demonstriert haben.

BAHRO: Das ist aber eine objektive Realität, die sich zumindest im Bewußtsein derjenigen durchsetzen wird, die zu solchen Aktionen überzugehen bereit sind. Die Menschen werden weiter begreifen, daß die ökologische Krise ohne die Überwindung der Blockkonfrontation, ohne Abschaffung des Wettrüstens, ohne neue Regulierung des Nord-Süd-Problems, ohne soziale Gerechtigkeit im Lande unlösbar ist. Wenn aber diese Punkte alle in den Köpfen konvergent thematisiert werden, dann kommt dabei heraus, daß der Mensch als Gattungswesen scheitern wird, wenn er nicht ziemlich kurzfristig eine andere Produktions- und Lebensweise als die kapitalistische zustande bringt. Während der Kapitalismus immer wieder gezeigt hat, daß er mit seinen immanenten Widersprüchen leben kann, wird er hier an seinem Erfolg, an seiner Expansion scheitern. Und in diesem Punkt werden sich zahllose Menschen gegen ihn wenden, die wir durch unsere bisherige Engführung des Problems auf dem schmalen Weg, wie wir zum Sozialismus kommen wollten, nicht in Bewegung setzen konnten.

VON OERTZEN: Ich will mal versuchen, einige Widersprüche zwischen euren Ausführungen ein bißchen zu relativieren. Ich glaube in der Tat, daß vom Inhalt des Begriffes Subjekt her gesehen, für das Ernest den in der marxistischen Tradition überlieferten Namen des Proletariats gebraucht, im Grunde kein Gegensatz besteht. Inwiefern dann die eigentlichen organisierten Produktionsarbeiter der zentralen Industrien noch eine politisch konkrete Sonderrolle spielen, will ich noch erörtern. Aber das Proletariat insgesamt besteht aus sämtlichen in der modernen Ökonomie und Verteilung tätigen, nicht zur herrschenden Bürokratie und nicht zur Kapitalistenklasse gehörigen, nützliche Arbeit leistenden Personen. Darüber besteht, so glaube ich, unter uns keine ernste Meinungsverschiedenheit. Das Subjekt ist in der Tat der produktive gesellschaftliche Gesamtarbeiter, einschließlich der Intellektuellen, der Wissenschaftler, der Techniker, der Disponenten, der Organisatoren und derer, die notwendige und nützliche Verwaltungsarbeit leisten.

BAHRO: Unbeschadet der Frage, ob manches nicht doch irrationale Arbeit ist und vielleicht parasitär genannt werden müßte, da es nur vom Standpunkt der Kapitalverwertung aus nützlich ist.

VON OERTZEN: Dies ist das revolutionäre Subjekt »an sich«, aber bei weitem noch nicht das revolutionäre Subjekt »für sich«. Es besteht kein Zweifel, daß in diesem revolutionären Subjekt »an sich« die Gefahr besteht, daß sich eine Art Schichtenspaltung innerhalb der objektiv existierenden Klasse vollzieht, sofern sie im Zustand der Bewußtlosigkeit von ihrer eigenen Rolle verharrt. In einer veränderten Herrschaftsstruktur – und etwas davon vollzieht sich in den nichtkapitalistischen Ländern – können die Disponierenden, die Forschenden, die Organisierenden, die technisch Qualifizierten in den politischen Herrschaftsapparat integriert und gegen die übrige Masse der Produktionsarbeiter funktionalisiert werden, die genauso oder noch mehr als im Kapitalismus in die Subalternität abgedrängt wird. Insoweit muß auch der innere Zusammenhang dieses potentiellen gesellschaftlichen Subjekts, das ja der eigentliche Träger einer sich selbst verwaltenden, sozialistischen Gesellschaft sein müßte, organisiert werden. In diesem Zusammenhang wird man sagen müssen, daß ein großer Teil derer, die sich in der grünen Bewegung engagieren – wenn wir von anpolitisierten, ökologisch radikalisierten kleinen Selbständigen und Bauern absehen, die aber nicht die Mehrheit der Bewegung darstellen –, auch ein Bestandteil dieses potentiellen revolutionären Subjekts sind. Das Übergewicht dabei haben zweifellos gegenwärtig die Intellektuellen, Angestellte, Lehrer, also Mittelschichtsberufe. Aber es gibt auch Techniker. Es ist z.B. kein Zufall, daß der Aktionskreis Leben, die Organisation der gewerkschaftlichen Kernkraftgegner, natürlich außer in der Lehrergewerkschaft insbesondere in der Gewerkschaft ÖTV – nicht nur unter den Verwaltungsbeamten, sondern auch unter den dort tätigen technischen Zweigen –, d.h. unter authentischen, gesellschaftlich notwendige, nützliche Arbeit leistenden Angehörigen der Arbeiterklasse, wenn auch vornehmlich bestimmter Schichtungen und Qualifikationen, weit verbreitet ist. Am wenigsten verbreitet ist er bei Stahlarbeitern, erheblich aber bei Post und Bahn. Da gibt es schon rein von der sozialen Zusammensetzung her weite Überschneidungen. Ein großer Teil der ökologischen Bewegung gehört objektiv, seinen beruflichen Funktionen und seinem unmittelbaren beruflichen Bewußtsein nach, sehr wohl zum Subjekt Proletariat in diesem weiten Sinne. Nun würde ich aber Ernest in einem entscheidenden Punkte uneingeschränkt recht geben. Die Problematik der sozialistischen Bewegung besteht ja darin, daß sich das Subjekt als bewußte Kraft überhaupt erst im Kampf für die Durchsetzung eines sozialistischen Durchbruchs durch das kapitalistische System konstituiert. Es ist nicht von vornherein voll bewußt da, so wie die bürgerliche Gesellschaft sich fast voll unter der Schicht der klerikal-obrigkeitsstaatlichen politischen Form des Spätfeudalismus entwickelt hatte, mit eigenen Kommunikationsstrukturen, mit einer eigenen selbständig funktionierenden Ökonomie, so daß gewissermaßen nur noch die parasitäre politische Form des feudal-klerikalen Obrigkeitsstaates abgeschüttelt werden mußte. Dann war die bürgerliche Gesellschaft gewissermaßen fertig da. Das wirkliche Subjekt der sozialistischen Bewegung als funktionsfähiges Subjekt einer neuen Gesellschaft muß sich im Prozeß der revolutionären Entwicklung überhaupt erst konstituieren. Es ist also die Frage, wo der Kern ist, der überhaupt die Bewegung einleitet, die da hinführt. Und der ist und bleibt nach wie vor die gewerkschaftlich und politisch organisierte Kernarbeiterschaft in den Schlüsselindustrien, wobei ich große Bereiche der Dienstleistung und der Verteilung, der staatlichen Transport- und Postarbeiter, auch politisch bewußte Angestellte, Techniker, Ingenieure und die ihnen zugehörigen intellektuellen Schichten miteinbeziehe. Aber diese Gruppe ist ja auch die einzige, bei der die ökonomische Krisenhaftigkeit des Kapitalismus durch unmittelbaren Druck auf ihre Lebenslage immer wieder zu dem Bedürfnis nach kollektiver Verteidigung ihres errungenen sozialen und ökonomischen Standards führt und damit auch immer wieder zum Bewußtsein kollektiver Interessen und zum Bewußtsein der Notwendigkeit einer kollektiven Organisation. Eine sozialistische Bewegung, die nicht eine kämpferische, sich ihrer Rolle immer bewußter werdende organisierte Arbeiterbewegung zum Kern hat, die halte ich wirklich für objektiv unmöglich. Ich halte die Organisierung und Mobilisie-

rung dieses Teils des ideellen Gesamtsubjekts für unverzichtbar.
Und jetzt noch eine kurze Bemerkung zum Schluß. An Rudolfs Argumentation scheint mir eines richtig zu sein. Objektiv stellt die Forderung, daß der Kapitalverwertungsprozeß dort blockiert werden müsse, wo er in seinen Auswirkungen die Natur zu zerstören droht, eine Erweiterung des bisherigen Gesichtskreises dar. Die Forderung, die zwar utopisch ist, aber quasi als eine Art Vetoinstitution wirksam wird, hier eine Gebrauchswertorientierung statt der Profitorientierung zu setzen, ist objektiv antikapitalistisch. Und zweitens – das scheint mir noch wichtiger zu sein – haben Marxisten bisher relativ wenig das kulturrevolutionäre Element beim Übergang zum Sozialismus hervorgehoben, was die völlige Veränderung der Kooperationsformen, der sozialen Moral, der Motivationsstruktur bedeutet. Auch bei Marx fehlt – etwa in seiner konzentrierten Darstellung der Kritik des Gothaer Programms – jede Diskussion darüber, auf welchem Weg und durch welche sozialen Veränderungen, wie er sich ausdrückt, die Arbeit zum ersten Lebensbedürfnis selbst werden kann. Das haben Marxisten fast nie diskutiert, auch die tiefenpsychologischen Bedingungen haben sie nie diskutiert.

BAHRO: Das konnten sie anfangs auch nicht.

VON OERTZEN: Nun gut, ich stelle es nur fest. Es ist ein Mangel. Die Entwicklung alternativer Formen der alltäglichen Lebensführung, einschließlich der Motivation zur gesellschaftlich notwendigen nützlichen Arbeitsleistung, bedeutet innerhalb der ökologischen Bewegung eine Negierung der herkömmlichen kapitalistisch geprägten Sozial- und Arbeitsmoral und der Moral des menschlichen Zusammenlebens. Dies ist ein wesentliches antikapitalistisches Potential. Die Nutzbarmachung der antikapitalistischen Stoßrichtung im Kampf gegen die Naturzerstörung und der Entwicklung von die kapitalistische Moral negierenden neuen alternativen Verhaltensweisen kann jedoch meiner Meinung nach nur fruchtbar werden, wenn sie zu irgendeinem Zeitpunkt wirklich in die klassische sozialistische Arbeiterbewegung eingeht.

WOLTER: Ernest, was Rudi und Peter betont haben, nämlich die antikapitalistische Potenz der Ökologiefrage, ist nicht zu bestreiten. Die Arbeiterklasse hat ebenfalls nur eine antikapitalistische *Potenz* in sich. Wo siehst du den Unterschied dieser beiden Strömungen in bezug auf die Entfaltungsmöglichkeiten dieser antikapitalistischen Potenzen?

MANDEL: Ich stimme mit Rudi und Peter total überein, daß diese Problematik eine antikapitalistische Potenz hat, die explosiver Natur ist. Darüber gibt es keine Meinungsverschiedenheiten. Sie zeigt die Krise der kapitalistischen Produktionsverhältnisse. Wie Peter anfangs gesagt hat, steckt dahinter, daß man in einem entscheidenden Punkt die Verfügungsgewalt über die Produktionsmittel, d. h. die Entschlußkraft über das, was investiert wird, aus den Händen der Unternehmer und aus der Motivation der Kapitalverwertung wegnehmen und allgemeinen gesellschaftlichen Kriterien unterwerfen will. Das ist weniger ein Angriff auf die Produktivkräfte als auf die Produktionsverhältnisse. Aber in dem Punkt der Gleichsetzung dieser Potenz mit der wirklichen Massenbewegung hast du, Rudi – glaube ich – sehr schwere Illusionen. Da bin ich nüchterner. Ich leugne ja nicht die Existenz und Bedeutung dieser Massenbewegung. Ich gehe da vielleicht noch weiter als ihr. Diese Massenbewegung wird in vielen europäischen Ländern – höchstwahrscheinlich vor allem in denjenigen mit einer relativ weniger radikalen Arbeiterbewegung –, in den USA und in Japan in den nächsten Jahren eine riesige Rolle in den

politischen Auseinandersetzungen spielen. Die Potenz
für diese Massenbewegung ist absolut da. Die große Illusion, die du hast, ist die, daß du diese Potenz gleichsetzt
mit der Motivation der Masse der Teilnehmer an solchen
Bewegungen. Ich stütze meine Meinung übrigens auf die
Erfahrungen, die wir mit der größten gleichartigen Bewegung gemacht haben, der Anti-Krieg-Bewegung in
den USA. Diese Potenz liegt zwar im Bewußtsein von
Marxisten, Sozialisten oder Humanisten, die bereits eine
gesamtgesellschaftliche kritische Sicht haben, und zwar
bevor diese Bewegung beginnt. Aber diejenigen, die an
dieser Bewegung teilnehmen, nehmen nicht aus diesem
Grund, wegen der antikapitalistischen Potenz, an dieser
Bewegung teil. Sie nehmen an dieser Bewegung teil wie
an jeder Massenbewegung. Da übersiehst du diesen
grundlegenden psychologischen Unterschied, den du ja
gerade bei den Arbeitern wohl siehst und den du hier
aber nicht siehst. Sie werden nur aus unmittelbaren
Gründen und aus unmittelbaren Zwecken teilnehmen.
Warum sind während des Vietnam-Krieges in den USA
Millionen Menschen auf die Straße gegangen? Nicht,
weil sie Antiimperialisten waren, und nicht, weil sie diesen Krieg in seinem Wesen als ungerecht verstanden.
Sondern, weil sie nicht wollten, daß ihre Söhne oder sie
selbst dort umkämen. Sobald dieses Problem sich nicht
mehr stellte, ist diese Bewegung in einer radikalen Weise
auf einen ganz kleinen Haufen zusammengeschmolzen,
auf einen noch geringeren Haufen als die radikale Arbeiterbewegung. Dasselbe wird sich in der AKW-Bewegung
wiederholen.

BAHRO: Weil du denkst, daß die ökologische Bewegung
die AKW-Bewegung ist. Vietnam war einige Jahre, aber
die ökologische Krise ist ein Dauerzustand.

MANDEL: Aber der Dauerzustand der bürgerlichen Gesellschaft, insofern als er Massenbewegungen auslöst, läßt sich immer auf eine konkrete Fragestellung mit einem konkreten unmittelbaren Ziel zurückführen. Diese riesigen Massen wirst du nicht für das allgemeine Problem der ökologischen Krise und für den allgemeinen Zusammenhang zwischen Kapitalverwertung und Gefährdung der Umwelt auf die Straßen bringen, sondern wirst du immer wieder nur für ein spezifisches Ziel gewinnen.

WOLTER: Das gilt aber auch für die sozialistische Bewegung.

MANDEL: Absolut. Jetzt komme ich zu dem entscheidenden Punkt. Das Problem, das du mit der ökologischen Massenbewegung zu lösen glaubst, ist genau dasselbe wie das Problem der Arbeiterbewegung. Wie kann ich, ausgehend von Kämpfen, die immer nur um das Unmittelbare kreisen, allgemeingesellschaftlich kritisches Bewußtsein vermitteln? Und da gibt es einen grundlegenden Unterschied zwischen der Arbeiterbewegung und der ökologischen Bewegung. Diese Vermittlung ist innerhalb der Arbeiterbewegung deshalb leichter, weil das gesellschaftliche Sein das gesellschaftliche Bewußtsein letzten Endes bestimmt.

BAHRO: Aber dort hat sie doch gerade, aufs ganze gesehen, nicht funktioniert. Du wiederholst, was theoretisch erhofft wird.

MANDEL: Bei der Arbeiterklasse hast du es mit einer Gesellschaftsklasse zu tun, die durch ihre Funktion in der wirtschaftlichen Welt – ich beziehe das keineswegs ausschließlich nur auf die materielle Produktion im ursprünglichen Sinne des Wortes – die Ausgangspositionen hat, um solidarisch kooperatives Verhalten als allgemeine Regel für gesellschaftliches Verhalten zu transformieren. Die ökologische Bewegung ist eine Zwischenklassenbewegung im besten Sinne des Wortes. Ich gebe gerne zu, daß die Bauern nicht die Mehrheit bilden. Aber sie sind da und man nimmt Rücksicht auf sie. Die »teuflische Logik« der Bündnispartnerpolitik, die wir durch die ganze Geschichte der Arbeiterbewegung hindurch sehen, spielt da immer wieder – in wachsendem Maße – eine Rolle. Da spielt diese objektive existentielle reale tägliche Lebenspraxis in der Arbeit und in der Wirtschaft nicht die vermittelnde Rolle, die sie in der Arbeiterklasse spielen könnte. Ich sage nicht, daß sie sie notwendigerweise permanent spielt, aber zumindest könnte sie sie spielen. Du hast da nicht die gesellschaftliche Infrastruktur für diese Vermittlung allgemein antikapitalistischen Bewußtseins.

BAHRO: Ich werde jetzt erst einmal an Peter anknüpfen. Auch ich glaube, daß der traditionelle Arbeiterkampf wichtig bleibt. Ich sehe ihn in einer Art Flankenschutzrolle insofern, als natürlich der Lohnkampf den Kapitalreproduktionsprozeß behindert. Er verhindert in gewissem Maße, daß die Kapitalistenklasse für ihre Art der expansiven Verwertungsprozesse samt allen Konsequenzen, die das im Weltmaßstab hat, die Hände frei hat. Der gewerkschaftliche Kampf insbesondere hindert hier die Kapitalisten, in die Vollen zu wirtschaften.

WOLTER: Da bist du aber in einem Widerspruch mit dir selber. Wir müssen den einmal ausdiskutieren, weil er wichtig ist. Auf der einen Seite bist du von der ziemlich weitgehenden Integration der Arbeiterklasse ausgegangen, und weiter von der Priorität der Wachstumsfrage im Verhältnis zur Klassenfrage. Wenn die Arbeiter am Wachstum durch Lohnzuwachs oder Verkürzung der Arbeitszeit partizipieren wollen, dann ergibt sich hier doch eine Interessenkollision. Die kann man in meinen Augen nicht aus der Welt reden. Siehst du eine Lösung dieses Problems?

BAHRO: Ich sehe, daß es da eine Interessenkollision gibt. Angesichts der Tatsache, daß vom Standpunkt der reichen Länder – für sich genommen – die traditionelle Frage der Mehrwertverteilung ihr Recht behält, wenn sie auch im Weltmaßstab kolonialistisch zu funktionieren droht und schon weitgehend funktioniert, indem sie die Skala des Pro-Kopf-Einkommens immer weiter auseinanderreißt. Wie Fidel es sagt, stellen sie sich in den Ländern der dritten Welt das gute Leben so vor wie in London, Washington und Paris. Das ist eine Perspektive, die um so mehr Mord und Totschlag nach sich zieht, je weiter diese Skala auseinandergerissen wird. Dennoch kann man natürlich nicht an der Tatsache vorbei, daß dieser Kampf stattfindet und daß er in der Gesamtkonstellation unseres Kräfteeinsatzes für den Kampf um die Überwindung des Kapitalismus einer der Faktoren ist, der die Manövrier-Möglichkeiten des Kapitals einschränkt. Nur muß er heute dem Ziel eine Totalkatastrophe der Zivilisation zu verhindern, die noch viel mehr auf dem Rücken derjenigen, die am meisten zu kurz kommen, ausgetragen werden würde, untergeordnet werden. Vielleicht liegt die Meinungsverschiedenheit zwischen Ernest und mir hier noch eine Ebene tiefer begründet. Ich glaube gar nicht mehr so recht, daß sich die Sache in der Konstitution von sozialer Bewegung um spezielle Klasseninteressen – wie die der Arbeiter in den Betrieben – entscheiden wird, so sehr die auch weiterhin mitspielen werden. Wir messen, jedenfalls für jetzt, dieser Sphäre und diesem Solidarisierungseffekt, dem Punkt, auf den er gewichtet ist, zuviel Fassungskraft zu. Ich meine also, daß die Unterscheidung »hier Klassenkohärenz, dort Zwischenklassenbewegung« gar kein Kriterium hergibt, um die Perspektiven abzuschätzen. Könnte es nicht sein, daß sich in der »Zwischenklassenbewegung« ein viel mächtigerer Komplex materieller und ideeller Interessen aufbaut als um Arbeiterinteressen im Kontext ihrer Einbindung in den Metropolkonsens? Weist nicht, was da im Durchschnitt in den Betrieben läuft, viel weniger über den Kapitalismus hinaus als die Ökologiebewegung – wenn man die von ihrem inneren Motor, von der Antriebskraft des Problems aus betrachtet, das es zu lösen gilt? Selbst der Begriff antikapitalistisch ist ja eigentlich viel zu eng, er betrifft – falls man ihn nicht sehr weit faßt und alle Krisensymptome unserer Kultur auf den Kapitalismus im speziellen Sinne zurückführt – nur einen Strang in der Existenz des Menschen als Ensemble der gesellschaftlichen Verhältnisse. Die allgemeine Emanzipation hat noch Dimensionen, die über den so angesprochenen Text hinausgehen. Was Peter meiner Meinung nach in seiner Argumentation nicht genügend berücksichtigt hat, das ist das alte Problem von »Philosophie und Proletariat«. Das ist ja der Ausgangspunkt der Leninschen Parteikonzeption des Hineintragens von Bewußtsein ins Proletariat. Das ist also schon immer ein Problem der revolutionären Fraktion der bürgerlichen Intellligenz und ihres Verhältnisses zu diesen Arbeitermassen gewesen. Für Marx war das eine Realität. Aber heute haben wir doch eine ganz andere Chance, Philosophie und Proletariat, also Intelligenz und Arbeiterklasse zusammenzubringen, also das Hineintragen von Reflexion in diesen unmittelbaren Interessenkampf zu organisieren.

VON OERTZEN: Das ist ja unbestritten. Und Ernest wird genauso gut wie wir wissen, daß alle revolutionären Organisationen, die in einer besonderen Klarheit an den Prinzipien der sozialistischen Idee festhalten, einen überproportionalen Anteil von Intellektuellen zählen.

MANDEL: Hoffenlich ändert sich dies gerade.

VON OERTZEN: Natürlich gehören ein Teil der nicht-klassengebundenen Intelligenz als auch die besonders intellektualisierten, besonders nachdenklichen und kritischen Elemente der Arbeiterklasse zu dieser »Avantgarde«.

Die Vermittlung von gesamtgesellschaftlichem Bewußtsein erfolgt durch das Medium intellektueller Tätigkeiten, und das heißt de facto bei dem Ausmaß der Arbeitsteilung auch weitgehend durch professionelle Intellektuelle. Die Frage ist nur, ob diese Intelligenz sich gerade in der ökologischen Bewegung entfaltet. Da habe ich große Zweifel.

BAHRO: Für sich genommen ist, wie du unterstreichst, das Potential in den Betrieben wirklich trade-unionistisch. Das sprengt, für sich genommen, nicht den Kapitalismus. Nun behaupte ich nicht etwa, daß das intellektuelle Potential schon an sich sozialistisch sei, sondern ich gehe davon aus, daß dieses Potential die Gesamtkrise der Zivilisation zunächst in einem diffuseren Sinne reflektiert. Wenn es gelänge, das gesamte intellektuelle Potential, das aus dem Gesamtarbeiter herauswächst, mit den Einsichten vertraut zu machen, die aus unserer Kapitalismuskritik stammen ... Aber das erfordert den breitesten Denkansatz. Das Lohnproblem hat aufgehört, unmittelbare existentielle Bedrohung zu sein. Man verhungert hier nicht mehr.

MANDEL: In den 80er Jahren wird es das wieder werden, darüber haben wir gestern gesprochen.

BAHRO: Es wird an Bedeutung zunehmen, erlangt aber nicht mehr diese Sprengkraft wie im 19. Jahrhundert. Während der Kapitalismus die Lebensgrundlagen dieses Gesamtsubjekts auf einige neue Linien, die viel gefährlicher sind als die alten ...

WOLTER: ... auf der stofflichen Ebene, meinst du? Im Verhältnis zur Tauschwertebene?

BAHRO: Es wird doch das Individuum durch diese kapitalistischen Verhältnisse zerstört, und es wird das Leben bedroht durch Atomkrieg und durch Atomkraftwerke, diese letzteren nur als Symbol für das genommen, was die Technologie überhaupt anrichtet. Das ist insgesamt ein viel mächtigeres Potential.

MANDEL: In welchem Sinne mächtig? Vielleicht im geistigen oder im materiellen Sinne?

BAHRO: Die Krise der Produktivkräfte hat ein materielles Gewicht von solchen Dimensionen ...

MANDEL: Was heißt das konkret?

VON OERTZEN: Ich wollte hierzu eine konkrete Erfahrung aus der energiepolitischen Diskussion in der SPD beisteuern, nämlich zu was für absurden Frontstellungen es unter Umständen führt, einseitig auf dem Vorrang der ökologischen Problematik zu beharren. Ich habe gesagt und damit Zustimmung gefunden: »Genossen, wie radikal auch immer ihr die Verwertung von Kernenergie ablehnt, unter den gegenwärtigen Bedingungen muß jeder Kernkraftgegner eine alternative Energiepolitik vorschlagen. Und zwar eine Politik, mit der er den Betroffenen selbst Sparmaßnahmen und Einschränkungen und eine Verringerung des Wachstums überzeugend klar machen kann, da seine Haltung sonst reine Sektiererei ist. Er muß klarmachen können, wie man den noch verbleibenden Energiebedarf auf andere Weise befriedigen kann.«

BAHRO: Jetzt gestatte mir mal einen Einwurf. Weißt du, wann das unstreitig ist? Dann, wenn ich diese Wachstumskurve im Energiebedarf voraussetze. Wenn wir die brauchen, dann geht es nicht ohne Atomkraftwerke, genauer gesagt, ohne ihre nächste Generation, den »Schnellen Brütern«.

VON OERTZEN: Nein, das stimmt einfach nicht. Es muß klargemacht werden, daß eine konsistente Energiewirtschaftspolitik erforderlich ist, um überhaupt diese Wachstumskurve abflachen zu lassen. Einsparungen, rationelle Energieverwendung, Aufhören der Verschwendung, das setzt große, konzentrierte politische und ökonomische Anstrengungen voraus. Alles andere ist wirklich schlechtester Utopismus. Im übrigen haben die ernsthaften Kernkraftgegner ja immer akzeptiert – auch die, die gesagt haben, daß wir sofort alle Kernkraftwerke abschalten können –, daß Bedingungen wie Energiesparen, Erschließung neuer Energiequellen usw. erfüllt sein müssen. Sie haben alle solche alternativen Prospekte. Und dann habe ich gesagt: »Dies ist nur möglich – und das halte ich für objektiv richtig –, wenn man die gesamte Energiewirtschaft aus dem Kapitalverwertungsprozeß herausnimmt, d. h. unmittelbar die gesamte Energiewirtschaft verstaatlicht. Das muß nicht Bürokratisierung heißen, es kann auch in Form von Selbstverwaltung vor sich gehen, aber mit zentraler Investitionslenkung, mit zentraler Preiskontrolle, mit Überführung des gesamten Überlandleitungsnetzes und aller Einleitungsrechte und der Verfügung über die Energietransportmittel unmittelbar in den Händen einer nationalen Planung.« Und ich habe angefangen, mit den gewerkschaftsnahen und in der Mitte der Partei stehenden, an sich aber eher kritischen Wirtschaftspolitikern zu sprechen. Die haben gesagt: »Du hast natürlich völlig recht. Ganz gleich, ob wir der Meinung sind, daß wir überhaupt keine Kernkraftwerke brauchen oder 10 oder 33 neue; man braucht sogar dann noch eine planmäßige Energiewirtschaftspolitik.« Und dann habe ich versucht, den Kernkraftgegnern in unserer Partei zu sagen: »Wir müssen jetzt ein konsistentes antikapitalistisches Energiewirtschaftsprogramm entwickeln, damit wir überhaupt das Instrument in die Hände bekommen.« Und weißt du, was mir die Kernkraftgegner darauf geantwortet haben? Ihr könntet es fast erraten. »Das wollen wir nicht. Denn wenn wir der jetzigen Wirtschaftspolitik eine funktionierende Energiewirtschaftspolitik in die Hand geben, dann werden sie damit nur eine weitere Begründung haben, um noch extensiver Kernkraftwerke zu bauen.« Um die ideologische Ablehnung der Kernkraftwerke in ihrer ideellen Reinheit aufrechtzuerhalten, haben sie sich erklärtermaßen geweigert, ein Konzept einer antikapitalistischen Energiewirtschaftspolitik überhaupt in Erwägung zu ziehen. Das war die Konsequenz in der SPD. Und das waren engste politische Freunde von mir.

MANDEL: Ich bin mit der zentralen Formel von Rudolf einverstanden, daß wir vor einer Weltkatastrophe der Zivilisation stehen. Aber ich ziehe daraus zwei andere konkrete Schlußfolgerungen. Erstens kann diese Weltkatastrophe der Zivilisation nur verhindert werden, wenn die Verfügungsgewalt über die Produktionsmittel dem Kapital, dem Konkurrenzstreben, der Logik der Marktwirtschaft entzogen wird, d.h. wenn der Kapitalismus gestürzt wird. Dies ist keine ausreichende, aber doch die absolute Vorbedingung. Wenn dem so ist, stellt sich die Frage, welche gesellschaftliche Kraft fähig ist, den Kapitalismus mittelfristig zu stürzen. In deiner Argumentation liegt ganz eindeutig eine Flucht nach vorn. Das hast du beinahe offen ausgesprochen. Weil wir, so sagst du, 22 Millionen Lohnabhängige in der Bundesrepublik bisher nicht gesamtgesellschaftliches antikapitalistisches Bewußtsein vermitteln konnten, wollen wir es irgendwo anders anfangen. Das ist eine typische Flucht nach vorn. Die richtige Frage müßte lauten, wie wir heute, vielleicht das leichter als in der Vergangenheit, – ausgehend von den unmittelbaren Arbeits- und Lebensinteressen dieser Lohnabhängigen – ihnen tatsächlich antikapitalistisches, gesamtgesellschaftliches Bewußtsein vermitteln können.

BAHRO: Aber Ernest, da bin ich doch völlig einverstanden. Ich meine, daß ich dieselbe Frage stelle.

MANDEL: Aber mit welcher Gewichtung? Das ist die zahlenmäßige Gewichtung und – was noch viel wichtiger ist – die Gewichtung vom Standpunkt der potentiellen ökonomisch gesellschaftlichen Macht und der konkreten Vorbereitung auf die Möglichkeit dieser Umgestaltung. Du irrst dich, wenn du glaubst, daß es sich bei der Entwicklung des linken Flügels der Gewerkschaftsbewegung und all den neuen Entwicklungen der letzten zwölf, dreizehn Jahre um Trade-Unionismus handelt. Es ist nichts trade-unionistisches an der Tatsache, daß Arbeiter einen Betrieb besetzen, daß Arbeiter versuchen, den Untergang von Betriebszweigen nicht nur dadurch zu verhindern, daß sie sagen: »Wenn die Unternehmer nicht mehr weitermachen, dann machen wir selbst weiter«, sondern indem sie sogar anfangen alternative Produktionspläne, alternative Produktionsziele auszuarbeiten. Diese ganze Dynamik der Arbeiterkontrolle, diese ganze Dynamik hat mit Trade-Unionismus im klassischen Sinne des Wortes überhaupt nichts zu tun.

BAHRO: Das ist die erste »Raketenstufe«, und die ökologische Krise ist die zweite, die dem den Durchbruch gibt.

WOLTER: Ich möchte gerne eine präzisierende Frage an Ernest stellen. Ich glaube, daß wir auf zwei Ebenen diskutieren. Es resultieren Probleme aus der Verabsolutierung bestimmter vorhandener Widerspruchstendenzen im Kapitalismus. Wenn man die Ökologiekrise als Hauptfrage nimmt, dann stellt man fest, daß die Arbeiterklasse in der Bundesrepublik als organisierte Kraft nichts dagegen tut. Das ist so. Bei uns in Berlin gibt es Smog-Alarm. Es kann also passieren, daß wir irgendwann wie in Japan mit diesen Gasmasken herumlaufen. Das ist ein unwürdiger unmenschlicher Zustand. Daß sich Menschen daran gewöhnen, das ist noch ein anderes Problem ... Ja, man kann es lösen. Jetzt taucht doch aber eine Frage auf. Ist es deshalb nicht auch für Sozialisten absolut notwendig, mindestens zweigleisig vorzugehen, eine konzentrierte Arbeitsteilung zu etablieren? Man muß das ernst nehmen, was einzelne Fraktionen machen und sich hauptsächlich da engagieren, ohne daß jeweils die einzelnen Punkte verabsolutiert und dann auch falsch werden. Wir müssen doch jetzt in diese Ebene gehen. Wir können nicht sagen, daß wir warten müssen, bis wir den Kapitalismus stürzen.

MANDEL: Darüber gibt es keine Meinungsverschiedenheiten. Die Problematik fängt dort an, wo du glaubst, daß sie aufhört. Deshalb habe ich auf das Wort »zweigleisig« reagiert. Das stimmt halt nicht. Das Versagen der klassischen, reformistischen, gradualistischen Arbeiterbewegung, eine ganze Reihe von explosiven gesellschaftlichen Fragen, die im Spätkapitalismus eine qualitativ total veränderte Brisanz bekommen haben, aufzugreifen, hat autonome Massenbewegungen entfacht. Das Beispiel der Frauenbewegung – immerhin handelt es sich um die absolute Mehrheit der Menschheit – hat mindestens genausoviel Bedeutung wie die ökologische Bewegung, wenn nicht mehr. (Lebhafte Zustimmung der anderen.) Bei der antiimperialistischen Bewegung war es ja dasselbe. Wenn du die Bilanz der Aktivitäten der westeuropäischen – von der amerikanischen schon gar nicht zu reden – organisierten Arbeiterbewegung in der Organisation von Solidarität mit der Befreiungsbewegung in der dritten Welt ziehst, dann ist sie absolut Null. Das war eine völlig autonome Bewegung außerhalb der organisierten Arbeiter. Das sind also schon drei Beispiele. Man kann da immer noch ein paar andere geben, wo es sich auch nicht um kleine Sachen handelt. Es sind Sachen, die einen Großteil der Menschheit beschäftigen. Aber wir haben auch etwas anderes erlebt. Das sollt ihr nicht unterschätzen. Beim Rückgang der Studenten- und der Intellektuellenbewegung ist jetzt eine tragische Bilanz aufzumachen. Die negative Rolle des Fehlens einer zentripetalen Kraft, die nur die organisierte

Arbeiterbewegung sein kann, besteht nicht nur darin, daß sich diese Bewegungen getrennt von der Arbeiterklasse entwickeln, sondern sie bestimmt auch bedeutsam die zeitlichen Grenzen des persönlichen Einsatzes. Da komme ich auf das zurück, was ich vorher unterstrichen habe. Das gesellschaftliche Sein bedingt das Bewußtsein. Der Arbeiter wird sein ganzes Leben lang gezwungen, Mehrwert zu produzieren. Weil er sein ganzes Leben lang gezwungen ist, Mehrwert zu produzieren, kann er sich nicht völlig in diese Gesellschaft integrieren. Ein gegen die Ökologiekrise rebellierender Intellektueller wird nicht sein ganzes Leben lang gezwungen, gegen die Ökologiekrise zu protestieren. Das ist ein rein bewußtseinsmäßiges Engagement. Und wenn nach fünf, sechs oder sieben Jahren die Enttäuschungen kommen, weil die Erfahrung bewiesen hat, daß nicht das Große erreicht worden ist, dann zieht er sich zurück. Und das läuft durch alle single-issue-Bewegungen wie ein roter Faden. Dieser existentielle Zwang zum permanenten Engagement gegen die kapitalistische Gesellschaft, der bei den Lohnarbeitern drin ist, ist in diesen Bewegungen nicht drin. Wir kennen alle eine Liste von radikalen Studentenführern, die du heute in den etablierten Parteien wiederfindest oder die du in den hohen Stellen des Verwaltungsapparates wiederfindest. Dasselbe gilt auch für die Frauenbewegung. Oder du findest sie in direkt reformistischen, rein zünftlerischen Teilbewegungen.

VON OERTZEN: Ich möchte mal eine kleine Ergänzung einbringen. Es gibt eine relativ begrenzte Gruppe, die auch in einer aus der Struktur der kapitalistischen Gesellschaft herrührenden Art und Weise – freilich mehr ihrer politischen als ihrer ökonomischen Struktur – in einer Dauerrebellion steht, weil sie sie dauernd in ihrer Existenzmöglichkeit berührt. Das ist die wirkliche Intelligenz, weil die Möglichkeit zum freien Ausdruck und zur kritischen Diskussion ihre Existenzgrundlage ist.

MANDEL: Da muß ich dir widersprechen. Ich gebe dir ein Beispiel. Es ist der ehemalige kommunistische Nobelpreisträger Prigoschin. Er ist einer der wenigen belgischen Nobelpreisträger. Er ist einer der größten Physiker heute auf der Welt, der eine ganz neue Theorie über Gleichgewichtsstörungen in der Materie ausgearbeitet hat. Er ist heute der offizielle Berater des belgischen Königs, er hat den belgischen König auf seiner Rußlandreise begleitet, er hat unbeschränkte Möglichkeiten zur Forschung.

VON OERTZEN: Du verschiebst die Argumentation. Wenn du das auf das Individuum abstellst, dann kann ich dir Tausende und Zehntausende von Arbeitern und Gewerkschaftsfunktionären nennen, die trotz des Drucks, unter dem sie stehen, endgültig ihren Frieden mit dem Kapitalismus gemacht haben. (Mandel stimmt dem Einwand zu.) Sie haben sich Nischen gesucht, denn wenn sie erst einmal Meister geworden sind, dann werden sie nicht mehr entlassen. Ich habe nichts anderes sagen wollen, als daß die Situation des kritischen Intellektuellen in regelmäßigen Abständen immer wieder neuen Protest gegen das System als Ganzes erzeugen muß.

BAHRO: Ernest, ich möchte dich bitten, deine Ansicht von der Ökologiebewegung als Ein-Punkt-Bewegung noch einmal zu überprüfen. Was du über die Herausforderung durch die Ausbeutung sagst, die dem Arbeiter ständig begegnet, entspricht einer umfassenden existentiellen Dauerherausforderung der Massen jetzt – über diese Schichtgrenzen innerhalb des Gesamtarbeiters hinweg. Insofern habe ich von der AKW-Sache bloß als Symbol für das Ganze gesprochen. Die Leute beginnen, um die eigenen Kinder und Kindeskinder Angst zu haben, weil spürbar wird, daß diese Industriezivilisation mit allen ihren Voraussetzungen nicht mehr länger als zwei oder drei Generationen so aufrechtzuerhalten ist.

MANDEL: Das ist das persönliche Bewußtsein von Individuen. Damit bringst du keine hunderttausend Leute auf die Straße. Hunderttausend Leute bringst du gegen den Bau einer konkreten Autobahn, eines konkreten Kraftwerks, der Verschmutzung eines konkreten Hafens auf die Straße. Und diese Fragen sind lösbar.

BAHRO: Nein, Ernest dahinter steckt der allgemeine Zusammenhang. Und dann ein zweites Argument. Du meinst, daß es unmöglich sei, auf dieser Ebene Kontinuität zu haben. Hat nicht die Krise der römischen Zivilisation über 400 Jahre lang Kontinuität von christlicher Intellektualität getragen? Und zwar, weil sie bereits ans Leben ging?

MANDEL: Das ist ein unerhört gefährliches Beispiel, denn am Ende dieser 300 Jahre hat sich die christliche Religion oder Rebellion als Staatskirche etabliert ...

BAHRO: ... klar, weil damals der *Feudalismus* auf der Tagesordnung stand. Die Kirche hat die ökonomische Rekonstruktion Italiens mit der Formel »ora et labora« [Bete und arbeite!] eingeleitet, der Schwerpunkt lag auf dem zweiten Wort.

MANDEL: Ja, aber als Staatskirche. Wenn du nicht die gesellschaftlichen ökonomischen, materiellen Voraussetzungen in der Basis, in der Tätigkeit der Hauptteilnehmer an dieser Rebellionsbewegung für eine gesellschaftliche Revolution, für eine Revolution über die Verfügungsgewalt der Produktionsmittel, für eine Änderung der Produktionsverhältnisse hast, dann wird dabei vieles herauskommen, aber nicht das, was du willst.

WOLTER: Ich möchte Ernest eine praktische Frage stellen. Deine Kritik an der single-issue-Bewegung, die Warnung vor der Illusion, die ich ja teile, daß es – egal von welchem

Standpunkt aus betrachtet – eine Automatik geben kann, die zum Sozialismus führen wird und ich die Neukonstruktion eines Hauptwiderspruchs für illegitim halte, weil damit diese Automatik vorgetäuscht wird, hat ja insofern eine Berechtigung. Trotzdem stehst du vor einem praktischen Problem. Wie immer man die strategische Chance beurteilen mag, die sich aus der Verbreitung und Radikalisierung der Ökologiefrage ergeben kann, das dahinter liegende Problem bleibt trotzdem ein ganz dringliches. Wie stellst du dich also zur Ökologiebewegung?

MANDEL: Wie ich daran teilnehme? Mit maximaler Loyalität. Wenn du von der Hypothese ausgehst – und das sind alles Hypothesen, worüber wir reden, wir sind ja keine Dogmatiker, die Geschichte wird erst zeigen müssen, wer Recht hat –, daß die Ökologiebewegung keine Substitution für die organisierte Arbeiterbewegung sein kann, dann kannst du mit einer viel größeren Wirksamkeit und Loyalität an diesen single-issue-Bewegungen teilnehmen, denn du willst sie nicht umfunktionalisieren und instrumentalisieren. Wir sagen, daß wir den Bau dieses neuen Atomkraftwerks verhindern wollen. Das ist ein richtiges Ziel, genauso wie 5 Prozent mehr Lohn oder 3 Stunden weniger Arbeit, und wir werden uns dafür uneingeschränkt einsetzen. Wir werden dafür ein breites Bündnis mit jedermann schließen. Aber wir werden nicht die Illusion haben, daß darauf der Sturz des Kapitalismus oder die Lösung der Zivilisationskrise kommen wird. Wir werden den Bau dieses Kraftwerks verhindern. Gleichzeitig – das ist die klassische Haltung von Sozialisten – werden wir, unter Wahrung der vollen Loyalität, an einer solchen Massenbewegung teilnehmen und versuchen, die Möglichkeiten auszuschöpfen, um sozialistisches Bewußtsein auf dem Weg der Propaganda – nicht durch Umfunktionierung dieser Massenbewegung – zu vermitteln.

Einheit oder Reinheit?
Über die Schwierigkeit, auf vernünftiger Grundlage zusammenzukommen

WOLTER: Eine letzte Konkretisierung, ehe der Rudi darauf antwortet. Du sagst, daß es eine Aktionseinheit gegen ein konkretes Kraftwerk oder gegen eine Autobahn geben muß. Wer ist dabei in deinen Augen bündnisfähig? Und wie siehst du die Bündnisfrage in allgemein politischer Hinsicht?

MANDEL: Ich würde sagen, im Falle der Verhinderung eines konkreten Kraftwerks sind es alle, mit Ausnahme von direkt bürgerlichen Parteien, Gruppierungen oder Interessensvertretungen. Aber darüber kann man sich streiten. Zum zweiten Punkt deiner Frage. Hier mache ich eine Unterordnung der Bedeutung dieser Bewegung unter ein allgemeineres Problem. Das zentrale Problem für die Arbeiterbewegung ist die Verzahnung der Frage der Selbstorganisation der Arbeiterklasse mit einem politischen Problem. Das ist der Kampf der Arbeiterklasse um die politische Macht. Ich glaube, daß das Haupthindernis auf diesem Weg alle Konzeptionen, alle Irrtümer, alle Fehler oder alle Verbrechen sind, die die Arbeiterbürokratie auf dem Weg der Klassenzusammenarbeit begangen hat. Darum gebe ich dem Kampf gegen die Idee der Klassenzusammenarbeit zwischen Arbeiterklasse und Bürgertum den absoluten Vorrang auf allen Gebieten, gegenüber jeglicher Problematik. Alles, was die Klarheit des Bewußtseins der Arbeiter verwirrt, ist schädlich. Keines der zentralen Probleme unserer Gesellschaft kann gelöst werden, wenn nicht die Arbeiterklasse als selbständige Klasse für die Eroberung der politischen Macht kämpft und irgendwelche Illusionen in die Möglichkeit der Zusammenarbeit mit Teilen des Bürgertums hat. Das hat für mich die absolute Priorität. Das ist eine Frage des Werturteils.

BAHRO: Dann muß ich erst einmal feststellen, daß meine Idee vom »historischen Kompromiß« keine Idee von Klassenzusammenarbeit ist. Wenn sie auch mit einschließt, daß man mit Angehörigen der bürgerlichen Klasse in ihrer Eigenschaft als auch bedrohte Menschen zusammenarbeiten kann. Sie ist aber auch keine Idee, die sich auf gleiche Weise um das Problem der Machteroberung herumordnet, in unserer überlieferten Revolutionstheorie. In meiner Vorstellung handelt es sich nicht darum, die ökologische Bewegung für sozialistische Zwecke zu funktionalisieren, sondern ich denke, daß sie – da sie in meinen Augen keine Ein-Punkt-Bewegung ist – in ihrem innersten Kern antikapitalistisch ist. Genauso wie wir von den Arbeitern sagen, sie hätten, auch wenn sie es manchmal nicht wissen, objektiv die Aufgabe, den Kapitalismus zu stürzen. Deshalb kann ich nicht sehen, wieso wir Sozialisten, wenn wir uns in die ökologische Bewegung stürzen, dort eine künstliche Funktionalisierung vornehmen. Wir sollten die qualifiziertesten Repräsentanten des Versuchs sein, den Kapitalismus aus der Welt zu schaffen. Denn er bedroht nunmehr die Existenz der Menschheit in totum.

MANDEL: Aber da mußt du den bürgerlichen Staat stürzen, und du mußt die politische Macht erobern. Das sind ganz konkrete Sachen. Das kannst du nicht in einer allgemeinen, vagen Formel auflösen.

BAHRO: Den bürgerlichen Staat mußt du dividieren. Es ist schon die Frage, was der bürgerliche Staat ist. (Mandel: Da kommen wir zur Gretchenfrage.) Ich bin der Meinung, daß man mit einer gesamtgesellschaftlichen Massenbewegung zwischen die Monopole und den Staat stoßen kann, um den Staat als Instrument für ganz andere Dinge zu benutzen, als er bisher benutzt worden ist.

MANDEL: Das ist absolute Illusion. Das ist vielleicht der Hauptpunkt unserer Differenzen. Rudolf, deinen guten Willen, deine Absichten und deine kommunistische Ausrichtung bezweifle ich nicht einen Augenblick. Aber ich möchte dir wirklich ins Gewissen sprechen. Mache dich nicht, auch nicht im mindesten Ausmaß, mitverantwortlich dafür, daß das erneut passiert, wovon ich jetzt historische Beispiele gebe. Als 1918 die deutschen Arbeiter praktisch ohne Gewaltanwendung die gesamte Macht in ihren Händen hatten, als ein Alldeutscher Arbeiter- und Soldatenkongreß tagte, der sich seiner Macht so bewußt war, daß er sogar sein Auflösungsdekret unterschrieben sah mit »Im Namen der sozialistischen Republik Cohen-Reuss« – wenn ich mich nicht irre, ein rechter Sozialdemokrat –, hat man die Leute, die diese Macht schon zu 99 Prozent in den Händen hatten, betrogen und mit der Formel um die Macht gebracht: »Es ist doch schon alles erreicht. Machen wir es so. Das ist legitim. Damit es jeder akzeptiert, gehen wir durch die Wahlen, machen wir eine Nationalversammlung. Es ist doch kein Zweifel, was dabei herauskommen wird. Jeder will ja die Sozialisierung.« Nach sechs Monaten war die Konterrevolution siegreich. Wir haben es ein zweites Mal in Spanien erlebt. Im Gegensatz zu Deutschland wurde dort unter riesigen Menschenopfern, mit Tausenden und Tausenden von Toten zum einzigen Mal in der Geschichte ein faschistisch-militärischer Putsch von der Arbeiterklasse in den großen Städten des Landes mit Waffengewalt gebrochen. Sie hat die Macht selbst in ihre Hände genommen, die Fabriken besetzt, ihre Räte und Komitees gebildet. Man hat ihnen dann gesagt: »Ihr habt doch schon alle Macht. Erst müssen wir jetzt den Krieg gewinnen und um den

Krieg zu gewinnen, müssen wir Sympathien im Ausland haben.« Da muß man die Reden hören. Das ist eine der unglaublichsten Geschichten, wie der Companys, der Chef der katalonischen Bourgeoisie, die anarcho-syndikalistischen CNT-FAI-Arbeiter von Barcelona angesprochen hat, die – jeder mit 4 oder 5 umgehängten Gewehren – in sein Büro gekommen waren. Er sagte ihnen: »Ich bin nichts. Ihr habt alle Macht. Wenn ihr wollt, gehe ich als einfacher Soldat an die Front. Aber wenn ihr wollt, daß ich euch einen kleinen Dienst erweise, indem ich meine guten Beziehungen zum Ausland ausnutze, dann bin ich gerne bereit als Premierminister einer Regierung zu funktionieren. Ihr habt ja alle Macht.« Innerhalb von sechs Monaten waren diese Arbeiter entwaffnet, war wieder eine reguläre Armee errichtet, hat die Konterrevolution gesiegt, und natürlich haben sie den Krieg verloren. Das war selbstverständlich. Persönlich habe ich – auf bescheidener Ebene – etwas ähnliches erlebt. Im Frühling 1975 hielt ich an der Universität Coimbra eine Vortragsreihe über die politischen und wirtschaftlichen Vorbedingungen der Aufhebung des Kapitalismus in Portugal. Die anwesenden KP- und SP-Genossen sowie marxistische Professoren guckten mich erstaunt an und wiederholten immer wieder: »Das ist doch alles schon überholt. Bei uns ist der Kapitalismus doch bereits abgeschafft.« Sechs Monate später, im November, waren die bürgerliche Armee und der bürgerliche Staat bereits wieder stabilisiert und hatte die »demokratische« Konterrevolution gesiegt, genau wie im Januar 1919 in Deutschland. Wenn wir es verhindern wollen, daß sich solche Dinge noch einmal wiederholen, dann müssen wir in den Köpfen der Arbeiterklasse dieses eindeutige, klare Bewußtsein durchsetzen, daß es unmöglich ist, den Sturz der kapitalistischen Gesellschaftsordnung im Rahmen der bestehenden politischen Verhältnisse durchzuführen. Dann müssen wir in ihrem Kopf durchsetzen, daß, wenn sie die tatsächliche Macht in einem solchen revolutionären Generalstreik in ihren Händen haben, sie das auch sofort in neuen Staatseinrichtungen institutionalisieren. Wenn sie das nicht tun, werden sie erneut scheitern. Dann werden sich der bürgerliche Staatsapparat und die bürgerliche Staatsmacht unvermeidlich erneut stabilisieren, dann werden die Arbeiter unvermeidlich zu einer politisch und wirtschaftlich beherrschten Klasse, trotz aller vorläufigen Erfolge und Eroberungen. Ebensowenig wie es eine »gemischte« Wirtschaft geben kann, kann es eine »gemischte«, über den Klassen schwebende Staatsmacht geben. Wenn die Arbeiterklasse nicht die politische Macht erobert – und dazu muß sie den bürgerlichen Repressionsapparat zerschlagen und Staatseinrichtungen schaffen, die ihrer eigenen Machtausübung dienen – fällt sie zwangsläufig wieder in die Hände des Großkapitals zurück.

BAHRO: Ich vermute, Ernest, daß die ganze Erwartungshaltung, die den Rahmen deiner Argumentation abgibt, illusorisch ist. Ich kann nicht sehen, daß Be- oder Entwaffnung der Arbeiter noch eine relevante Fragestellung für das wäre, was hier ansteht. Wir müssen an den Situationen als ganzen vorbei, die du das nächste Mal besser bewältigt sehen möchtest. Die Formel lautet nicht Zerschlagung des Apparats, also »Metall gegen Metall«, sondern Paralysierung seiner direkt repressiven Organe durch politisch psychologische Hegemonie. Und das im Kontext einer ganz anderen, umfassenderen Revolutionstheorie, die loskommt von dem Modell von 1789–1794 und 1917 ff.

VON OERTZEN: Der ökologischen Bewegung die Aufgaben einer gesellschaftlichen Rekonstruktion insgesamt zuzuschreiben, halte ich für irrig. Ich sehe allerdings in der ökologischen Bewegung Ansatzpunkte. Es gibt gewisse objektive antikapitalistische Tendenzen, die freilich in ein umfassendes sozialistisches Programm eingefügt werden müssen. Es besteht kein Zweifel, daß Sozialisten die Verpflichtung, aber auch die Möglichkeit haben, das sozialistische Programm und die sozialistischen Vorstellungen in der ökologischen Bewegung propagandistisch zu vertreten. Zweitens, was ich für fast noch wichtiger halte, ist, daß in der ökologischen Bewegung – sofern sie mehr ist als nur eine Naturschutzbewegung – die Elemente alternativer Lebensformen in der Reproduktionssphäre der menschlichen Gesellschaft wirklich ein Stück Utopie im guten Sinne darstellen, weil sie sinnlich erfahrbar machen, daß man sich von gewissen Zwängen des kapitalistischen Verwertungsprozesses freimachen kann, daß man auf andere Weise menschlich leben kann.

MANDEL: Sehr oft ist das aber direkt reaktionär. Ich möchte da ein Beispiel geben.

VON OERTZEN: Ernest, sieh mal. Ich will das an einem ganz harten, knappen Beispiel verdeutlichen. Die authentisch sozialistischen Organisationen pflegen zum Beispiel die Prinzipien intensiverer gegenseitiger Hilfe in der Organisation des radikalen Abbaus der ökonomischen Privilegien der Führenden gegenüber den Geführten der eigenen Organisation sowie Beschränkung des persönlichen Konsumstandards um eines ideellen Zieles willen. Das ist eine die Lebensform prägende Veränderung. Hier wird etwas von der menschlichen Bescheidung und der Gleichheit des Sozialismus vorweggenommen. Zugleich wird das sinnbildlich. Man kann das anfassen und sagen: »Der ist, wenn er so lebt, ein Sozialist. Der redet nicht nur, sondern er ist einer.« Dieses wird nun ohne die starre Disziplin einer kleinen Organisation, die das verfügt und auch erzwingt, in der alternativen Bewegung von Hunderttausenden freiwillig praktiziert. Das weist darauf hin, daß es ein Bedürfnis gibt, das darauf hindrängt. Wenn ich an die Generation meiner Kinder denke, die haben nicht die Lebensperspektive meiner Altersgenossen, ohne daß sie deswegen »ausflippen«. Und sie sind links, sie sind sozialistisch. Das ist Ausdruck einer gewissen Veränderung der Lebenshaltung in einer ganzen breiten Schicht, überwiegend mittelständisch, das gebe ich zu. Trotzdem halte ich das für einen positiven Ansatz. Man muß das zur Kenntnis nehmen, man muß das ernsthaft würdigen. Im übrigen, eure Organisation tut es doch auch.

MANDEL: Einverstanden, jetzt möchte ich aber die Gegenseite mal unterstreichen. Insofern das von bewußten Sozialisten getragen ist, von Leuten, die schon von vornherein sozialistisches Gesamtbewußtsein haben oder die es sehr schnell im Rahmen dieser Bewegung erringen, ist es unproblematisch. Dann trifft das zu, was du sagst. Aber da es sich da um spezifische punktuelle Massenbewegungen handelt, sind nicht alle und ist nicht die Mehrheit von diesem Bewußtsein getragen. Da sind gerade bei der Frage der alternativen Lebensform die konservativen, teilweise reaktionären Potenzen noch viel stärker als bei den anderen Teilbewegungen. Ich möchte ein ganz konkretes Beispiel geben, das aus Italien und aus der Schweiz kommt. Gewisse ehemalige Ultralinke, Autonome, Anarchisten haben jetzt theoretisiert, was – ich bin jetzt scheinbar sehr boshaft – eines der Hauptprojekte des italienischen Großkapitals ist, um aus seiner Verwertungskrise herauszukommen. Die italienische Arbeiterbewegung hat einen gewaltigen Anteil des vergesellschafteten Lohns durchgesetzt, den höchsten zusammen mit Belgien. Ich bezeichne dies schon nicht mehr als trade-unionistisch, sondern als solidarisch, vorsozialistisch. Beinahe 50 Prozent der Lohnkosten, die von den Unternehmern bezahlt werden, werden nicht unmittelbar an den Arbeiter gezahlt, sondern laufen über Sozialversicherung, Krankenkasse usw. Gut, das ist die Basis für viel Mißbrauch, vor allem in einem Land wie Italien, das eine korrupte Verwaltung hat. Man hat z. B. ausgerechnet, daß in Neapel mehr Leute Invalidenrente bekommen, als es eingeschriebene Invaliden gibt. Aber das ist ein anderes Problem. Was machen jetzt unsere lieben Befürworter für alternative Lebensformen? Sie sagen: »Wir brechen aus der warenproduzierenden Gesellschaft aus.« Wunderbar, »Wir etablieren uns irgendwo in einer Kleinstadt oder auf dem flachen Land. Wir ziehen uns auf Gebrauchswarenproduktion zurück, und wir verkaufen unsere Kleingewerbeproduktion oder unsere Arbeitskraft, auf dem Markt als ›Schwarzarbeit‹. Wir haben nur das direkte Einkommen, und der vergesellschaftete Teil des Lohnes fällt weg.« Man sagt, daß die Zahl der Schwarzarbeiter heute in Italien drei bis vier Millionen beträgt. Das bedeutet eine Senkung der Lohnkosten für die Kapitalisten, die direkt oder indirekt von dieser Schwarzarbeit profitieren, um 50 Prozent. Dieses Geld, das die Kapitalisten jetzt sparen, fehlt auf der anderen Seite bei den Sozialeinrichtungen. Und das bedeutet eine Gefährdung des fundamentellen Prinzips der Klassensolidarität, daß nämlich die Arbeitenden weiterhin diesen indirekten Lohn bezahlen, damit die Arbeitslosen, die Invaliden, die Kranken, die Witwen, die Rentner mindestens eine lebenswürdige Unterstützung haben können. Und das ist für mich ausgesprochen reaktionär in der heutigen Gesellschaft. Es nimmt vielleicht fortgeschrittene Lebensformen für eine zukünftige Gesellschaft vorweg, das mag sein, aber im Rahmen der bestehenden Gesellschaftsordnung ist das reaktionär. Das ist ein Angriff auf die Sozialversicherung, auf die Klassensolidarität. Das ist eine Flucht in eine Individuallösung der sozialen Frage, wodurch die Lösung des Gesamtproblems unerhört erschwert wird, wenn sie auf breiter Ebene ausgeübt wird. Und gerade in einem Land mit anderthalb bis zwei Millionen Arbeitslosen.

VON OERTZEN: Ich leugne das gar nicht. Ich will es nur noch mit einem Satz präzisieren. Dies ist natürlich genau die Seite der alternativen Lebensform, die auch ich als reaktionär bezeichnen würde und die ich nicht primär gemeint habe. Ich hatte eine Haltung gemeint, die eine entscheidende Triebkraft für das wirtschaftliche Verhalten von Individuen im Kapitalismus betrifft, die Triebkraft nämlich, den individuellen Konsumfonds über eine gewisse angemessene menschliche Befriedigung von Grundbedürfnissen hinaus linear ziel- und sinnlos zu vermehren; und diese Haltung wird gebrochen. Das bezieht sich zwar noch überwiegend auf Überbauberufe, das sind kleinbürgerliche, mittelbürgerliche Schichten, aber ich halte es für eine Vorwegnahme sozialer Verhaltensweisen, die für ein Funktionieren des Sozialismus zwingend erforderlich sind. Wenn ein junger Mensch sagt, daß es ihm in erster Linie um eine sinnvolle Arbeit gehe und nicht darum, mindestens dreimal so viel zu verdienen wie ein Arbeiter, wenn es ihm reicht, genausoviel oder ein paar hundert Mark mehr zu verdienen, um zusätzliche kulturelle Bedürfnisse zu befriedigen, und er völlig zufrieden ist und nicht die Meinung vertritt, daß jede etwas verantwortlichere oder ein bißchen anspruchsvollere Tätigkeit zugleich mit riesigen zusätzlichen Einkommen vergütet werden muß, dann ist das radikales Infragestellen der kapitalistischen Moral. Ebenfalls, wenn junge Ärzte sagen, daß es ihnen darum gehe, ein guter Arzt zu sein und nicht darum, Spitzenverdiener zu sein, wie das noch meistens der Fall ist. Die weigern sich ja, auch nur eine Spritze in die Hand zu nehmen, wenn ihnen nicht 10 000 oder 20 000 Mark im Monat garantiert sind. Und jetzt kommen wir zu dem politischen Problem. Wenn du versuchst, einen der entscheidenden Punkte bei einem Übergang zum Sozialismus ins Auge zu fassen, nämlich die radikale Veränderung der Einkommensverhältnisse, dann mußt du eine ganze Reihe privilegierter Zwischenschichten erheblich in ihrem Einkommen drücken. Und wenn du dann Minderheiten hast, die diese Zwischenschichten moralisch mitreißen und die gleichzeitig auch evtl. Streikbewegungen entgegentreten, indem sie sagen: »Wir arbeiten als Ärzte auch nur für 3 000 Mark im Monat«, dann ist das ungeheuer wichtig.

MANDEL: Das passiert auch schon. 30 Prozent der belgischen Ärzte haben am Ärztestreik nicht teilgenommen. Das war eine riesige Überraschung für jedermann. Für mich auch. Ich hatte nicht damit gerechnet.

VON OERTZEN: In den Erziehungs- und in den Sozialberufen ist es auch so. Wir werden natürlich auch die Privilegierung der oberen Schichten der pädagogischen und sozialen Berufe gegenüber dem Produktionsarbeiter beim Übergang zum Sozialismus nicht aufrechterhalten können.

MANDEL: Aber im Kapitalismus ist das unmöglich.

VON OERTZEN: Gewiß. Deshalb ist eine Gesinnung, die das Einkommen nicht als eine Art verselbständigten Prozeß mit Statusbedeutung und vielen anderen Dingen, sondern schlicht und einfach als die Quelle zur Führung eines angemessenen menschlichen Lebens betrachtet, eine moralische Revolution, deren Wert man gar nicht hoch genug schätzen kann. Beim Kampf um Egalisierung der Einkommen in der Arbeiterschaft werden die entgegengesetzen Tendenzen wirksam. Jene qualifizierten Arbeitskräfte sind mit die gefährlichsten Gegner für eine solidarische Gewerkschaftspolitik. Sie sind es, die immer auf der Aufrechterhaltung der Lohndifferenzen gegenüber den Angelernten bestehen.

WOLTER: Rudi, wieweit würdest du das Bündnisspektrum der Grünen fassen? Spielen die alten Kategorien von »links« und »rechts« dort keine Rolle mehr? Sollte es besser »rinks« und »lechts« heißen?

BAHRO: Links und rechts haben entweder die Bedeutung

der Vertretung von Klasseninteressen, oder es sind Kategorien, um ideologische Verhaltensweisen von Leuten, die unter Umständen auch Arbeiter sein können, zu bezeichnen. Was wir jetzt in dieser ökologischen Bewegung haben, einschließlich der Leute, die dort am rechtesten sind, das sind alles keine Kapitalfunktionäre, und wenn welche darunter sind, nehmen sie nicht in dieser Eigenschaft teil. Das ideologische Spektrum, das wir dort haben und welches tatsächlich von links bis rechts reicht, begründet sich in erster Linie aus Mentalitätsunterschieden. Da ist z. B. der Konservatismus. Wenn dort Lehrer konservative Positionen vertreten, hat das nicht unmittelbar mit ihrer spezifischen sozialen Lage zu tun, sondern da werden zum Beispiel Traditionen romantischer Kapitalismuskritik weiter genährt. Diese Links-Rechts-Skala sehe ich und nehme sie einfach zur Kenntnis. Und zwar als eine Herausforderung an den linken Flügel der grünen Bewegung. Da ich das als eine Differenzierung auf ideologischer Ebene und nicht auf der Ebene von gegensätzlichen ökonomischen Interessen ansehe, glaube ich, daß das ein überaus fruchtbares Feld ist, um der ganzen Bewegung einen immer stärkeren antikapitalistischen Charakter zu verleihen. Und um bestimmte konservative Ideologien, die sowieso schon früher antikapitalistisch gewesen sind, durch eine modernere und damit progressive Argumentation so einzuordnen, daß es wirklich gegen die Grundfesten der bestehenden Verhältnisse geht.

WOLTER: Wenn wir hier ein derartig breites Spektrum haben, wie siehst du dann die Perspektiven des Bruchs oder Bündnisses?

BAHRO: Darauf möchte ich dir jetzt mal nicht positiv antworten. Unsere heutige Diskussion hat wieder verdeutlicht, daß wir das Problem der Vermittlung mit den traditionellen Arbeiterinteressen noch viel besser herausarbeiten müssen. Das ist eine der wichtigsten Aufgaben, wenn nicht unsere wichtigste. Wenn ich an diese Sozialistische Konferenz denke, dann denke ich zwar an einen Bezug auf die ökologische Bewegung, aber nicht etwa an eine Schiene für die Grüne Partei im engen Sinne. Wir müssen gemeinsam dieses Vermittlungsproblem lösen und müssen, meiner Meinung nach, dabei noch etwas konstruktiver vorgehen als Ernest das macht, wenn er die Ökologiefrage unter die traditionelle Frage von Massenbewegungen um einen einzigen Punkt einordnet. Ich glaube, daß dort die Schwäche deiner Einstellung zu dem Problem liegt. Ernest du ordnest diese ökologische Problematik als eine weitere neben vielen anderen Problemen ein. Weder die ökologische Frage noch die Frauenbewegungsfrage können mit dem traditionellen Begriff der Bündnisse für einzelne Ziele in ihrer ganzen Tragweite erfaßt werden.

MANDEL: Die Probleme kannst du nicht so behandeln. Die Massenbewegungen schon. Die Beachtung des Unterschiedes zwischen der Problematik und der Bewegung ist entscheidend. Die Funktion eines sozialistischen Programms ist, daß es versucht, aus der Erfahrung und deren wissenschaftlicher Verarbeitung eine gesamtgesellschaftliche Antwort auf alle Probleme, die in der bürgerlichen Gesellschaft für die Unterdrückten und die Ausgebeuteten entstehen, zu geben und diese Antwort in einer kohärenten Weise zu integrieren. Da liegt die Schwäche der Frauenbewegung, der ökologischen Bewegung, der Solidaritätsbewegungen mit Befreiungskämpfen in der dritten Welt, daß sie von der Substanz her nicht fähig sind, dies zu tun. Ich gebe ein konkretes Beispiel. Was machst du in der ökologischen Bewegung mit Freunden, Kollegen oder Bürgern, die aus Glaubensgründen – weil sie katholisch sind, oder manchmal aus noch reaktionäreren Gründen – gegen eine Abtreibung sind? Was machst du? Schmeißt du sie raus? Nein. Aber dann hast du sie halt hier. Umgekehrt. Was machst du in der Frauenbewegung mit Frauen, die wohl bereit sind, in der radikalsten Weise für das Recht auf Abtreibung oder andere konkrete Ziele der Frauenbewegung zu kämpfen, die aber entweder aus Überzeugung, manchmal aber auch als Radikalfeministinnen sagen, daß sie Antisozialisten sind? »Wir wollen kein Gemeineigentum. Gemeineigentum würde eine noch stärkere Unterdrückung der Frau bedeuten, wie es die Geschichte zeigt.« Schmeißt du sie aus der Frauenbewegung raus? Das kannst du nicht. Das ist unmöglich. Diese Aufspaltung der gesamtgesellschaftlichen Problematik in Teilproblematiken bringt konkrete Probleme der Aufspaltung des Programms mit sich. Das ist der Vorzug des sozialistischen Programms, daß es auf alle diese Fragen eine positive, fortschrittliche und integrierte Antwort gibt.

WOLTER: Der Nachteil ist der, daß sich die Leute daran nicht halten (Mandel: Das stimmt.) Beziehungsweise, daß auch du auf Basis dieses Programms in der Bundesrepublik heute keine zehntausend Leute zusammenbekommst.

BAHRO: Für mich ist das, was du sagst, der Grund, in die Grünen hineinzugehen ohne die Illusion, dort unser gesamtes sozialistisches Programm bestätigt zu kriegen. Während wir in die Grünen hineingehen, organisieren wir zugleich die ideologische Arbeit der Sozialisten, ob sie nun bei den Grünen mitmachen oder nicht.

MANDEL: Dann kommst du über einen Umweg auf die Ausgangsposition zurück. Es wird einen großen Streit über die Parteigründung und die Funktion von Parteien geben. Wenn du konsequent sein willst, dann mußt du sagen, daß sich Sozialisten getrennt von der Frauenbewegung, von der ökologischen Bewegung, von der Solidaritätsbewegung mit den Befreiungskämpfen in der dritten Welt zu konstituieren haben. Sie müssen sich als Sozialisten auf Basis eines gesamtgesellschaftlichen Programms zusammenfinden und dann an diesen Bewegungen teilnehmen, um dort zu versuchen, so viel wie möglich von diesem Programm zu vermitteln. Denn ihr ganzes Programm können sie dort nicht durchsetzen. Aber dann setzt du voraus, daß es eine konstituierte sozialistische Organisation außerhalb und vorgelagert vor dieser grünen Partei und diesen Bewegungen gibt. Man kann dieses Programm nicht einfach von irgendwoher reproduzieren oder nur wie im Eisschrank frischhalten, wenn es nicht tatsächlich eine Organisation gibt, die um dieses Programm kämpft, dieses Programm bereichert und so am Leben erhält. Es gibt kein Programm, das im Eisschrank aufbewahrt werden kann und bei Bedarf aufgetischt wird. Allein schon die Erhaltung dieses Programms setzt eine Organisation voraus, die dieser Partei und allen anderen Gliederungen vorgelagert ist.

BAHRO: Das setze ich auch voraus, aber in anderer Weise als bisher, also nicht als leninistische Partei. Ich gehe davon aus, daß wir eine enge, auf ideologische Arbeit konzentrierte Zusammenarbeit aller Sozialisten in diesem Lande – innerhalb und außerhalb der Grünen, innerhalb und außerhalb der SPD – brauchen. Ohne Rücksicht auf die Schranken des traditionellen Parteiensystems müssen wir Sozialisten uns frei nach Gramsci als der »kollektive Intellektuelle« organisieren, unsere Organisation aber darauf beschränken, die ideologische Konzeption konsistent zu halten, was nicht konservieren heißt, sondern entwickeln. Ideal wäre, daß dann überall, wo die Genossen halt arbeiten, sei es in den Grünen, in der SPD, in diesen alternativen Lebensstrukturen, ein gemeinsam erarbeitetes Grundverständnis sie leitet. Sie wirken dann im großen und ganzen alle in dieselbe Richtung, aber nicht, weil sie per Statut darauf verpflichtet sind, sondern weil man sich über so viele grundlegende Dinge verständigt hat, daß das Verhalten »von selbst« konvergiert ohne konfirmiert zu sein. Das stelle ich mir vor.

WOLTER: Peter, wie siehst du denn die Perspektiven der verbesserten Zusammenarbeit der verschiedenen Fraktionen der Linken? Wir befinden uns jetzt mitten in einem Prozeß, wo das Ende bestimmter Formen des Sektierertums in der Bundesrepublik schon geläutet hat. Die Organisationen, von denen du – Ernest – vor einem Jahr noch nicht geglaubt hast, daß sie sich auflösen werden, sind nun im vollen Auflösungsprozeß. Wir können eine offene Diskussionsbereitschaft der verschiedensten Fraktionen feststellen. Die jetzige Situation ist dadurch charakterisiert, daß eine neue Orientierung erfolgen wird, die die Perspektiven der nächsten Jahre auf jeden Fall festlegt. Was sich jetzt durchsetzt, das wird die nächsten Jahre bestimmen. Es ist damit eine Chance gegeben für neue Diskussionen, für neue organisierte Anstrengungen, eine bessere Politik zu machen, aber auch die Gefahr, daß die »alte Scheiße« im neuen Gewand reproduziert wird, denn schließlich ist das Sektierertum ja kein Organisationsproblem. Das ist ja bloß die Form, die das Sektierertum annehmen kann. Auf jeden Fall aber ist jetzt allenthalben eine etwas größere Verständigungsbereitschaft festzustellen. Siehst du neue Möglichkeiten?

VON OERTZEN: Ich halte die Vorstellung von einer überwiegend auf die Klärung ideeller, programmatischer Fragen ausgerichteten Gruppierung, eines Diskussions- und Aktionszusammenhangs von Sozialisten innerhalb und außerhalb der SPD – mit Ausnahme der von irgendeinem Staate des realen Sozialismus direkt politisch und ökonomisch abhängigen Sekten – für sehr sinnvoll. Ich halte es deswegen für sehr sinnvoll, um den vielen aus den sich auflösenden, an ihrer eigenen Unfruchtbarkeit oder ihrer Isolierung oder ihren sektiererischen Fehlern verzweifelnden Mitgliedern dieser Gruppen die Möglichkeit zu geben, in andere Zusammenhänge einzutreten, um einfach zu verhindern, daß sie ins Bodenlose fallen, resignieren oder den Zusammenhang mit der sozialistischen Bewegung überhaupt aufgeben. Ich halte es ferner für sinnvoll, damit die unabhängige, kritische, sozialistische Linke in der Bundesrepublik sich ihrer relativ großen Zahl, ihres relativ beachtlichen politischen und intellektuellen Potentials, ihrer publizistischen Möglichkeiten – es gibt Dutzende von Organen und Verlagen –, der Leute mit Rang und Namen, die etwas zu sagen haben, bewußt wird. Drittens halte ich es für sinnvoll, um eine Art Minimalkonsens zumindest über das Diskussionsverfahren über einige zentrale Probleme herbeizuführen. Zu diesen Problemen zählt natürlich die alte Kreuzfrage für jeden kritischen Sozialisten, nämlich die Verständigung auf einige prinzipielle Ansichten über die SU, aus der einige grundlegende Verhaltensweisen ihr gegenüber bestimmbar sein müssen, eine Verständigung über den Charakter der Sowjetunion als nicht sozialistisch, aber auch nicht als bloßer Abklatsch des Kapitalismus.

BAHRO: ... andererseits auch nicht unser totaler Feind ...

MANDEL: ... die Sozialimperialismus-Geschichte ist bei weitem noch nicht vorbei ...

VON OERTZEN: Nein, nein. Um so wichtiger wäre ein Diskussionsprozeß, in den auch die Genossen eintreten, die an diesem Standpunkt noch festhalten, um zu einem Austausch von Informationen und Argumenten zu kommen; zweitens, um sich des authentischen Ziels des Sozialismus gemeinsam erneut zu vergewissern. Die sich selbst verwaltende, von der bürokratischen politischen Unterdrückung und von der Herrschaft der Kapitalverwertung befreite Gesellschaft muß als gemeinsames Ziel formuliert werden. Drittens muß man sich kritisch mit bestimmten sektiererischen, ultraradikalen, abenteuerlichen Abweichungen auseinandersetzen, also u. a. eine klare kritische Verarbeitung der Phänomene des individuellen Terrorismus leisten und – das betrifft insbesondere die klassischen Reformisten, also linke Sozialdemokraten oder außerhalb der SPD stehende linke Reformisten – eine kritische Diskussion der wechselseitigen Kritik zwischen dem traditionellen revolutionären und dem traditionellen reformistischen Standpunkt führen. Ich bin der Meinung, daß die Vertreter der kleinen, prinzipienfesten, aber zahlenmäßig relativ einflußlosen sozialistischen Kern- und Avantgardeorganisationen sich wirklich fragen lassen müssen, ob alle die theoretischen und auch praktischen Vorbedingungen für eine wirkliche Verankerung ihrer Ideen und ihres Wirkens in der Massenbewegung der Arbeiter immer so realistisch und so der Situation angemessen geschaffen worden sind, wie sie das für sich selbst in Anspruch nehmen. Das sind sie nämlich ganz bestimmt nicht.

MANDEL: Einverstanden. Was es bei Marx ungenügend und in der Geschichte des Marxismus nie gegeben hat, ist eine Analyse des Bindeglieds zwischen der gesellschaftlichen Situation der Arbeiterklasse und dem Rahmen ihrer Aktionsfähigkeit unter verschiedenen objektiven Bedingungen. Diese Theorie gibt es noch nicht, diese Theorie muß man ausarbeiten, nicht abstrakt, sondern auf der Basis von 150 oder 200 Jahren geschichtlicher Erfahrung. Wenn es diese Theorie gegeben hätte, wäre sicherlich einiges leichter gewesen. Aber die Niederlage der Weltrevolution nach dem Ersten Weltkrieg, den Faschismus und den Zweiten Weltkrieg, d. h. 60 bis 100 Mio. Tote auf das Fehlen einer wissenschaftlichen Theorie zurückzuführen, das ist doch ein bißchen idealistisch.

VON OERTZEN: Umgekehrt muß der Vertreter eines linkssozialdemokratischen Standpunkts sich fragen lassen, wie etwa nach einem sozialistischen »Durchbruch« die Wiederherstellung des Kapitalverwertungsprozesses bei nicht genügend weitgehenden Eingriffen in das Eigentum an Produktionsmitteln verhindert werden kann, oder wie er mit dem Problem des im Kern auf die Aufrechterhaltung des bestehenden Herrschaftssystems ausgerichteten bewaffneten Staatsapparat fertig werden soll. Die klassischen, orthodoxen Rezepte wie etwa die antimilitaristische Propaganda, die Zersetzung des Militärapparates durch Aufreizung der Gemeinen und der Unteroffiziere zum offenen Aufstand gegen ihre Offiziere halte ich unter den Bedingungen Westeuropas für abwegig. Aber solche Feststellungen allein genügen natürlich nicht. Man muß das Problem ernst nehmen. Ein weiterer Punkt sind all die Fragen einer raschen radikalen Veränderung der Einkommensverteilung, aber auch der sozialen Verhaltensweisen, z. B. des Übergangs vom Konkurrenzprinzip zu solidarischen Verkehrsformen. Dies ist ein weiterer Punkt von entscheidender Bedeutung. Und ich weiß, daß ich in Ernest und seiner Organisation einen Verbündeten habe, wenn es darum geht, immer wieder zu betonen, daß bestimmte prinzipielle, rechtlich abgesicherte demokratische Verhaltensweisen unter gar keinen Umständen relativiert und in Frage gestellt werden dürfen. Es muß möglich sein, daß unterschiedliche gesellschaftliche Interessen ausgekämpft werden können, ohne daß dies in Terror und Unterdrückung entartet. Gewisse Rechte und Freiheiten müssen gesichert werden – so wie z. B. in eurem Programm steht, daß keine staatliche Instanz das Recht haben darf, in philosophische, theoretische oder künstlerische Diskussionen einzugreifen.

BAHRO: Erst wenn wir von der Verteidigung des Rechtsstaats sprechen sind wir übrigens auch glaubwürdig...

VON OERTZEN: Aber abgesehen von der Glaubwürdigkeit ist das wirklich eine Existenzfrage. Es gibt Notwehrsituationen, in denen man von seinen Prinzipien abweichen muß; aber dann muß man sich erbarmungslos an den Grundsatz halten, daß man aus der Not keine Tugend machen und die Verletzung der eigenen Prinzipien nicht als das Prinzip deklarieren darf. Zurück zu deiner Frage, Ulf. Der erwähnte Zusammenschluß ist ein Durchgangsstadium. Wir werden gar nicht verhindern können, daß es eine grüne Bewegung mit sozialistischen Tendenzen geben wird; es wird weiter die SPD mit einem linken Flügel unterschiedlicher Struktur geben. Natürlich ist mit einem solchen Diskussionszusammenhang über die zukünftigen praktisch-politischen Fragen nichts entschieden. Für mich hat die grüne Bewegung als Partei überhaupt keine Zukunft. Welche Zukunft die sozialdemokratische Partei als Gesamtpartei haben wird, das ist offen, wird aber auch von der Stärke des sozialistischen Einflusses in ihr selbst abhängen. Aber ein Punkt sollte außer jeder Diskussion stehen. Das ist die Einigung auf eine organisationsloyale, aber kritische kämpferische Mitarbeit in den Gewerkschaften. Das ist eine zentrale Voraussetzung für jede realistische sozialistische Politik. Das gilt für jeden sozialdemokratischen Linken und für jeden Linken außerhalb der Sozialdemokratie. Die Bekämpfung von ultralinken, sektiererischen Haltungen gegenüber der Gewerkschaftsorganisation ist von zentraler Bedeutung, und der Kampf um die Demokratisierung der Gewerkschaftsorganisation, für Stärkung der gewerkschaftlichen Basis, für satzungsmäßige Verankerung der Vertrauensleute, für Demokratisierung der Entscheidungen bei Tarifverhandlungen darf nicht in einem unrealistischen und oft auch ungerechtfertigten Frontalangriff auf »die« Bürokratie vor sich gehen. Da wird vielen guten Kollegen, die nun einmal zufällig hauptamtliche bezahlte Funktionäre sind, sinnlos vor den Bauch getreten. Dies halte ich für zentral wichtig. Da gibt es starke Tendenzen ultraradikaler Bürokratiekritik, aber auch blinder Bürokratenfeindlichkeit, bei denen jeder Gewerkschaftsfunktionär gleich ein Bonze ist. Da muß aufklärend gewirkt werden, weil eine solche ultralinke Haltung die einzige wirkliche intakte Massenorganisation der Arbeiterklasse schwächt und schädigt.

WOLTER: Wenn ich dich richtig verstanden habe, dann sagst du: Die Diskussion um bestimmte Grundprinzipien sozialistischer Politik muß weitergeführt werden. Sie hat zwar in den letzten Jahren in der von dir skizzierten Richtung schon bemerkenswerte Resultate erfahren, aber das reicht noch nicht aus, sie muß weitergeführt werden. Wir sitzen ja nicht zuletzt deswegen hier zusammen. Aber ansonsten bleibt alles beim alten. Das halte ich gegenwärtig für keine der Situation angemessene Haltung. Wir haben in der Bundesrepublik ein tatsächlich zahlenmäßig und intellektuell beträchtliches kritisches und in der Tendenz für sozialistische Ideen ansprechbares Potential. Dieses ist momentan politisch nicht aktionsfähig, weil es keine organisierte Form hat. Der Zusammenhalt, der aus den Tausenden von Individuen eine politische Kraft macht, existiert nicht oder nur in Formen, die an den Existenzbedingungen der absoluten Hauptgruppe, nämlich der Berufstätigen, vorbeigeht. Wir sind keine kleine »radikale Minderheit« mehr, der Einfluß der APO-Generation in der Gesellschaft ist ein beträchtlicher. Es ist keine »revolutionäre« Politik, die die einzelnen in ihrem Umfeld betreiben, aber dies liegt in erster Linie an den gesellschaftlichen Zuständen, die eine andere Aufgabenstellung verlangen, die man mit dem Begriff »radikaldemokratisch« umschreiben könnte. Das ist der Rahmen, in dem heute hier Politik gemacht werden kann. Alles andere ist überschüssiges Bewußtsein, kann zu Sektierertum, Avantgardismus, Terrorismus führen, und was es sonst noch an Strategien geben mag, die sich aus einer falschen Einschätzung der Aufgabenstellung ergeben können. Ich sage aber nicht – um Mißverständnissen vorzubeugen –, daß wir deshalb keine Sozialisten mehr wären, aber wir haben derzeit keine reale Möglichkeit, an dem durch die Kräfteverhältnisse gesteckten Rahmen des radikaldemokratischen Kampfes vorbeizukommen, wollen wir an den gegebenen Praxismöglichkeiten anknüpfen. Das mag sich ändern, dann muß eine neue Etappenbestimmung vorgenommen werden. Und in diesem radikaldemokratischen Rahmen hat die APO-Generation immense Praxismöglichkeiten, weil sie tatsächlich in zentrale gesellschaftliche Bereiche eingesickert ist, vor allem im Sozialisationsbereich und in den öffentlichen Medien. Was dort gemacht werden kann und gemacht werden muß, könnte man vielleicht als eine Art »Radikalreformismus« bezeichnen, also das Feld zu besetzen, daß die SPD »links« liegen läßt, weil sie nach »rechts« schielt, wo die Mehrheit sitzt. Daß sie diese damit zugleich nach »rechts« schiebt, scheint mir eine Politik zu sein, mit der sie langfristig an dem Ast sägt, auf dem sie sitzt. Daß das im Moment nicht so ist, würde ich als Zufall bezeichnen, als Produkt der Unfähigkeit der Opposition. Die wirklichen Kräfteverhältnisse im Lande wären anders, würden nicht der Choleriker Strauß und die Null Kohl die Opposition führen. Wir sollten uns nichts vormachen. Die internationale Entwicklung geht in die konservative Richtung. Das ist am gravierendsten in den USA und in England, aber auch in Frankreich, Italien, Schweden, Japan. Für uns hier kann das m. E. nur heißen, daß wir *alle* gegenwärtigen Praxismöglichkeiten ausschöpfen müssen, weil die radikalreformistische Stärke der Linken ein Faktor im gesellschaftlichen Kräfteverhältnis ist, eine Art Gegendruck auf die SPD ausübt, der dem Anpassungsdruck entgegenwirkt, teilweise Bündnismöglichkeiten mit dem linken Flügel der SPD und der Gewerkschaften schafft und so auch der Marginalisierungsgefahr der Linken entgegenwirkt. Diese Aufgabenbestimmung und Existenzbedingungen der großen »schweigenden Mehrheit« der berufstätigen Linken machen z. B. das Prinzip der Kaderorganisation für diese Leute inakzeptabel. Aber außer den etablierten Zusammenhängen, etwa den Gewerkschaften, gibt es praktisch keinen Rahmen, in dem Berufstätige ihren Zusammenhalt finden können, der Gefahr des individuellen Aufgehens in den etablierten Strukturen begegnen könnten. Nach meiner Überzeugung ist die Differenz zwischen dem, was die organisierten Sozialisten den berufstätigen Linken an theoretischer, praktischer und organisatorischer Hilfestellung anzubieten haben, und dem, was die Berufstätigen an Praxisinteresse, -erfahrung und -möglichkeiten haben, der Hauptgrund für die vielzitierte Krise des Marxismus oder die Krise der Linken. Der Widerspruch zwischen der revolutionären Ideologie, dem revolutionären Anspruch und der faktisch reformistischen Praxis, den aus der Realität entspringenden Grenzen einer sozialistischen Praxis, nehmen wir die Propaganda und Agitation aus, hat m. E. zu einer immensen politischen und – für viele – persönlichen Krise geführt. Das Erwachsenwerden der Linken, d.h. die Vergesellschaftung des Individuums, die Anerkennung des Realitätsprinzips muß bei den selbsternannten Sozialisten genau in dem Moment zur Krise werden, wo die Faktizität des Realitätsprinzips gesehen wird, für das Prinzip Hoffnung dagegen keine praktische Alternative angeboten wird. Die Krise der Linken ist ja ursächlich keine Krise des Scheiterns. Wir sind ja nicht gescheitert, es sei denn, man betrachtet die Fortexistenz des Kapitalismus als Versagen der Studentenbewegung. Die Krise resultiert aus der nach wie vor bestehenden Bereitschaft, als Linker etwas zu tun und den mangelnden Möglichkeiten, dies als Linker zu tun, d.h. unter Wahrung der persönlichen Identität. Die jahrelange Reformismuskritik der Linken, ihre Unfähigkeit, eine den Verhältnissen angemessene Etappenbestimmung des politischen Kampfes vorzunehmen, also ein linkes Konzept eines Radikalreformismus auszuarbeiten, Strukturen zu schaffen, die ein Korrektiv zu dieser Praxis sein könnten, all das führt zur unseligen, ungerechtfertigten Spaltung der Linken, zur Ausgrenzung der Masse der Berufstätigen aus dem hehren Kreis der Hundertprozentigen und umgekehrt häufig zu einer prinzipiellen und programmatischen Rechtfertigung der Ausgegrenzten, die unter dem Rechtfertigungszwang – auch vor sich selbst – allzu leicht von der Unmöglichkeit des Sozialismus sprechen, weil das, was in der Bundesrepublik das Monopol auf diesen Begriff reklamiert, nämlich die diversen Sekten, tatsächlich unmöglich ist. So gewinnt die aus falschen Aufgabenbestimmungen resultierende Spaltung der Linken leicht eine Eigendynamik und führt zu einer an sich prinzipienlosen, sich aber prinzipienfest gebenden Spaltung. Die eine Fraktion begibt sich ins gesellschaftliche Ghetto, die andere läuft Gefahr, tatsächlich integriert zu werden. Das Potential liegt zwar nicht völlig brach, ist aber nur in einer sehr begrenzten und weit unter den tatsächlichen Möglichkeiten verbleibenden Form aktiv. Daß trotzdem noch soviel an gesellschaftlicher Wirkung herauskommt, zeugt nur von der Stärke des Potentials.

MANDEL: Marx und der klassische Marxismus haben das Proletariat, d. h. die Klasse der Lohnabhängigen, immer nur als *potentiell* revolutionäres Subjekt, nie aber als permanent revolutionär handelnd betrachtet. Der Kapitalismus könnte keine sechs Monate überstehen, wenn das Proletariat permanent revolutionär handeln würde. Da er aber bereits zu Marxens Zeiten mehr als ein Jahrhundert bestand (wenn wir sein Entstehen mit der industriellen Revolution ansetzen; mehr als drei Jahrhunderte, wenn wir von der Manufakturperiode aus rechnen), konnte Marx eine solche Hypothese nie aufstellen. Schon allein die Tatsache, daß das Proletariat dadurch gekennzeichnet ist, daß es laufend seine Arbeitskraft verkaufen muß, um nicht zu verhungern, schließt permanente antikapitalistische Tätigkeit aus.
Die Bestimmung des Proletariats als potentiell revolutionäres Subjekt wirft auf zwei Ebenen grundsätzliche Probleme auf. Erstens: Objektiv entsteht periodisch die Möglichkeit revolutionärer Krisen aus den inneren Widersprüchen der bürgerlichen Gesellschaft selbst. Die Verzahnung zahlreicher Widersprüche unterschiedlicher

Art (Wirtschafts- und Finanzkrisen, internationale Krisen, Spaltungen und Gegensätze im bürgerlichen Lager, Aufschwung des Klassenkampfs, Ausbruch von Massenbewegungen nicht rein proletarischer Natur wie etwa nationaler Bewegungen oder heute der ökologischen Bewegung, Verschiebung des Kräfteverhältnisses innerhalb der Arbeiterklasse bzw. -bewegung, die die Radikalisierung des Klassenbewußtseins und der Klassenaktivitäten fördern, auch »moralische« Krisen) macht es unmöglich, lang- oder auch nur mittelfristig einen »Kalender« aufzustellen, nach dem diese Krisen auftreten. Die Vorbereitung, d. h. die *Bewegung* selbst, ist ja auch eines der konstitutiven Elemente solcher Krisen. Diese Vorbereitung mit allen Mitteln zu fördern ist produktiver, als sich über die »Möglichkeit« oder »Unmöglichkeit« solcher Krisen zu streiten. Zweitens: Subjektiv geht es darum, Bedingungen zu schaffen, daß die Arbeiterklasse oder zumindest eine bedeutsame Massenvorhut in ihren Reihen in die an und für sich unvermeidlich ausbrechende Krise mit solchen Kampferfahrungen eintritt, daß der sozialistische Ausgang der Krise entscheidend erleichtert wird. Hier springt der Unterschied zwischen Rußland 1917 und Spanien 1936 einerseits und Deutschland 1918/19 andererseits ganz deutlich ins Auge.

Schon deswegen ist es völlig unangebracht, aus dem notwendigerweise nur periodischen Charakter revolutionärer Krisen im reifen Kapitalismus den Schluß zu ziehen, in nicht-revolutionären Zeiten könnten die revolutionären Marxisten höchstens Kader bilden, allgemeine Propaganda treiben und auf die Revolution warten. Gerade das Umgekehrte ist der Fall. Ich würde es paradox so formulieren: Das Schicksal der deutschen Revolution von 1918/19 wurde 1905–1912 entschieden. Wenn Rosa Luxemburgs Massenstreikagitation zum Druchbruch gekommen wäre (in offensichtlich nicht-revolutionärer Zeit!), wäre der Ausgang der Revolution ein ganz anderer gewesen, weil die Arbeiterklasse sie mit anderen

Erfahrungen und folglich einem anderen Bewußtseinsstand begonnen hätte. Es ist demnach für revolutionäre Sozialisten von entscheidender Bedeutung, in nicht-revolutionären Zeiten bei den Lohnabhängigen solche Kampfziele und -formen zu fördern, die sie auf spätere Krisen vorbereiten und die gleichzeitig als unmittelbar glaubwürdig angesehen werden können. Ein klassisches Beispiel ist der Kampf für Streikkomitees, die von der Vollversammlung der Streikenden gewählt werden und unter ihrer Kontrolle stehen. Dieser Kampf kann durchaus auch in nicht-revolutionären Zeiten geführt werden; unsere Genossen und andere haben dies nicht ohne Erfolg in Ländern wie Frankreich, Italien, Großbritannien, Belgien, Brasilien, Spanien angefangen. Eine Arbeiterklasse, die sich an solche Kampfformen gewöhnt, wird in revolutionären Krisen viel leichter Räte bilden und die Bedeutung von Räten verstehen als eine Arbeiterklasse, die eine solche Erfahrung nie oder nur marginal erlebt hat. Und was für gewählte Streikkomitees zutrifft, gilt mutatis mutandis für alle Formen von Selbstorganisationen, auch im Stadtteil usw. Fabrikbesetzungen als Antwort auf Fabrikschließungen oder die Forderung nach Verstaatlichung geschlossener Fabriken unter Arbeiterkontrolle, die durchaus in nicht-revolutionären Zeiten aufkommen kann (siehe die laufenden Beispiele in Großbritannien, Japan, Belgien, Italien), spielen eine ähnliche Rolle. Objektiv führen sie dazu, die Autorität der Unternehmer, die Verfügungsmacht der Unternehmer über die Produktionsmittel in Frage zu stellen und bauen daher eindeutig eine Brücke zu den Problemen, die in revolutionären Krisen im Mittelpunkt stehen. Überhaupt ist jede Infragestellung der kapitalistischen Produktions-, Distributions- und Staatsverhältnisse (der Autorität der Unternehmer und des bürgerlichen Staates), auch wenn sie rein exemplarisch ist und demonstrativ auf kleiner Ebene stattfindet, ein Schritt zur Herausbildung antikapitalistischen Bewußtseins, das in revolutionären Krisen einen entscheidenden Beitrag zum Sturz der bürgerlichen Gesellschaft liefern wird. Unter gewissen Bedingungen kann sich – allerdings nicht automatisch – auch antikapitalistisches Bewußtsein aus Fragen der Lebensqualität, des veränderten Konsumkpakets usw. herausbilden.

Deshalb ist die allgemeine Antwort, die revolutionäre Marxisten auf deine Thesen geben, Ulf, die Notwendigkeit der Erarbeitung eines konkreten Aktionsprogramms in jedem kapitalistischen Land und in jeder konkreten Situation; eines Programms, das von Bedürfnissen und Forderungen ausgeht, die die breiten Massen selbst verstehen; das ihnen Losungen vorschlägt, die zu Massenmobilmachungen und Massenaktionen führen können, die die Selbsttätigkeit und Selbstorganisation fördern und deshalb die notwendigen Vorbedingungen dafür schaffen, daß die Massen mit dem höchstmöglichen Erfahrungs- und Bewußtseinsstand hineingehen. Das ist also gerade das Gegenteil des »Wartens auf die Revolution« oder des Rückzugs auf abstrakte Propaganda. Ich muß allerdings hinzufügen, daß angesichts des historischen Versagens der Sozialdemokratie und des Stalinismus und der tiefen Skepsis, die heute in breiten Arbeitermassen in bezug auf die Möglichkeit des Sozialismus herrscht, die Verbindung der Propaganda und der Agitation für ein solches konkretes Aktionsprogramm mit allgemeiner Propaganda für unser »Sozialismusmodell« – das einzige, das der marxistischen Tradition sowie den Klasseninteressen des Proletariats entspricht – heute ebenfalls eine sehr praktische Funktion erfüllt, um breitere Massen auf die kommende Verschärfung der Klassenkämpfe vorzubereiten.

VON OERTZEN: Ich würde sagen: Unter ganz bestimmten, sehr günstigen Voraussetzungen könnte eine parteipolitische Verselbständigung dieser von Ulf angesprochenen Tendenz bis an die Grenze von 10 Prozent der Wähler gelangen. Das eigentliche Potential, d.h. die aktiven, vorwärtstreibenden Kräfte sind ein paar tausend, nicht mehr. Und das ist eine ganze Menge.

WOLTER: Aber das erreichbare Potential ist jedenfalls wesentlich größer als das, was wir jetzt erreichen. Man muß sich doch ernsthaft die Frage vorlegen, ob die Spaltung der Sozialisten in die verschiedenen sozialen und politischen Fraktionen – und was die Grünen jetzt machen, läuft auch wieder auf eine Spaltung der Sozialisten hinaus, weil es nicht gelingen wird, die Mehrheit der Sozialisten in die Grünen reinzubekommen – nicht bewirkt, daß dieses sozialistische Potential brachliegt, weil die Dynamik in eine Richtung gelenkt wird, die zu überbrücken wäre. Und ich sehe es partout nicht ein, warum man sich nicht endlich mal bemüht, trotz der Divergenzen das, was an Gemeinsamkeiten da ist, politisch produktiv zu machen.

VON OERTZEN: Gemeinsamkeiten sind eben in dem erforderlichen Umfang nicht da, sondern müssen in diesem Diskussionsprozeß erst herausgearbeitet werden. Zum Beispiel in der Frage »revolutionäre« oder »reformistische, gradualistische« Strategie besteht kein Einvernehmen. Man kann sich annähern, man kann voneinander lernen, aber irgendein organisationsbildender Konsens ist nicht vorhanden. Nicht gerade für die Richtung von Ernest, aber für andere linke Richtungen gibt es auch keinen Konsens über die zwingende Erforderlichkeit demokratischer Prinzipien und Verhaltensweisen.

BAHRO: Ulf, bei dir gehen Voraussetzungen ein, die vielleicht gar nicht so selbstverständlich sind, wie du denkst. Ich will da bloß mal zwei Bemerkungen einflechten, die mir einfielen, als ich dir zuhörte. Was wäre denn, wenn nun gerade diejenigen Gründe, die die Genossen hindern, zu den Grünen zu gehen, der Schatten sind, über den sie eigentlich springen müßten? Alle diese Gründe zusammen bedeuten, wir möchten unter uns sein, irgendwie. 10 Prozent – sehr schön, für unser Selbstbewußtsein, ich will auch zugeben, daß es gut und nötig ist, so einen Zusammenhang zu haben, in dem man sich psychisch gegenseitig stützen kann. So habe ich das Parteiproblem ja stets behandelt, gerade im Kern unter dem Gesichtspunkt des sozialpsychologischen Rückhalts für eine Alternative. Aber wenn die Identität nicht stimmt, aus der heraus so was zustandekommt, dann können wir mit 20 Prozent einen komfortablen Beziehungsraum haben und doch in die falsche Richtung gehen bzw. auf der Stelle treten. Ich denke bei den 20 Prozent an die KPF. Bist du denn so sicher, daß eine linkssozialistische Partei überhaupt noch richtig steht? Irgendwo zwischen Stalinisten und Sozialdemokraten, als Hüter des alten Feuers. Könnte nicht der Bezugsrahmen falsch sein, in den du sie stellen willst? Da komme ich auf die zweite Beobachtung. Alles, was du über den Umgang mit Sozialdemokraten sagst, also als Verhaltensorientierung, da stimme ich dir zu. Aber das ist gerade der Haken, diese Fixierung auf die Sozialdemokratie, diese Orientierung unseres Verhaltens an ihr als Bezugspunkt. So wie ich manchmal das Empfinden habe, daß die trotzkistische Tradition darunter leidet, daß sie immer mindestens eine Hand dafür braucht, mit den Mannen Stalins zu kämpfen, weil sie immer noch die gemessen an den Maßstäben »falsch« gelaufene Geschichte der SU richtig machen möchte. Ich habe den Verdacht, daß wir mit so einer linkssozialistischen Partei nicht davon loskommen würden, »Wechselwähler« – ich meine das jetzt mal ideologisch – zwischen der SPD und uns hin- und herzuziehen, und zwar auf alten Schienen. Du sagst radikaldemokratisch, aber ich spüre nicht ganz den inhaltlich neuen Horizont, der sich damit verbinden muß, wenn was anderes als eine Restauration der Linken herauskommen soll. Ich neige einfach dazu, der Prozeß muß gerade offen bleiben. Ich hab so das Empfinden, daß unser Ort am linken Flügel dessen, was früher mal Arbeiterbewegung war, in Frage gestellt werden muß, und daß uns deine Lösung dies zu unserem Schaden ersparen könnte.

VON OERTZEN: Im übrigen muß man von den Gegebenheiten ausgehen. Es wäre absurd – du hast das auch nicht gemacht, Ulf –, die Parole auszugeben, »Alle Roten, kehrt marsch, raus aus den Grünen« und »alle Linken raus aus der SPD, wir gründen jetzt eine linke Partei«. Das ist absolut unrealistisch, man muß von den Gegebenheiten ausgehen. Der erste Schritt führt zu einer ideellen Vereinheitlichung, und erst einmal muß man den ersten Schritt gehen.

MANDEL: Ich glaube, daß die zentrale Frage, die sofort das Unrealistische deiner Methode zeigt, Ulf, ist die, daß kohärentes politisches Handeln sich auf keinen allgemeinen Konsens aber drei, vier oder fünf zentrale programmatische Fragen beschränken kann. Das ist nicht möglich. Über diese Fragen kann man in der reinen Diskussion, in der Auseinandersetzung, in der Debatte einen Konsens erringen, aber das ist nicht politisches Handeln im richtigen, realen Sinne des Wortes. Das ist vielleicht eine Vorstufe dafür, obwohl man auch das bezweifeln kann. Das ist in Wirklichkeit eine Wiederherstellung von Verhältnissen von elementarer Arbeiterdemokratie, elementarer Toleranz, die es wieder erlauben, sektiererische Erstarrungen, das Ersetzen von Diskussionen durch die Anwendung physischer Gewalt, wie man das in Berlin vor ein paar Jahren erlebt hat als die KPD mit Eisenstangen auf die GIM eingeschlagen hat, aus dem Weg zu räumen und einen fruchtbaren Prozeß der Diskussion und der Klärung in Gang zu setzen. Aber das ist nicht einheitliches politisches Handeln.

WOLTER: Es gibt praktisch überhaupt kein politisches Handeln. Es gibt ein fraktioniertes Handeln.

MANDEL: Aber Ulf, du kannst nicht sagen, weil es heute kein einheitliches politisches Handeln gibt, müssen wir künstlich versuchen, das zu schaffen, ohne daß die Voraussetzungen dafür bestehen. Damit einheitliches politisches Handeln möglich wäre, ist ein Konsens über drei, vier oder fünf zentrale programmatische Fragen ungenügend. Da muß ein Konsens über eine Unmenge taktischer Fragen bestehen.

WOLTER: Diese taktischen Fragen sind aber nur im Prozeß einer Bewegung zu lösen und nicht dadurch, daß man sich in ein Seminar setzt.

MANDEL: Nein, das ist nicht wahr. Sie sind gegeben. Ein Beispiel. Wir erleben das gerade. Nehmen wir die Wahllösung für die Bundestagswahl. Wie willst du ein gemeinsames politisches Handeln zwischen 5 verschiedenen Strömungen schaffen, wobei ich die DKP sogar weglasse, weil das für Peter völlig ausgeklammert ist; wie willst du diejenigen, die sagen: »Kritischer Wahlaufruf für die SPD«, diejenigen, die »Grüne« sagen, diejenigen, die sagen »Man muß im letzten Augenblick noch versuchen, selbständige sozialistische Kandidaten zu finden«, und diejenigen, die sagen »Wahlenthaltung« unter einen Hut bringen? Ich habe in Dortmund von einem ziemlich bedeutenden Betriebsrat gehört: »Kämpfen, nicht wählen.« Das ist eine alte Parole, aber das gibt es. Man darf sich da keine Illusionen machen. Also das sind vier verschiedene taktische Positionen.

WOLTER: Aber die resultieren doch gerade daraus, daß wir keine gemeinsame Aufgabenbestimmung haben, weil wir in einer Art und Weise fraktioniert sind, daß an jeder Fraktion soviel völlig begründete Zweifel angemeldet werden können.

VON OERTZEN: Ich will mal eine etwas hypothetische Bemerkung dazwischen machen. Wenn es eine noch so unvollkommene links-sozialistische Partei gäbe, dann würde sicherlich die große Mehrheit der Linken außerhalb der SPD – auch die, die mit Programm und Struktur dieser linkssozialistischen Partei nicht einverstanden wären – dennoch die Parole ausgeben können, diese Partei zu wählen. Das würde zum Beispiel das Problem der Wahlentscheidung verringern.

MANDEL: Aber daß es diese Partei nicht gibt, das ist doch kein Zufall.

WOLTER: Insoweit hast du recht. Das ist kein Zufall, aber das ist auch keine Notwendigkeit. Ernest, deine Organisation, so mickrig sie ist, könnte sich als Hauptziel der gegenwärtigen Etappe die Schaffung einer solchen Organisation stellen, und sie bildete darin eine organisierte Fraktion.

MANDEL: Diese Position haben viele Genossen heute – wahrscheinlich die Mehrheit –, darum handelt es sich gar nicht.

WOLTER: Die einzige Möglichkeit der Veränderung der bundesrepublikanischen Verhältnisse ist halt nur über diesen Weg möglich. Du bist davon ausgegangen, daß die Bundesrepublik eines der Zentren von Europa ist.

MANDEL: Was ich versucht habe zu verdeutlichen, das ist die Tatsache, daß ein Konsens, der sich auf drei oder vier solcher allgemeinen Feststellungen wie einer schweren Strukturkrise des Kapitalismus, Totalkatastrophe der Zivilisation, Notwendigkeit der Verfügungsgewalt über die Produktionsmittel durch die assoziierten Produzenten selbst, radikale Änderung der Konsumstruktur und der täglichen Verhaltensweisen, absolute Sicherung von politischem Pluralismus und proletarischer Demokratie nicht genügt, um wirksames gemeinsames politisches

Handeln möglich zu machen. Ich sage nicht, daß ein breiterer Konsens nicht möglich ist. Das ist eine andere Sache. Das muß sich aus der Diskussion ergeben. Die Erfahrung hat aber erwiesen – ich komme noch einmal auf diese portugiesische Sache zurück, die für mich ein richtiges Trauma gewesen ist –, daß die Definition »Linke« oder »sozialistische Linke« oder wie du es definieren magst, eine solche Vielzahl von taktischen Verbrechen – ich will dies Wort buchstäblich in diesem Zusammenhang gebrauchen – beinhalten kann, daß, wenn über diese Fragen nicht ein vorheriger Konsens besteht, wirksames politisches Handeln nicht nur nicht möglich ist, sondern geradezu zu einer Gefahr wird. Ich muß dich daran erinnern, daß während des Höhepunkts der portugiesischen Revolution ein nicht unbedeutender Teil der portugiesischen Linken Losungen auf die Mauern in Lissabon geschrieben, gemalt und Plakate geklebt hat, worin sie aufgerufen haben, den Genossen Cunhal, den Generalsekretär der Kommunistischen Partei Portugals als ausländischen Agenten aufzuhängen. Das ist keine kleine Angelegenheit, du zerstörst eine Revolution damit.

WOLTER: Wir haben aber keine Revolution in Deutschland, das ist doch das Problem, es gibt kaum eine taktische Frage, die von derartiger realpolitischer Bedeutung ist, daß sie eine Spaltung rechtfertigen würde. Im übrigen bin ich der festen Überzeugung, daß die Absurditäten verschiedener Fraktionen der Linken Produkt der Spaltung sind, Produkt der Versuche, die eigene Sektenexistenz durch Absetzung von den anderen zu rechtfertigen.

MANDEL: Das ist doch nur ein Beispiel. Ich will doch damit nur sagen, daß scheinbare taktische Fragen, scheinbare nebensächliche Fragen, Fragen, die nicht zu diesen welthistorisch entscheidenden Problemen gehören, in einer ganz konkreten Situation immense Bedeutung erhalten können. Ich nehme ein zweites Beispiel, das sich jetzt nicht auf eine Revolution bezieht. Wir haben das auch in Portugal erlebt, und da trifft die Sozialdemokratie die Schuld. Das ist ein absolutes Verbrechen. Sie haben die Einheitsgewerkschaft, die es in Portugal gegeben hat – die überwältigende Mehrheit der portugiesischen Lohnabhängigen hat sie nach der Erfahrung mit 30 Jahren Faschismus errichtet – in verbrecherischer Weise gespalten – ohne Erfolg, nebenbei gesagt.

WOLTER: Wir diskutieren jetzt am anderen Ort.

MANDEL: Nein, ich will jetzt auf die ganz konkrete Frage, die Peter aufgeworfen hat, Bezug nehmen. Ich glaube, daß es heute unmöglich ist, eine gemeinsame sozialistische Organisation in der Bundesrepublik zu gründen, ohne über Revolution oder irgend etwas zu reden. Auch ganz praktische Tagespolitik, die zu der Frage der Gewerkschaften eine falsche oder zweideutige Haltung hat; und wenn du dir das Spektrum der Linken ansiehst, dann würdest du staunen, wie groß die Zahl der Kollegen, der Genossen ist – ich rede jetzt nicht von den Intellektuellen, den Führern –, die in dieser absolut entscheidenden Tagesfrage eine mindestens zweideutige, wenn nicht direkt falsche Haltung annehmen. Ich kann das auch erklären. Es ist nicht verwunderlich. Ich habe das in meiner eigenen Organisation erlebt. Je mehr du eine rechte Sozialdemokratie hast, je mehr du eine repressive Gewerkschaftsbürokratie hast, desto mehr nimmt jeder radikale Arbeitskampf die Form einer unmittelbaren Kollision zwischen den radikalisierten Arbeitern und Vertretern der Sozialdemokratie und der Gewerkschaftsbürokratie an.

WOLTER: Ernest, das ist doch gerade das Produkt des Fehlens eines politischen sozialistischen Einflusses. Die Rechtsentwicklung der SPD hat ursächlich auch mit dem Verlust an politischer Handlungsfähigkeit der APO zu tun. Ich mache euch den konkreten Vorwurf, daß ihr die

Situation, in der sich die Linke heute in der Bundesrepublik befindet, und die Chance, die sich daraus ergibt, die jetzt ergriffen oder vertan wird, nicht begreifen wollt oder könnt. Mit dem revolutionären Attentismus kommst du nicht weiter.

MANDEL: Das ist doch kein Attentismus. Ich sage nur, daß der Konsens breiter sein muß als über diese fünf Fragen. Ulf, sonst hast du keine gemeinsame Arbeit.

VON OERTZEN: Das ist so eine Situation, in der man sagt: »Im Prinzip hast du recht, aber jetzt muß man in die Details gehen.« Zum Beispiel gerade an die Adresse von Ernst und seiner Richtung, die weiß Gott viele Züge hat, die auch ich als sektiererisch kritisiere. Aber wenn es eine Organisation gegeben hat, die in ganz pragmatischer Weise seit Jahren vor jeder Wahl wieder die Idee einer gemeinsamen sozialistischen Wahlfront unter Zurückstellung ihrer eigenen speziellen theoretischen und politischen Interessen vor den anderen linken Gruppen aufgestellt hat, dann war es die GIM. Seit Jahren macht sie das.

WOLTER: Die GIM ist aber kein Faktor hier, jedenfalls hats bisher auch nicht geklappt.

VON OERTZEN: Du mußt doch an die Leute adressieren, die hier sitzen.

MANDEL: Du kannst mir doch nicht gleichzeitig den Vorwurf machen, daß ich nichts tue, und den Vorwurf machen, daß ich wohl was tue, aber daß ich nichts repräsentiere.

VON OERTZEN: Wenn du diesen Vorwurf an die verantwortlichen Genossen des Sozialistischen Büros adressieren würdest, dann würde ich sagen: zu Recht; aber die sitzen hier nicht.

MANDEL: In der GIM kriegst du aber eine breite Mehrheit

zu der Frage einer selbständigen sozialistischen Liste und sogar diese verschwommene Formel »Neue sozialistische Arbeiterpartei«. Da irrst du dich, Ulf. Darüber ist der Konsens in der GIM sehr breit.

VON OERTZEN: Dies ist ein Problem. Die beiden viel wichtigeren Probleme sind andere. Mit denjenigen Sozialisten, die aus prinzipiellen Erwägungen der ökologischen Bewegung ein besonderes Gewicht oder gar einen aktuellen Vorrang einräumen, bestehen unüberbrückbare theoretische Meinungsverschiedenheiten. In diesem Punkt sind Ernest und ich einer Meinung. Ein weiterer Punkt ist meine Entscheidung, in der sozialdemokratischen Partei zu arbeiten und zu bleiben. Das ist eine langfristige strategische Entscheidung. Ich verspreche mir keine Stärkung der sozialistischen Linken in der Bundesrepublik Deutschland, wenn ich jetzt einen Aufruf unterstützen würde, daß die Linken die SPD verlassen sollten und eine selbständige linkssozialistische Partei außerhalb der SPD gründen. Selbst wenn ich – was ich nicht tue – mit dem Gedanken einer Parteispaltung spielte, dann würde mich die historische Erfahrung doch lehren, daß Umstrukturierungen des herkömmlichen traditionellen Parteispektrums, insbesondere im Bereich der Arbeiterbewegung mit dem Organisationskonservatismus, der Verwurzelung in der Gewerkschaftsorganisation überhaupt nur in Zeiten dramatischer Krisen und schwerer sozialer Kämpfe von irgendeiner Erfolgsaussicht sind. Wenn ich jetzt idiotischerweise – woran ich nicht im entferntesten denke – die Parole ausgäbe, daß die Sozialisten die SPD verlassen und irgendeine Organisation links davon gründen, dann würden mir ein paar hundert vereinzelte Individuen folgen, aber nicht mehr; nicht einmal die wichtigsten. Es wäre von meinem Standpunkt aus eine unverantwortliche Haltung.

MANDEL: Ulf, du setzt das Problem als gelöst voraus, wo es erst noch zu lösen ist.

WOLTER: Nein, das stimmt nicht. Ich habe den Eindruck, daß ihr über die tiefe Diskussionsbereitschaft und Aufgeschlossenheit in breiten Teilen der Linken nicht informiert seid oder sie nicht zur Kenntnis nehmen wollt. Im Moment, es gibt ein Zusammenschlußbedürfnis. Ihr weidet euch an euren jeweiligen Positionen. Ihr nehmt das nicht zur Kenntnis, daß die Leute, die jetzt zu den Grünen gehen, nicht resigniert haben und daß sie weiter oder wieder bereit sind, sich zu engagieren und daß sie sich zusammenschließen wollen. Das ist der Motor der Alternativen Liste, der Bunten Liste und auch des linken Teils der Grünen. Diese Attraktion resultiert aus keinem einzigen anderen Grund, als daß es nichts Besseres gibt. (Zwischenruf Mandel: Das gebe ich dir gerne für einen bedeutsamen Teil zu.) Jeder geht mit schlechtem Gewissen hin, macht die Augen vor den grotesken Widersprüchen zu ... Aber es ist besser als gar nichts. Und das ist tatsächlich auch besser als gar nichts. Und das ist genau das Problem.

MANDEL: Das »gar nichts«, das ist das Problem. Da bin ich nicht mit einverstanden. Die wirkliche Problematik, woran die deutsche Linke seit 1967, seit dem Aufstieg der Massenstudentenrevolte leidet, ist, daß der normale Transfer, der in den anderen westeuropäischen Ländern – oder wenigstens in einer Reihe von anderen westeuropäischen Ländern – gelungen ist, d. h., daß sich diese Jugendradikalisierung kurz- oder mittelfristig in eine Radikalisierung eines nicht unbedeutenden Teils der Arbeiterklasse und der Arbeiterbewegung umgesetzt hat, in der Bundesrepublik und in den USA nicht verwirklicht wurde. Das hat zu dem Ergebnis geführt, daß es ein tatsächlich nicht unmittelbar einsetzbares politisches Potential gibt, das dann versucht, über seinen eigenen Schatten zu springen. Das bedeutet, diesen objektiven Tatbestand auszuklammern und irgendeine Sofortnotlösung zu finden. Darum sage ich, daß du das zu lösende Problem als gelöst vorwegsetzt. Ich lasse mal die SPD weg. Ich habe da meine Meinung zu, und es gehört zu dem Grundstock eines Konsenses. Da ist Peter natürlich nicht mit mir einverstanden. Ich glaube, daß du heute keine sozialistische Partei gründen kannst, die nicht davon ausgeht und das klar ausspricht, daß die SPD eine bürgerliche Arbeiterpartei ist, die dem deutschen Großkapital entscheidende Dienste nach dem Ersten und nach dem Zweiten Weltkrieg geleistet hat.

WOLTER: ... was uns aber nicht daran hindern wird, an bestimmten Punkten mit ihr zusammenzuarbeiten ...

MANDEL: Das ist eine andere Sache. Aber du mußt es aussprechen. Und du mußt noch mehr aussprechen, nämlich daß diese Partei nicht reformierbar ist. Wenn du das nicht klärst, dann ist die überwältigende Masse der Argumente auf seiten derjenigen, die in der SPD arbeiten. Wenn du die geringste Illusion haben kannst, daß diese Partei reformierbar ist, dann mußt du reingehen. Das ist klar.

WOLTER: Diese Gefahr besteht bei der Mehrzahl unserer Linken nicht.

MANDEL: Sag das nicht. Du unterschätzt die Differenziertheit der Meinungen.

WOLTER: Sie besteht höchstens um so mehr, genauso wie bei den Grünen, je länger wir in diesem Zustand ohne sozialistische Alternative beharren. Die SPD hat deswegen von der APO profitiert.

MANDEL: Nicht nur das. Wenn die SPD nach den nächsten Wahlen in die Opposition kommt, dann wirst du einiges erleben; wie wir in England heute einiges erleben. Ich würde da sehr vorsichtig sein. Ich sage ja darum, daß diese Sachen programmatisch abgesichert werden müssen. Weil es sich da nicht um konjunkturelle Fragen handelt, sondern um historisch bewiesene endgültige Tatbestände.

WOLTER: Würdest du die Chance prinzipiell ausschließen, ja oder nein? Besteht aufgrund einer zielgerichteten, nicht sektiererischen, rechthaberischen – was hier auch im Raume steht – Diskussion auf dieses Ziel eine Möglichkeit, so etwas hinzubekommen wie einen überfraktionellen Ansatz? Es kann scheitern, es kann nicht scheitern, willst du es aber von vornherein verneinen?

MANDEL: Ich verneine nichts. Ich habe gesagt, daß wir in einem Diskussionsprozeß sind. Dieser Diskussionsprozeß ist durchaus positiv. Das einzige, was ich hinzugefügt habe, und darauf gehst du nicht ein, ist, daß man diesen Diskussionsprozeß nicht auf fünf oder sechs Grundsatzfragen reduzieren kann, wenn man aktiv politisches Handeln will. Damit dieser Diskussionsprozeß eventuell zu einer neuen sozialistischen Partei führt, muß eher der gesamte Rahmen der wichtigsten politischen Tagesfragen, der Taktik, die heute eine Arbeiterbewegung...

WOLTER: Einverstanden. Dann führen wir doch diese Diskussion konkret. Darum geht es doch...

MANDEL: Ich bin dafür, aber ich bin skeptisch in bezug auf das Ergebnis. Das Ergebnis wird aufzeigen, daß es zwei, drei oder vier verschiedene Strömungen gibt, die in einigen von diesen entscheidenden taktischen Fragen sehr divergente und nicht miteinander in einer Organisation zu vereinigende Positionen einnehmen, aber ich lasse das offen. Man kann die Erfahrung machen. Was mir entscheidend zu sein scheint, das ist, daß die Frage eines politischen Programms sich nicht auf einige Grundsatzfragen reduzieren kann. Das ist das Entscheidende.

BAHRO: Ich muß mal einfach etwas erzählen. Ich hatte ja im Knast auch schon theoretisch über das Thema »Historischer Kompromiß« gearbeitet. Und zwar in einem Sinne, daß ich nicht Klassenkollaboration darunter verstehe. Bei meinen politischen Schlüssen dort für die Bundesrepublik – wo ich aber aus der Ferne geguckt habe –, hatte ich mir aufgemalt Sozialistische Linkspartei/Grüne Liste. Ich habe also an ein äußerliches Bündnis gedacht; und von dem, was ich da so mitgebracht habe, habe ich ja dann auch im *Spiegel* zunächst nur von dieser Seite vor dem Schrägstrich gesprochen, also von der Linkspartei für sich. Dann hatte ich aber schon dort bei diesem Schrägstrichgedanken immer die Überlegung drin, daß bei allem, was wir bisher an sozialistischer Linkspartei – besonders in den skandinavischen Ländern – geliefert haben, und auch, wenn wir das hier machen würden, immer unser eigenes Potential – wenn man die Sozialdemokratie mal jetzt doch dazurechnet – dividieren würden. Zum Beispiel würden wir dann die SPD ein wenig zu unseren Gunsten reduzieren, aber wir würden über diesen Bereich nicht hinauskommen. Wir müssen sehen, wie wir den Strauß südlich der Mainlinie angreifen können, dort, wo es katholisch ist ...

VON OERTZEN: ... aber doch nicht, um einen historischen Kompromiß mit Herrn Filbinger zu schließen ...

BAHRO: Natürlich nicht. Ich will doch bloß sagen, von wo aus ich gedacht habe. Man muß also versuchen, in das Wählerpotential, auf das sich die CDU und die CSU konzentriert, einzubrechen. Wir müssen über das hinaus, was schon unser eigenes Potential ist, einschließlich des reformistischen. Nun sehe ich eine Sache so wie Ernest, nachdem ich das hier ein bißchen beobachtet habe. Wir haben nicht die Fähigkeit, produktiv schon eine sozialistische Partei auf einer genügend konsistenten Grundlage zusammenzubringen. Andererseits haben wir in der grünen Bewegung einen Zug, der uns dazu zwingt, unseren Konsensbildungsprozeß aber verdammt zu beschleunigen.

WOLTER: Der wird doch dort gerade verhindert. Sonst spaltest du die Grüne Partei. Das weißt du ganz genau. Du mußt in einer Reihe zentraler Fragen die Fresse halten, sonst spaltest du die Grüne Partei.

MANDEL: Und das Schlimmste, was euch passieren kann, ist, wenn ihr in den Bundestag kommt. Wenn ihr in den Bundestag kommt und gezwungen seid, euch über eine ganze Reihe von tagespolitischen, Wirtschafts-, Sozial- und Kulturproblemen zu äußern, dann wird diese Spaltung noch viel schneller kommen.

BAHRO: Gewisse Verzichte, die wir bei der Programmdiskussion dort machen, müssen uns in keiner Weise daran hindern, unsere sozialistische Position in bezug auf die grüne Problematik noch viel deutlicher zu vertreten als bisher. Es wird darauf ankommen, ob wir in der Lage sind, auch im Ökologischen die konsequentere Position zu finden. Das ist keine Frage von Formelkompromissen. Sobald wir auf die Ebene der Abstimmung geraten, ob eine unserer Lieblingsformeln ins Programm geschrieben werden soll oder nicht, wird es unproduktiv. Ideologische Fragen kannst du nicht mit einer Abstimmung klären.

MANDEL: Aber ein politisches Programm und die politische Ausrichtung mußt du schon mit einer Abstimmung klären.

BAHRO: Aber du kannst ganz langfristig einen ungeheuren Zustrom an sozialistischer Ideologie erreichen. Du kannst die antikapitalistischen Motivationen verstärken und aufklären, kannst mit sehr vielen Menschen sprechen, an die wir sonst niemals herankommen würden, kannst auch eine Menge dabei lernen.

MANDEL: Du wirst mit konkreten politischen Fragen und Optionen konfrontiert, Rudolf. Du verschließt die

Augen vor der Wirklichkeit. Sieh dir doch an, was in Schweden mit den Leuten passiert ist, die einen Wahlsieg über die Frage der Kernenergie errungen haben. Es kommen doch so viele ökonomische, gesellschaftliche und kulturelle Streitfragen auf dich zu, da kannst du doch nicht sagen, daß ihr dazu keine Stellung beziehen werdet. Das ist einfach unmöglich.

BAHRO: Man wird in der Grünen Partei nicht zu allem eine einheitliche Stellung beziehen können. Aber die ganze grüne Bewegung ist für uns auf dieser Strecke ansprechbar. Das ist eigentlich, was du meine Illusion nennst. Ich glaube nicht, daß das eine Illusion ist.

VON OERTZEN: Wir sollten versuchen, die Tendenz zur grünen Parteigründung erst einmal als ein nicht wieder rückgängig zu machendes Faktum zu betrachten; genauso wie wir die Bindung eines erheblichen Teils der reformistischen Linken für noch absehbare Zeit in der Sozialdemokratie und in der Verzahnung mit der Gewerkschaftsorganisation auch als ein nicht veränderbares Faktum hinnehmen sollten. Ganz gleich, ob wir es bejahen oder in Frage stellen. Nur ist die Frage, welchen Handlungsspielraum eine unabhängige kritische Linke hat. Die Gefahr, sich nicht an den Grünen zu beteiligen, ist die, daß ein irgendwie gearteter Erfolg noch unwahrscheinlicher sein wird als jetzt. Die Demoralisierung und Entmutigung derer, die sich trotzdem mit oder ohne die Linken daran beteiligen werden, wird dann noch verstärkt. Im Gegenteil. Mit an Sicherheit grenzender Wahrscheinlichkeit haben die Grünen als Partei die Chance, ein paar Jahre zu überleben, wenn sie nicht in den Bundestag kommen, da sie in ihrer nichtverantwortlichen, zu keiner programmatischen konsistenten Aussage verpflichtenden Oppositionshaltung außerhalb des Parlaments verbleiben können. Wenn sie mit 20 oder 25 Abgeordneten in den Bundestag kommen, dann ist diese

Partei nach spätestens 2 bis 3 Jahren moralisch und politisch bis auf die Knochen diskreditiert. Und nun ist die Frage, ob es die Möglichkeit gibt, aus dieser unaufhaltsamen Entwicklung herauszukommen, ohne riesige Verluste an Engagement, an politischer Aktivität von Tausenden oder Zehntausenden von Mitgliedern und aktiven Anhängern zu erleiden, die wegen des Scheiterns der Grünen Partei sich nun wieder entpolitisieren und resignieren. Wird es gelingen, ihnen im Laufe der nächsten Jahre eine unabhängige linke Alternative als Parteiform oder politische Organisation zu bieten, in die sie dann überwechseln können und ihre Loyalitäten auf sie übertragen? Ich halte es für unmöglich, daß die Grünen als Partei eine Legislaturperiode überdauern könnten. Diese Gruppierung junger Menschen – teilweise auch Genossen, Kollegen, teilweise auch nur anpolitisierte junge Menschen – ist fast ausschließlich eine Sache der unter 35jährigen. Ich will das gleich noch mit ein paar Zahlen belegen. Diese Menschen wehren sich, sie engagieren sich bei den Grünen, mit oder ohne das SB, die Bunten oder Alternativen und die K-Gruppen. Und sie alle engagieren sich. Und die Frage ist, wo die relativ größte Chance ist, daß das nicht in einer furchtbaren Demoralisierung endet. Nun noch ein Hinweis, weil ich nicht weiß, ob euch das so gegenwärtig ist. Wir haben ja in Deutschland die Sitte, daß bei den Wahlen Sonderabstimmungen nach Geschlecht und Alter durchgeführt werden. Wir sind also über die Altersgliederung der Wähler exakt unterrichtet. Sowohl bei den 3,9 Prozent der Grünen in Niedersachsen bei den Landtagswahlen als auch bei den 3,4 Prozent der Grünen bei den Europawahlen lag der Anteil der Grünen an den Wählern unter 25 Jahren bei 12 Prozent und unter 35 Jahren immer noch bei 6 Prozent, d. h. $^2/_3$ ihrer Wähler sind junge Leute unter 35 Jahren. Mit Sicherheit ist es eine Mittelschichtenbewegung, mit Sicherheit aber nicht in erster Linie eine Bewegung von selbständigen Handwerksmeistern, konservativen Bauern und Nazioberstudienräten, um es mal etwas polemisch zu formulieren. Das heißt, es gibt ein Potential von jüngeren Wählern, die etwa 2 bis 3 Prozent des Gesamtarbeiters verkörpern. Vor allem kommen sie aus den Überbauberufen, aber es sind auch teilweise junge Angestellte und Arbeiter, die unzweifelhaft in fast derselben Größenordnung auch bei konsistenter Arbeit einer Linkspartei als Wählerpotential zur Verfügung stehen würden.

WOLTER: Du hast nicht das Nichtwahlverhalten berücksichtigt, du hast auch nicht die Bevölkerungsentwicklung berücksichtigt. Wir werden jetzt die geburtenstarken Jahrgänge in den Wahlbereich bekommen. Das Potential ist viel größer. Wir haben das in der KRITIK nämlich auch genau ausgerechnet.

VON OERTZEN: Das Wählerpotential für eine theoretisch vielleicht nicht besonders konsistente, aber entwicklungsfähige Partei links von der SPD – auch wenn sie erst anschließt an eine wieder zerfallene Grüne Partei –, um damit über die ominösen 5 Prozent bei Wahlen in der Bundesrepublik zu kommen, ist unzweifelhaft vorhanden. Die Frage ist nur, was die weitere Entwicklungsperspektive einer solchen politischen Formation wäre. Man muß das auch im Zeitablauf ein bißchen relativieren. – Es besteht überhaupt kein Zweifel daran, daß vom sozialdemokratischen Standpunkt aus eine authentische linkssozialistische Partei ein ernsthafterer Konkurrent oder Partner wäre als die Grüne Partei.

WOLTER: Ich kann euch auch noch weiter sagen, was ganz genau passieren wird. Ich halte eine Protesthaltung, einen negativen Konsens für eine notwendige, aber nicht hinreichende Vorbedingung für eine sozialistische Politik. Die Grüne Partei, so wie sie strukturiert ist, hat in meinen Augen nicht die mindeste Chance, zu einem positiven Konsens zu kommen. Sie muß aufgrund ihres Bündnischarakters auf dem negativen Konsens beharren: »Wir sind gegen dies, gegen jenes.« Ich bin ja auch gegen das alles, wogegen die sind. Das ist überhaupt nicht die Frage. Wir werden aber das ganze Potential, das sich hier von diesen grünen Organisationen so angezogen fühlt, verlieren, wenn es nicht gelingt, da positive Elemente hineinzubringen, positive Strategien der Lösung, der Zusammenarbeit. Dann wird es zu einem korporativistischen Zerfall kommen. Die einen werden aufs Land gehen und sich um überhaupt nichts mehr als um sich kümmern. Die anderen gehen in den Beruf und ziehen sich Schlips und Kragen an, die dritten interessieren sich für überhaupt nichts mehr, die vierten werden narzißtische Intellektuelle, die fünften werden das Lager wechseln. Ein Teil wird den Nachwuchs für die SPD stellen. – Das Potential geht verloren. Wir müssen uns eins vor Augen führen. Der Nachwuchs, der heute kommt, der ist schon schwer lädiert für den Sozialismus. Es ist nicht so, daß wir unbegrenzte Ressourcen haben. (Zustimmung von Mandel.) Und wir stehen jetzt an einem Punkt, von dem ich glaube, daß, wenn wir jetzt nicht die Kurve kriegen, es mit der sozialistischen Bewegung hier für die nächsten 10 Jahre aus ist, schlicht und ergreifend aus ist. Was nachrückt, das hat nicht die Qualität der APO-Generation, weil die Leute nicht die Entwicklungsmöglichkeiten haben, in der Schule nicht, in der Uni nicht und auf der Straße nicht. Die werden das nicht von alleine schaffen.

VON OERTZEN: Ja, aber wieder mit einer Einschränkung. Wir berücksichtigen nicht genügend die Entwicklung von Teilen jüngerer Gewerkschaftskader, die eine Art geistiger Parallelentwicklung zur APO mit etwa sieben bis zehn Jahren Zeitverschiebung durchmachen. Die Verbindung dieser jüngeren Kader und der ehrenamtlichen und hauptamtlichen Gewerkschaftsfunktionäre ist bei einer Verschärfung der sozialen Kämpfe durchaus möglich, mit einem stärkeren Engagement der Gewerkschaften, stärkeren betrieblichen Konflikten, härteren Tarifbewegungen. Das wird sicher zu einer erheblichen Veränderung der innergewerkschaftlichen Verhältnisse führen und zur Herausbildung eines kämpferischen Flügels innerhalb der Gewerkschaftsorganisationen und in vielen Betrieben. Wobei ich hinzufügen muß, daß mir unter politischem, programmatischem Gesichtspunkt eine gewisse Ausrichtung auf so etwas, was man herkömmlicherweise Volksfront nennen könnte, zu stark zu sein scheint. Dort wird ein ziemlich ungenießbares Gemisch aus Friedenspolitik, Opposition gegenüber den Monopolen und Versatzstücken aus der Theorie des staatsmonopolistischen Kapitalismus mit Gefühlssympathien für alles, was eine rote Fahne vor sich her trägt, zusammengerührt. Ich bin aber auch der Meinung, daß die in konkreten Kämpfen ihre Erfahrungen machen werden. Ihrer geistigen Verfassung nach sind sie jedoch anders strukturiert als die APO-Generation, die ja doch von gewissen anarcho-sozialistischen, spontaneistischen Tendenzen bestimmt war.

MANDEL: Anfangs. Aber nachher haben die Maoisten Fehler gemacht, mehr als man glauben konnte. Es ist ein Beweis dafür, daß die programmatische Klärung in einer ganzen Reihe von Fragen vorher stattfinden muß. Das ist einer der Hauptvorwürfe, die wir Rudi Dutschke machen können – wir bedauern, daß er nicht hier unter uns sitzen kann –, daß er das versäumt hat. Wir haben ihn vorher gewarnt. Er glaubte, daß mit diesem halbanarchistischen Drang jede Versuchung, Anhänger des Stalinismus zu werden, verschwinden würde. In weniger als einem Jahr hat sich das geändert. Man hat führende Genossen sagen hören: »Auch wir lieben den Vorsitzenden Mao.« Man hat sogar unglaubliche Sachen gesehen. Die Situation ist die, daß man zwei Fehler nicht wiederholen darf. Darauf möchte ich dich hinweisen, Ulf. Man darf nicht den Fehler wiederholen, daß man den Anschluß an eine wirkliche Bewegung verliert, damit bin ich hundertprozentig einverstanden. Aber man darf ebenfalls nicht den Fehler wiederholen, daß man das Zusammenbringen als absolutes Ziel jeder politischen Klärung vorlagert, wie es Rudi damals gemacht hat. Das hat dann verheerende Auswirkungen in politischen und taktischen Fehlern, die bis zum Rand des politischen Verbrechens gehen können. Einige dieser taktischen Fragen, die nicht geklärt sind, sind Lebensfragen, Schicksalsfragen für die Zukunft des Sozialismus in der Bundesrepublik und in Europa. Peter hat die Gewerkschaftsfrage angesprochen, ich habe die Frage der proletarischen Demokratie angesprochen. Nehmen wir mal ein ganz konkretes Beispiel. Bist du sicher, daß in irgendeiner neuen sozialistischen Partei – wie bei den Grünen – die Frage der Unvereinbarkeitsbeschlüsse nicht gestellt werden wird? Bist du sicher? Bist du sicher, daß all das, was von maoistischer, halbmaoistischer, zentristischer und auch sozialdemokratischer Vergangenheit dort reinkommt, daß es nicht mit so großen Vorurteilen dort reinkommt oder falschen Rezeptionen der Organisationsfrage, daß sie sagen, daß man nicht Mitglied zweier Organisationen sein darf, wie es ja teilweise bei den Grünen läuft. Damit hast du ja schon einen Teil der Scheiße.

WOLTER: Ich bin nicht sicher. Ich bin aber sicher, daß es danebengehen wird, wenn wir es nicht versuchen.

BAHRO: Ich habe eine Idee, wie man das, was Ulf bewegt, artikulieren könnte. Zwar glaube ich persönlich, daß diese Grüne Partei sogar ein Debakel im Bundestag überleben würde, weil ich der Formierungskraft der objektiven ökologischen Problematik eine so große Bedeutung beimesse. Nehmen wir einmal an, daß das eine Illusion ist. Nehmen wir an, daß sich diese Grüne Partei schnell verschleißen würde. Wenn wir uns unter den jetzigen Bedingungen – wo die Situation nicht reif ist – für eine sozialistische Linkspartei stark machen, die in den

Kampf werfen und dann ein Debakel erleben, dann ist das, was du befürchtest, wahrscheinlich. Wenn wir aber die Grüne Partei – jetzt von deiner, nicht von meiner, Warte her gesehen – als Ersatzpferd ins Rennen schicken, und sie würde tatsächlich scheitern, bliebe theoretisch immer noch die andere Möglichkeit. Versuchen wir doch erst mal im Sinne dieser Zusammenarbeit aller Sozialisten – und zwar konzentriert zunächst auf einen theoretischen Klärungsprozeß, von dem niemand weiß, wo wir uns finden werden – eine kontinuierliche Selbstverständigung mit Verstärkung auch organisatorischer Zusammenhänge, jedoch nicht im Sinne konventioneller Parteiorganisation. Dann kann uns auf jeden Fall unser Potential nicht verlorengehen. Wir lösen das nicht ersatzlos in die Grünen auf, gerade indem wir nicht als Fraktion hineingehen.

WOLTER: Rudi, du redest von abstrakten Menschen. Ein nochmaliges Scheitern derjenigen Leute, die sich jetzt dafür engagieren, heißt, daß für sie mit der Politik erst mal Feierabend ist. Die Konkursmasse, die du da rekrutieren willst, die ist persönlich fertig. Du machst dir auch keine Vorstellungen vom jetzigen psychologischen menschlichen Zustand der alten APO-Generation. Das hat derartig schwer gesessen, diese Niederlage, die nicht notwendig war, die aber eingetreten ist und die Aktivisten, die klügsten und kreativsten Menschen zur Handlungsunfähigkeit verurteilt hat. Was meinst du, was das denen auch an persönlicher Substanz gekostet hat? Durch gewisse zufällige Konstellationen, die ich nicht als notwendig ansehe, sondern wieder mal als Mangel an Alternative, gehen die in eine Bewegung hinein, von der man sagen kann, daß sie in der Form keine sozialistische Bewegung ist, und es wird keine sozialistische Bewegung werden. Es wird nicht gelingen, das positiv zu machen, was jetzt negativ artikuliert ist. Ich glaube, daß du dir Illusionen darüber machst, was du im dritten Anlauf mit diesen Leuten noch einmal anfangen kannst.

BAHRO: Ulf, du hast mein Argument nicht aufgenommen. Wir stürzen uns doch nicht völlig ohne Netz in diese Grüne Partei. Auch ich fordere das nicht, obwohl ich positivere Hoffnungen habe, daß das langfristig etwas werden könnte. Hältst du denn diesen Versuch, über den bisherigen Gruppenstrukturen theoretische und mehr als theoretische – ideologische – Arbeit in Zusammenhängen aufzubauen, für nichts? Hälst du das nicht auch für eine Netzstellung?

WOLTER: Doch, doch! Ich arbeite ja dafür. Hast du dir einmal die Grundidee des Verlages, den ich da seit acht Jahren mache, überlegt? Das ist genau dieser Versuch.

VON OERTZEN: Dieses Argument habe ich mir ja bisher verkniffen. Welches Organ hat mehr zur Popularisierung der grünen Idee unter der unabhängigen Linken beigetragen als die KRITIK?

WOLTER: Nein. Ich habe vor einigen Jahren genau gesehen, daß dies eine Bewegung ist, die ihre Dynamik haben wird. Deswegen muß man sie von vornherein ganz ernsthaft betrachten. Ich stehe ihr auch nicht feindlich gegenüber, sondern ich stehe vielleicht in einem realistischen Verhältnis zu ihr. Das ist alles. Ich bin auch nicht der Meinung, daß wir eine sozialistische Kaderpartei gründen sollten. Die Bedingungen sind nicht gegeben, das wäre absurd. Die kann man nicht von oben gründen. Wir brauchen die gedankliche Möglichkeit einer Perspektive, woraus Schritte zu entwickeln sind, um zu diesem Ziel zu kommen. Und diese Strategie fehlt mir jeweils bei euch.

MANDEL: Das habe ich nicht ganz genau verstanden. Was heißt das, daß wir eine Perspektive brauchen?

WOLTER: Es muß die Bereitschaft erkennbar sein, im Handeln und in der Diskussion auf dieses Ziel zuzustreben.

MANDEL: Welches Ziel? Auf das Ziel einer neuen sozialistischen Partei?

WOLTER: Ja. Eines Zusammenschlusses, den ich zunächst ganz gewiß so liberal wie möglich sehen würde, um die Vorbehalte der einzelnen Fraktionen respektieren zu können, vielleicht eine Allianz, die einen ernsthaften, kontinuierlichen Diskussionsprozeß um die verschiedenen, theoretischen politischen, praktischen, taktischen ...

BAHRO: Siehst du das nicht in meinem Vorschlag dieser sozialistischen Konferenz? Ich will zwar keine linke Partei, aber in punkto Diskussionsprozeß eigentlich genau dasselbe.

VON OERTZEN: Gegen die Tendenz der Vereinnahmung der Linken durch die Grünen werden sich aber einige Gruppen aus Eigeninteresse sperren, und eine Reihe von Individuen wird dasselbe tun, mit guten prinzipiellen sozialistischen Argumenten, und die dort anwesenden Sozialdemokraten werden das tun, allein durch ihre Existenz und Bindung an eine andere Organisation. Sie werden dem widerstreben.

MANDEL: Die Konferenz könnte den Ausgangspunkt für diesen Prozeß der etwas organisierteren strukturierteren Diskussion und für eine mehr oder weniger institutionalisierte Aktionseinheit über eine gewisse Reihe von Sachen bilden. Das ist das, was man heute erreichen kann. Eine Zusammenschmelzung kannst du nicht erreichen. Einige Organisationen werden sich auflösen, das ist ihre Sache, andere werden sich nicht auflösen. Die SPD wird sich ganz bestimmt nicht auflösen. Unter diesen Bedingungen kannst du heute nichts anderes erreichen als das, aber es wäre ein bedeutsamer Schritt vorwärts. Über die Notwendigkeit einer neuen sozialistischen Partei werden die Sozialdemokraten nicht bereit sein, mit abzustimmen, der Rest der dort Anwesenden aber wird wohl bereit sein. Der zweite Punkt ist aber der, daß sich dann eine Klärung über eine ganze Reihe von grundsätzlichen Fragen systematisch angehen läßt, man kann dafür einen Rahmen schaffen. Drittens – das ist das heikelste – können eine Reihe von taktischen Problemen geklärt werden, die, wenn sie auf rein ideologischer Ebene aufgeworfen werden, nur Zank und Streitigkeiten mit sich bringen werden. Jetzt könnten sie durch praktische Erfahrungen geklärt werden. Du solltest also Gebiete aufzählen, wo eine unmittelbare Aktionseinheit unter diesen Teilnehmern möglich ist und wo sich dann aus einigen praktischen Erfahrungen eine fruchtbarere Diskussion als auf rein abstrakt-theoretischer Ebene ergeben kann. Das wäre für mich eine akzeptable Grundlage für diese Konferenz. Das muß aber von vornherein klar sein, daß das keine Konferenz ist, um irgend jemanden zu den Grünen zu bringen. Sondern daß es eine Diskussion ist, die sich in diesem Rahmen abspielt.

KRABBE: Ich möchte einmal einen Satz dazu sagen. Was der Ulf doch beschwörend dem Rudi sagt, das ist, daß du natürlich die Funktion eines Kassenmagneten für die Grünen hast, der die Grünen für die Roten wählbar beziehungsweise beitretbar macht. Soviel ist ja klar. Genauso wie es solche Figuren in der SPD gibt ...

BAHRO: Wenn du den Kassenmagneten wegläßt, dann stimmt auch das als meine Absicht. Sie schließt das andere gar nicht aus.

KRABBE: Geht aus der gesamten grünen Ideologie zwingend ein sozialistisches Ziel im Sinne von allgemeiner Emanzipation hervor? Das ist für mich überhaupt nicht schlagend, sondern das ist allenfalls theoretisch ableitbar.

BAHRO: Die antikapitalistische Orientierung geht zwingend hervor.

KRABBE: Ja, aber stalinistisch kann auch antikapitalistisch sein. – Es kann ja antikapitalistisch sein, ohne gleichzeitig emanzipatorisch, demokratisch, sozialistisch zu sein. Du weißt doch am allerbesten, daß es hier Mischformen gibt. Aus diesem Endzeitbewußtsein der planetarischen Krise geht ja zunächst hier die Weihe der Auserwählten hervor, die das begriffen haben, die also sagt: »Die Stunde des Herrn ist nahe« – im Gegensatz zu der Mehrheit der Leute, die das einfach nicht begreifen, die hier befangen sind in ihrem Konsumtaumel. Die rütteln, gehen voran natürlich, also »Wachet und betet«. Das ist zunächst das, was schlagend daraus hervorgeht.

BAHRO: Wobei das in der Geschichte eine große Stunde war, als Johannes gesagt hat, daß das Himmelreich nahe herbeigekommen ist. Vergiß es nicht.

KRABBE: Ich kann mir genausogut vorstellen, daß daraus ein ziemlich elitäres Konzept hervorgeht, beziehungsweise, daß es einfach eine Strategie der Verunsicherung, der tendenziellen Blockierung des Apparates, der hier den weiteren Kreislauf des Wahnsinns aufrechterhält, gebiert. Die Tatsache, daß mit der gleichen Ideologie der Harich seinen Rationierungskommunismus hervorbringt und der Gruhl über den Weg von Forsthoff sagt, daß der Staat wieder über die Gruppeninteressen handlungsfähig werden muß, heißt doch, daß aus dieser grünen Konstruktion der planetarischen Krise oder des Endzeitbewußtseins überhaupt nicht zwingend emanzipatorische politische Programme hervorgehen müssen. Da ist nun die Frage, wie das funktioniert, wenn so eine Gruppe den Sprung ins Parlament nicht schafft, sich abseits hält. Was passiert mit den Leuten? Die, die sich nicht privatisieren, werden sich in irgendeiner Form fanatisieren, werden in irgendeiner Form Konzepte ersinnen, wie man dieses Programm zu einem politischen Faktor macht. Das kann hier unheimlich viele Formen von Avantgardeaktionen oder überhaupt von Bündnisaktionen mit Gott und der Welt annehmen, was du jetzt hier als die braunen Grünen angesprochen hast. Irgendwie muß man die Sache ja in Bewegung halten.

VON OERTZEN: Gehst du da nicht doch an der sozialen und psychologischen Wirklichkeit des bestimmenden Milieus vorbei, aus dem die Grünen als Partei hervorwachsen?

KRABBE: Aber dieses bestimmende Milieu ist ja nicht so eindeutig fest umrissen.

VON OERTZEN: Deswegen sage ich das ja ganz behutsam.

BAHRO: Sicher, in dem Buch von Gruhl gibt es einen Widerspruch zwischen der ökologischen und der emanzipatorischen Komponente, ebenso bei Harich.

VON OERTZEN: Ich habe natürlich keine sehr breite Anschauung, die ihr vielleicht mehr habt. Aber ich sehe die Grünen, wie ich sie im Landtagswahlkampf in meinem Wahlkreis kennengelernt habe. In dem einen Ort sind eine Reihe von Jungsozialisten, ein Jungpfarrer, ein Sozialarbeiter und ein paar Jungarbeiter und junge Angestellte aus der Lehrlingsbewegung zu den Grünen gegangen. Das ist ein bißchen so ein politisch radikaler Jugendklub. Es gibt viele Fehler und Schwächen. Aber die Gefahr eines elitären ökologischen Staatskapitalismus liegt denen völlig fern. Für deren Art, Politik zu machen und miteinander umzugehen, könnte man viele negative Kennzeichnungen finden, wie: unpolitisch, kleinbürgerlich-radikal, individualistisch. Aber bei aller Klüngelei und allem Parteivereinsmeiertum, die sich da sicherlich breitmachen werden, wird man doch so einen Schuß kameradschaftlicher Basiscliquenbildung behalten – um nicht von Basisdemokratie zu reden –, eine gewisse Neigung, die Bäume der Funktionäre und der Mandatsträger nicht in den Himmel wachsen zu lassen. Elemente von radikaler kleinbürgerlicher Demokratie, wenn du so willst, und zu einem Teil bleiben sie natürlich auch in den Bürgerinitiativen, in der Basisbewegung verankert. Ich sehe die Gefahr nicht so sehr, daß die Grünen die Basisbewegung, die Bürgerinitiativen, spalten. Sie werden sie begleiten, zum Teil gegen die Aktivisten der Bürgerinitiativen. Das gibt dann so eine Art Arbeitsteilung, wie teilweise auch zwischen linken SPD-Parteiorganisationen und Bürgerinitiativen. In den Städten, wo die Bunten und Alternativen die Grünen noch stärker prägen, besteht die Gefahr ohnedies nicht in dieser Form. Nicht einmal für die baden-württembergischen Grünen sehe ich das generell so. Ich bezweifle einfach, ob die Gefahr – die theoretisch bestehen könnte – mehrheitlich wirklich so besteht, nur weil in der Tat an der Spitze bei Gruhl und anderen solche Ideen auch da sind und weil es sicherlich Typen gibt, die zu dieser Art von Politik tendieren.

KRABBE: Das Grüne kann doch ungeheuer viel Negativpotential in der Gesellschaft aufsaugen, d. h. Kritikpotential, Unbehagen, Aggressionen, sogar auch Destruktionspotential. Die dann sagen, daß die Natur zerstört wird, und sie werden das zerstörerische System fundamental angreifen in allen seinen Strukturen. Diese Strukturen sind ja auch beispielsweise die demokratischen Strukturen, die Strukturen der Einbettung der Arbeiterbewegung und der Arbeiterklasse in dieser Gesellschaft ...

VON OERTZEN: Die konservativ-reaktionäre antigewerkschaftliche Tendenz halte ich unter den politischen Gefährdungen der Grünen mit für die schlimmste. Das führt dann zu solchen merkwürdigen Verhaltensweisen wie dem Kurs, den der Olaf Dinné in der Bremer Kommunalpolitik einschlägt. Er verfällt natürlich manchmal wirklich in einen Kampf gegen den Apparat als solchen – den SPD-Apparat, den er als eine Art Politclown ja 15 Jahre lang freundschaftlich begleitet hat. Und der Dinné ist ein klassischer grüner Typ, ich gebe das zu. Aber destruktiv im Sinne, daß er das System mit den Mitteln autoritärer Strukturen bekämpft, das nicht. Dazu sitzen basisdemokratische Erfahrungen aus den Jusos und den Bürgerinitiativen und dieser klein- und mittelbürgerlichen bohemienhaften Lebensform zu tief bei den meisten.

KRABBE: Ich muß jetzt einmal den Ernest unterstützen, der hier eine Sache gebracht hat, die für uns ja auch so ein Urerlebnis war. Die schöne basisdemokratische APO – zu der wir in ihrer antiautoritären Phase noch gezählt haben – hat in ihren Teach-in-Formen und ihrer allgemeinen Ablehnung von Hierarchien, sowohl in der Universität als auch in der Familie, in der Sozialdemokratie und auch im Parlament das Urbild eines nicht zu disziplinierenden richtig anarchischen Jungstieres geprägt, der gesagt hat: »Wir lassen von oben nach unten überhaupt nichts passieren.«

VON OERTZEN: Ich habe euch das schon 1967 nicht geglaubt.

MANDEL: Damals war es aber real. Das ist auch ein Fehler.

VON OERTZEN: Nein, auch damals schon nicht. Es war immer zur Hälfte Schaumschlägerei und Selbstbetrug.

KRABBE: Aber hier ist doch eine Dialektik, die ich am eigenen Leibe mitgemacht habe. Anfang der 70er Jahre sind wir – wie alle Schafe auch – in die stalinistischen oder in die demokratisch zentralisierten Organisationen hineingetrottet und haben gesagt, daß der Antiautoritarismus alleine kein politisches Handeln erlaube. Man braucht selbstverständlich eine Organisation, eine Führung, eine Disziplin. Die Sache hat sich, wie du richtig gesagt hast, innerhalb eines Jahres auf den Kopf gestellt. Und zwar mittels der gleichen Personen und mittels der gleichen Psychologie, die eben immer sehr dialektisch ist.

BAHRO: Vor allem, weil es ein Umschlag von einem Extrem in ein anderes Extrem geworden ist.

KRABBE: Insofern ist deine Beschreibung eines gewissen Typus in dieser Organisation, der diese basisdemokratische Gemütlichkeit besitzt, für mich überhaupt kein Garant dafür, daß dieser gleiche Mensch nicht von heute auf morgen sagt: »Meine Organisation ist von der Geschichte dazu auserwählt worden, diesen zerstörerischen, die Natur zersetzenden Kreislauf einfach zu blockieren.« Ungeachtet dessen, was die Mehrheit tut, denkt, wozu sie auch handlungsmäßig in der Lage ist, sondern dann kommt die Vorstellung entweder einer Verteilungsdiktatur oder es kommt die Vorstellung davon, daß man auf jeden Fall Fanale setzen muß, was hier passiert. Die Möglichkeit einer Katastrophenpolitik, die sich gegenüber der Mehrheit des politischen Spektrums durchaus ultimativ verhält, ist durch diese Psychologie dieser paar Leute, die auch auswechselbar sind, gar nicht ausgeschlossen. Das weißt du gar nicht.

VON OERTZEN: Meine These war ja auch nicht eine rein psychologische.

KRABBE: Du sagst doch, daß die Leute so sind.

VON OERTZEN: Nein, ich habe vom Milieu gesprochen. Ich habe von einem ganz bestimmten sozialen und damit natürlich sozial-psychischen Mileu gesprochen. Das Milieu, aus dem die Aktivisten der Protestbewegung 1966 bis 1968 gekommen sind, war ein radikal anderes, weil nämlich zehn, zwölf Jahre Veränderung der Lebensform in ganz bestimmten Zwischenschichten seitdem ins Land gegangen sind. Ich meine damit nicht die ganz jungen, die 19-, 20-, 21jährigen, sondern die 25- und 35jährigen. Und ich meine auch nicht die Aktivisten der alten Protestbewegung, die jetzt bei den Grünen sind, sondern die übergelaufenen Jusos, die gar nicht so aktiv an der Protestbewegung teilgenommen haben. Dinné hat ja nie in diesem Sinne aktiv an der Protestbewegung teilgenommen und ist ein ziemlich reiner Typ für ein ganz breites Spektrum von Grünen, die aus dem Umfeld der SPD und der alten APO zu den Grünen gekommen sind. Die haben in den letzten zehn Jahren bestimmte veränderte Lebensformen entwickelt – bis ins private Leben hinein. Wenn auch nicht so radikal und schön, wie sie sich das selbst immer eingeredet haben und wie sie es früher erwartet haben; aber immerhin, und dabei hat sich meiner Erfahrung nach eine bestimmte Abwehr gegen elitäre, bürokratische Organisationsformen habitualisiert. Ich studiere diesen Typ ja nun seit zehn Jahren unter den jungen Lehrern, Verwaltungsangestellten, Studenten und Schülern meiner Juso-Organisation und meiner Partei. Dieser Typ verkörpert heute in seinen Lebensformen einen gewissen habitualisierten Antiautoritarismus, eine gewisse Liberalität, eine Abwehr gegenüber bürokratischen Strukturen. Es ist zuzugeben, daß da alle Gefahren einer intellektuellen elitären Haltung vorhanden sind. Diese Leute haben häufig auch unbewußte, undifferenzierte, naiv vorgetragene soziale Ansprüche, nicht im Sinne von extrem hohem Einkommen, aber gewisser anderer kultureller Privilegien, einen gewissen Hochmut etwa gegenüber dem gewerkschaftlichen Milieu. Sie haben Schwierigkeiten mit Betriebsarbeitern, mit Vertrauensleuten, mit Gewerkschaftssekretären umzugehen. Dies ist die Hauptgefahr für die Grünen. Aber dieses Milieu hat gewisse liberaldemokratische, antiautoritäre Züge angenommen, und es scheint mir, daß dieses Milieu für die Basis der Grünen Partei weitgehend bestimmend ist. Deswegen glaube ich nicht, daß die Gefahr besteht, daß die Grünen etwa in Richtung auf einen mehr oder weniger halbfaschistischen, autoritären, radikalen Sparplankapitalismus umschwenken und auch die entsprechenden Verhaltensweisen entwickeln. Eher fällt die Grüne Partei auseinander. Dies allerdings wage ich zu prognostizieren. Aber diese Gefahr, die ideologisch abgeleitet werden könnte, sehe ich nicht.

BAHRO: Für das, was sich dort herausbilden kann, wird es doch nicht bedeutungslos sein, ob wir mitmachen oder nicht. Vielleicht sollten wir die Sache nicht allein vom Standpunkt unseres linken Potentials für sich genommen betrachten, sondern gleich noch den Gedanken einbeziehen, wo wir unser breites Auslauffeld haben. Ich kann nicht begreifen, daß das Hineingehen in diese Grüne Partei – die sowieso auf der Ebene des Konsenses zunächst nur beschränkte Möglichkeiten bietet – uns daran hindern muß, unser spezifisches Konzept weiter auszuarbeiten. Wir sollten das Verhältnis der Grünen und unserer Gruppen nicht in der alten Relation von Parteien sehen. Dann wird es nämlich zu einem Ausschließungskonzept, wo wir nichts machen können.

WOLTER: Ich sage ja, daß es theoretisch vielleicht möglich wäre. Du kannst z. B. nicht ernsthaft davon ausgehen, daß diejenigen, die unser Hauptpotential sind – und die sind berufstätig – die Möglichkeit haben, in zwei oder drei Organisationen plötzlich mitzuarbeiten. Wenn sie bei den Grünen mitarbeiten und wegen der Basisdemokratie zwei Meetings in der Woche haben, einmal Flugblätter verteilen müssen, einmal einen Bauplatz besetzen oder irgend etwas, dann haben die genug. Dann kannst du nicht nebenbei vielleicht von zwölf Uhr nachts bis drei Uhr am Gedanken einer sozialistischen Perspektive werkeln. Das geht an den Bedingungen der Leute vorbei, Rudi. Es sind nicht alle so gebaut wie ihr hier.

Die Qual der Wahl

WOLTER: Kommen wir noch zu einem weiteren Punkt. Es ist ja ein Phänomen, wie eine Bewegung, die sich als basisdemokratisch, sozial und emanzipatorisch versteht, sich als Partei konstituiert, also Realpolitik betreiben will, und trotzdem sich ganz gelassen um das Problem herumdrückt, daß sie mit ihrer Kandidatur einen Wahlsieg von Strauß ermöglichen könnte. Und daß das unter bestimmten Voraussetzungen der Fall sein kann, darüber besteht doch kein Zweifel, das ist eine der Möglichkeiten. Für mich ist das ein krasser Fall von Realitätsverlust.

VON OERTZEN: Da fließen verschiedene ideologische Elemente zusammen, die man ruhig einmal sortieren sollte. Das sind Auswirkungen dieser absurden Faschisierungstheorie, die aus der Ecke des KB kommt, der permanent die Faschisierung der Bundesrepublik auf dem Marsch sieht. Das sind die unmittelbaren praktischen Erfahrungen eines großen Teils von jüngeren Genossen, denen die Polizisten zum zehntenmal ihre Wohngemeinschaft umgeräumt und ihre Bücher in die Gegend geschmissen und ihnen in den Hintern getreten haben. So erfährt doch dieser Teil den Staat.

MANDEL: Die persönliche üble Erfahrung mit der SPD, mit dem Staat, mit Bürgermeistern spielt eine große Rolle. Ich habe das oft gehört.

VON OERTZEN: In einigen Großstädten spielt das eine große Rolle. Dies ist aber nicht mehrheitlich. Es spielt aber keine entscheidende Rolle in den mittleren und kleinen Gemeinden hier im Lande, wo die Grünen teilweise auch erhebliche Stimmenzahlen bekommen. Dann gibt es eben die ideologisch begründete Vorstellung, daß alle politischen Probleme mehr oder weniger autoritärer Regierungsführung, alle Probleme des Auslands, der dritten Welt, Südafrika, Befreiungsbewegungen gegenüber der eschatologischen Zentralproblematik der Ökologie und der Kernkraftwerke verblassen.

WOLTER: Ein weiteres Motiv dieser Position ist die Handlungsbereitschaft großer Teile derjenigen, die das sagen. Die wollen sich nicht mehr dazu hergeben, der SPD das Kreuz auf den Wahlzettel zu machen. Das geht ihnen gegen den Strich, das wird als Subalternität empfunden, ausgerechnet die Partei zu wählen, die für die Berufsverbote etc. verantwortlich zeichnet.

VON OERTZEN: Es ist ein prinzipieller Prozeß, immer wieder die eigene Verhaltensweise in Hinblick auf mögliche Effekte zu kalkulieren. Die Verhaltensweise, irgendwo ein Kreuz zu machen oder sich zu einer politischen Richtung zu bekennen, soll unmittelbar jetzt ein Stück Selbstverwirklichung sein.

WOLTER: Das Verhalten ist völlig legitim. Die Richtung ist falsch.

MANDEL: Da bin ich nicht hundertprozentig mit dir einverstanden, weil Revolution und Rebellion nicht dasselbe sind. Veränderung der Gesellschaft und Aufstand gegen die Gesellschaft sind nicht dasselbe. Du kannst dich nicht darauf beschränken, eine Alternative zu konstituieren, ohne gleichzeitig einen glaubwürdigen Weg für die Verwirklichung dieser Alternative darzustellen. Aus allem, was seit 1967 über die Bühne gelaufen ist, habe ich eine optimistischere Einschätzung als ihr, nicht aus bundesrepublikanischer Sicht, da bin ich schon mit euch einverstanden. Sogar in Portugal bei den letzten Wahlen – es ist beinahe nicht zu fassen – haben die Arbeiterparteien 53 Prozent der Stimmen gehabt. Die extremen Linken haben 5 Prozent der Stimmen gehabt. Die Rechten sind im Parlament nur durch die Uneinigkeit und die Gespaltenheit der Linken in der Mehrheit. Noch immer steht die Mehrheit des portugiesischen Volkes klar auf einem sozialistischen Standpunkt. Die Gesamtbilanz seit 1967 ist gar nicht so negativ. Das zentrale strategische Problem ist nicht das Bündnisproblem. Da bin ich nicht einverstanden mit Rudolf. Ich sage nicht, daß es nicht wichtig ist. Das wichtigste unbewältigte Problem ist, wie diese extreme Linke – wie immer sie konstituiert ist – gleichzeitig die beiden Grundübel revolutionärer Politik vermeidet, nämlich opportunistische Anpassung an die bürokratischen Apparate und sektiererische Abkapselung. Das ist in der Bundesrepublik das Problem der SPD, ob ihr es wollt oder nicht. Da kommt ihr nicht drum herum. Du kannst nicht irgendeine linke Partei konstituieren – ob sie jetzt 3 Prozent oder 7 Prozent der Stimmen hat – ohne eine langfristige taktische Orientierung, was man mit der SPD macht. 70 Prozent der Gewerkschaftsmitglieder stimmen für die SPD. Bevor ich mich über die katholischen Arbeiter in Bayern aufrege oder über die Kleinbauern in Schleswig-Holstein, interessiere ich mich erst mal für diese 70 Prozent. Wenn ich das gelöst habe, dann habe ich zwar noch nicht alles gelöst, aber doch sehr vieles. Dann ist der Rest nur eine kleine zusätzliche Frage. Das ist die Tragik der extremen Linken. Darum gebe ich dem, was ich Politik oder Taktik nenne und worüber man in weiten linken Kreisen so überheblich lächelt, eine so große Bedeutung. Weil ich es in der Praxis gesehen habe, daß die wirklichen großen Massenbewegungen, die es in den letzten zwölf, dreizehn Jahren in Westeuropa gegeben hat und die es weitergeben wird, an diesen Problemen gescheitert sind. Das waren die praktischen politischen Schwierigkeiten und Fehlschläge ...

VON OERTZEN: Und in Italien ist es das Problem der PCI und in Frankreich ist es das Problem der KPF.

MANDEL: In Frankreich ist es das Problem der Aktionseinheit der beiden Parteien.

VON OERTZEN: Aber in Großbritannien ist es das Problem der Labour Party, und in Schweden ist es wieder das Problem der Sozialdemokratie.

MANDEL: Und bei uns in Belgien – darum habe ich sehr viel Verständnis für deine bayerischen Brüder – ist es das Problem der Spaltung der belgischen Arbeiterklasse in zwei fast gleich starke Blöcke – sozialistische Arbeiter einerseits, katholische Arbeiter andererseits. Es gibt zwei Gewerkschaften, die beide 1 Million Mitglieder haben. Sie haben praktisch dieselben Stimmen bei den Betriebsratswahlen. Wir haben versucht, eine Übergangslosung als Alternative zum historischen Kompromiß der italienischen KP zu finden. Man muß nicht glauben, daß wir das Bündnisproblem nicht verstehen wie dumme Sektierer oder verblendete Leute. Daß es dort $1^1/_2$ Millionen Arbeiterwähler und 1 Million organisierte Arbeiter und Angestellte gibt, ohne welche man keine sozialistische Umgestaltung der Gesellschaft machen kann und die einfach nicht zur SP oder zur KP gehen wollen. Das ist seit 60 Jahren eine historische Tatsache. Man kann sich darüber streiten, warum es so ist. Aber es ist nun einmal so. Da muß man eine Antwort drauf geben. Wir haben eine Übergangslosung gefunden und werden sehen, ob sie realistisch ist. Wir rufen zur Bildung einer selbständigen katholischen Arbeiterpartei auf, die sich auf die katholischen Gewerkschaften stützen soll. Es gibt ein starkes Argument dafür. Es ist erstaunlich, daß in der Sozialdemokratie niemand darauf gekommen ist. Auf gewerkschaftlicher Ebene gibt es jetzt eine institutionalisierte Aktionseinheit zwischen den beiden Gewerkschaften seit vier oder fünf Jahren. Auf politischem Gebiet drückt sich das nicht im mindesten Maße aus. Wir sagen, daß das, was auf gewerkschaftlichem Gebiet geschieht, sich auch auf politischem

Gebiet ausdrücken muß. Wenn das auf politischem Gebiet geschieht, dann wäre das der erste »Gewerkschaftsstaat« (wie verworren dieser Begriff auch ist) in Europa, worüber das Bürgertum dauernd schreit. Die haben vor einer solchen Eventualität fürchterliche Angst. Ein solches politisches Bündnis hätte eine praktisch unzerbrechliche absolute Mehrheit im Parlament. Wir glauben, daß dies eine klassenpolitisch gerechtfertigte Übergangslosung ist. Eine Zusammenarbeit mit einer katholischen Partei wie der Democrazia Cristiana, wie es die traditionelle sozialdemokratische Lösung dieser Problematik ist, ist reine Klassenkollaboration, wie es die Geschichte bewiesen hat. In Italien ist es Klassenkollaboration mit der wichtigsten Partei des Großkapitals. Der Widerspruch ist der, daß diese katholischen italienischen Arbeiter dauernd gegen ihre katholischen Unternehmer streiken, mit denen sie in derselben Partei sitzen. Solange diese Arbeiter passiv waren, ging es gut. Aber jetzt sind sie sehr aktiv, in Flandern weniger, aber in Wallonien, wo sie in der Minderheit sind, sind sie teilweise in einigen Bezirken links von den Sozialdemokraten. Wir arbeiten mit ihnen sehr gut zusammen, auch mit den Gewerkschaftsfunktionären. Das liegt auch an der Frage der proletarischen Demokratie, der Basisdemokratie, das spricht sie an. In Wallonien kommt diese Losung an. Das ist nicht aus der Luft gegriffen. Aber in der Bundesrepublik ist das nicht das Problem.

WOLTER: Ich habe noch einmal eine Frage zum Verhältnis der Grünen und Strauß an Rudi. Wie würdest du den Unterschied zwischen der SPD-Regierung und der eventuellen Strauß-Regierung einschätzen? Ich nehme schon an, daß du einen gewissen Unterschied konstatieren wirst. Wenn du eine Risikoabwägung bezüglich der Vorteile machen würdest, die bei einem möglichen Wahlsieg der Grünen herausspringen können, und der Nachteile, die bei einem Scheitern herauskommen könnten, wie würde sie dann aussehen?

BAHRO: Ich habe ja in der Rede in Karlsruhe deutlich gesagt, daß die Grünen gegen Strauß antreten müssen. Ich habe es damit begründet, daß Strauß der Versuch einer präventiven Konterrevolution ist. Sie bereiten sich darauf vor, die ökonomisch-politische Dauerkrise der 80er Jahre aktiv abzufangen. Das würde den Freiraum für die Vorbereitung jeglicher fortschrittlicher Alternativen einengen. Meine Meinung ist die, daß wir einen großen Fehler machen würden, wenn wir glauben, daß man dem reaktionären Gegenangriff mit einer so defensiven Konzeption, wie es die SPD jetzt versucht, begegnen kann. Wenn es gerade noch mal gelänge, Strauß um ein halbes Prozent zu verhindern und der politisch-psychologische Gesamtprozeß im Lande liefe weiter wie bisher, dann gäbe es 1984 erneut die Erpressungsmöglichkeit von einer Schmidt-Regierung gegenüber dem übrigen vernünftigen Potential im Lande, weil dann vielleicht unter Albrecht oder jemand anderem die gegnerische Sache noch stärker drückt. Die eigentliche Gefahr, die ich im Zusammenhang mit der Zuspitzung der Krise und der Konfrontation in Richtung dritte Welt sehe, ist die, daß wir eine Situation wie in Israel und bei den Weißen in Südafrika in allen reichen Ländern kriegen. Es entsteht dann eine Festungsneurose, die der autoritären Lösung alle Möglichkeiten eröffnet. Da geht es nicht zuletzt auch darum, daß die Leute, die nicht rechts, sondern wertkonservativ und wirklich christlich motiviert sind, rechtzeitig eine eigene Möglichkeit zum politischen Ausdruck finden. Das könnte auch in das Potential der CDU/CSU hineinwirken, das ja nicht aus lauter Rechtskonservativen und Reaktionären besteht.

WOLTER: Die Grünen sollen doch nicht auf Politik verzichten, sondern es dreht sich hier doch nur um die Frage der parlamentarischen Politik. Das setzt du ja wahrscheinlich nicht gleich.

BAHRO: Das setze ich nicht gleich. Aber vielleicht ist der Antritt von Strauß zum jetzigen Zeitpunkt sogar ein Glücksfall, weil der nicht durchkommen kann. Wenn sie in der Lage gewesen wären, einen anderen Kandidaten für dasselbe Programm zu präsentieren, dann wäre die Aussicht größer gewesen – zumal sich nicht einmal die Unternehmer einstweilen klar für Strauß entscheiden, weil sie glauben, daß Schmidt die Sache besser lösen wird.

VON OERTZEN: Ich will nur eines sagen, ohne daß ich jetzt in die Diskussion der Konsequenzen eintreten will. Da wird sich sicher Ernest zu äußern wollen. Ich will nur darauf hinweisen, daß ein Wahlausgang, der die FDP im Bundestag beläßt, die Grünen etwa mit dem gleichen Stärkeverhältnis hineinbringt, mit an Sicherheit grenzender Wahrscheinlichkeit zu einem Bürgerblock führt, d.h. zu einer CDU/FDP-Regierung. Dann wird sie allerdings nicht von Strauß als Kanzler geführt, sondern von dem viel gefährlicheren Albrecht als Kanzler. Dieser wird dieselbe Politik wie Strauß machen, sie aber sehr viel geschickter verkaufen, ohne die sozialpsychischen Hindernisse.

BAHRO: Du meinst, daß es diese Kombination schon im Herbst 1980 geben kann.

VON OERTZEN: Diese Kombination könnte es im Herbst 1980 geben. Wenn ihr über die 5 Prozent kommt, dann hat dieses Ergebnis eine Wahrscheinlichkeit von 90 Prozent. Wenn keine der großen Parteien die Mehrheit hat, die FDP rausfliegt und die Grünen das Zünglein an der Waage sind, dann wird es sicherlich starke Versuche zur Bildung einer großen Koalition geben. Dies bedeutet dann eine extreme Zerreißprobe für die Sozialdemokratie. Ich halte diesen Wahlausgang aber nicht für sehr wahrscheinlich, weil ich glaube, daß die FDP zwar schrumpfen, aber nicht von 8 Prozent auf unter 5 Prozent zurückgehen wird, wenn nicht dramatische Veränderungen auf dem Wählermarkt eintreten. Wenn die Grünen unter 5 Prozent bleiben, dann wird es aller Wahrscheinlichkeit nach wieder eine knappe sozialliberale Regierung geben. Ich will das nur zum Abstecken der voraussichtlichen Entwicklung auf dem Wahlfeld sagen. Im Endergebnis stimme ich dir zu, daß ein Sieg von Strauß sehr unwahrscheinlich ist, daß aber eine CDU-Regierung ab 1980 nicht so unwahrscheinlich ist.

MANDEL: Ich möchte das in den Rahmen dessen, was wir gestern gesagt haben, stellen. Die sozialliberale Koalition war die beste Lösung für die deutsche Bourgeoisie, solange man die Arbeiterklasse entweder mit Reformen oder nur ganz beschränkten, kleinen Abstrichen ruhig halten konnte. Ich glaube, daß sich diese Lage in den 80er Jahren grundsätzlich ändern wird.

BAHRO: Aber noch nicht im Herbst kristallisiert ist!

MANDEL: Das wissen wir nicht. Das ist zwar möglich, aber nicht wahrscheinlich. Aber das ist jetzt unwesentlich, weil wir uns um die ganzen 80er Jahre kümmern und nicht um die nächsten sechs Monate. Was können die Arbeiterbewegung, die Sozialisten, die Linken machen? Meine prinzipielle Antwort wäre die, daß bei dem Umfang der Angriffe, die auf die Arbeiterklasse und auf die Arbeiterbewegung in den 80er Jahren zukommen werden, eine hauptsächlich auf Wahlen orientierte Abwehr als gefährlich, wenn nicht gar selbstmörderisch erscheint. Das Hauptgewicht muß auf der Schaffung von günstigen Bedingungen für außerparlamentarische Abwehrkräfte liegen, bestenfalls kombiniert mit Wahlbeteiligungen an parlamentarischen Auseinandersetzungen. Glücklicherweise bleibt uns noch einige Vorbereitungszeit. Die Zeit, die uns noch bleibt, müssen wir dazu nützen, zumindest unter den Sozialisten und den fortgeschrittenen Gewerkschaftsfunktionären die Einsicht vorzubereiten, daß jedes kurzsichtige, einseitige, blinde Starren auf die Wahlen selbst und auf die Wahlergebnisse schon von vornherein die Hälfte der Widerstandskraft und der Widerstandsmöglichkeiten ausschaltet und unerhört gefährlich ist. Ich würde bei einer mittelfristigen Strategie der antikapitalistischen Alternative – mit oder ohne eine neue sozialistische Partei, das werden die Verhältnisse dann schon ergeben – immer das Hauptgewicht auf wachsende außerparlamentarische Kämpfe legen, und zwar nicht nur von Randschichten oder von Kernkraftgegnern. Obwohl das ein gutes Beispiel ist. Was der »Aktionskreis Leben« verwirklicht hat – und das ist immerhin einiges in der Frage des Kampfes gegen die Kernkraftwerke –, muß als Beispiel genommen werden. Es muß auf die Frage der Verteidigung der Kaufkraft ausgedehnt werden, auf die Frage der Arbeitszeitverkürzung, auf die Frage des Widerstands gegen alle Kürzungen von Sozialleistungen. Es muß ein außerparlamentarisches Potential für Massenmobilmachung in den Gewerkschaften und um die Gewerkschaften und in der breiteren Masse der Lohnabhängigen entfaltet werden. Dazu ist eine Aktionseinheit notwendig, eine Aktionseinheit aller Linken, aller Sozialisten; aber sie muß weit über den Rahmen der konstituierten linken Gruppen hinausgehen, wie das ja auch beim »Aktionskreis Leben« der Fall ist. Da würde ich sagen, wäre ein Wahlaufruf für die SPD mit schärfster Absicherung gegen irgendwelche Illusionen eine taktische Geste, die eine solche Aktionseinheit, ausgedehnt auf Jusos und auf Teile des linken Flügels der SPD erleichtern würde. Wenn es nicht diesen Wahlaufruf gibt, wenn Strauß doch gewählt wird, dann werden euch die sozialdemokratischen Kollegen in den Gewerkschaften und in den Betrieben 24 Stunden nach der Strauß-Wahl die Rechnung präsentieren. Darüber könnt ihr ganz sicher sein. Da habe ich genug Präzedenzfälle erlebt, in anderen Ländern und in der Vergangenheit, um euch das prophezeien zu können. Ich hoffe, daß das nicht der Fall sein wird, und wenn das nicht der Fall ist, dann ist die Sache auch nicht so wichtig. Aber man kann diese Eventualität nicht total ausschließen, und da ich diesen Wahlaufrufen sowieso keine große Bedeutung gebe und da es sowieso keine sozialistischen Kandidaten gibt, würde ich aus rein taktischen Gründen zur Erleichterung dieser Aktionseinheit, die morgen absolut lebenswichtig ist für die Verteidigung der elementaren Interessen der deutschen Arbeiterbewegung und sogar der demokratischen Freiheiten einen solchen Wahlaufruf zugunsten der SPD machen. Auf der anderen Seite stößt das bei den Genossen, die sehr hart in Frontstellung gegen die SPD stehen, vor allem bei den Linken, die sich den Grünen anschließen, auf sehr viel Widerstand. Aber das muß man in der Politik in Kauf nehmen. Nach den Wahlen werden die Sachen schon ein bißchen anders aussehen. Vor allem nach 12, 15 oder 20 Monaten, wenn die ersten größeren Angriffe starten werden.

BAHRO: Dann wäre übrigens sechs Monate nach einem Strauß-Sieg auch die Rechnung vergessen, die man uns präsentieren könnte.

MANDEL: Vielleicht ja, vielleicht nein. Das stimmt, obwohl, wenn du an das Ende der Weimarer Republik zurückdenkst und den roten Volksentscheid, da mußt du etwas vorsichtig sein.

VON OERTZEN: Ein taktisch unkluges Verhalten, das zu einer negativen Entwicklung führt, ist immer noch etwas anderes als eine direkte Unterstützung.

MANDEL: Der Vergleich zwischen Strauß und Hitler wäre auch völlig unangebracht. Das ist alles klar. Über Reaktionen eines Teils der unteren Gewerkschaftsfunktionäre, die noch eine sehr starke Bindung an die SPD haben, würde ich doch ein bißchen vorsichtig sein. Ich bin da nicht so sicher, daß das alles nach ein paar Tagen vergessen ist. Ich gebe jedenfalls der Aktionseinheit der Linken bis weit in die SPD hinein absoluten Vorrang in der defensiven Situation, in der wir uns befinden. Und das ist ganz klar, daß wir uns in einer defensiven Situation befinden. Das übrige ist Phantasie. Es steht nicht wie in Frankreich ein Generalstreik auf der Tagesordnung. In Frankreich und in Spanien – sogar in Italien und in Großbritannien – können wir sagen, daß es – ausgehend von den Angriffen der Unternehmer auf die Arbeiterklasse – das Potential in der Arbeiterklasse gibt, so daß in kürzester Zeit ein Kampf, der scheinbar defensiv ist, in einen offensiven Kampf umschlägt. In Frankreich bekommst du heute auf offiziellen Gewerkschaftstagen 25 bis 30 Prozent der Stimmen für einen Vorschlag »Vorbereitung eines Generalstreiks«. Das ist drin. In der Bundesrepublik ist das nicht drin. Jemand, der sich das vorstellt, der lebt außerhalb der Realität. Und daß du eine Massenmobilmachung von Atomkraftgegnern haben kannst, die kurzfristig in eine Massenmobilmachung gegen das bürgerliche Eigentum oder gegen den bürgerlichen Staat umschlagen kann, das ist auch total irreal. Wir befinden uns in der Bundesrepublik kurz- und mittelfristig in einer defensiven Position. Wenn du diese defensive Situation optimal bewältigst und diesen defensiven Kampf mit Erfolg führst – sogar die 35-Stunden-Woche ist eine defensive Losung –, dann müssen wir eine Reihe von praktischen Entscheidungen, die man kurzfristig zu treffen hat, irgendwie kombinieren mit dieser Perspektive. Sonst sind wir außerhalb der Realität und arbeiten sogar teilweise gegen das Klasseninteresse.

WOLTER: Mit Offensivtheorien gibt es ja reichliche und sehr negative Erfahrungen, die allemal zu katastrophalen Niederlagen geführt haben, weil die Einschätzung schon falsch war. Schon die Tatsache, daß Strauß Kandidat ist, zeigt doch ein Klima, wo von einer linken Offensive nicht die Rede sein kann. Wie kannst du, Rudi, die Kandidatur von Strauß überhaupt als eine Situation auffassen, in der eine Offensive zur Diskussion steht?

BAHRO: Ich habe nicht von einer Offensive in diesem Sinne geredet und verkenne die Grundsituation überhaupt nicht, wie Ernest das jetzt darstellte. Ich sage nur: Wenn man den Strauß nur mit der Losung »Wählt noch mal Schmidt« abfangen will, dann ist das eine rein defensive Taktik, nicht bezogen auf große soziale Angriffs- oder Gegenangriffsstrategien, sondern man macht da nur eine Angstpropaganda. Ich bin der Meinung, daß die grüne Bewegung einen Beitrag darstellt, um das Kräfteverhältnis in der Gesellschaft insgesamt wie auch innerhalb der SPD stärker zu beeinflussen und langfristig zu verändern.

KRABBE: Und das machst du, wenn Strauß Kanzler ist? Dieses sozialistische Bewußtsein hier in den Massen zu verankern? In der Straußschen Republik machst du also die große Verankerung der Alternative in den Massen? Da verankern ganz andere Leute, und zwar ganz andere Dinge als du dir träumen läßt. Das wird doch eine andere Republik.

BAHRO: Ich glaube nicht, daß Strauß nachhaltig durchkommen wird, die Bundesrepublik aus dem bisherigen Gesamtzusammenhang der westeuropäischen Verhältnisse herauszulösen. Ich glaube nicht daran, daß Strauß hier mit dem Konzept der präventiven Konterrevolution wirklich durchkommen kann. Ich bin weit entfernt von dem Gedanken, daß die grüne Partei der Hauptblock ist, der das aufhalten kann oder der im Parlament die großen Erfolge erringen würde. Man muß die außerparlamentarische Massenbewegung, sowohl was die Arbeiterkämpfe betrifft, als auch was den ökologischen Sektor betrifft, stärken und dort nach wie vor die Hauptsache sehen, die man mit der grünen Partei nur unterstützen kann. Man kann erreichen, daß sich das oppositionelle Potential der Herausforderung stellt, gesamtgesellschaftliche Dinge konzeptionell zu durchdenken. Das kann man auf derjenigen Strategieebene, auf der das Sozialistische Büro bis jetzt Politik macht – um Interessen organisieren – nicht mehr erreichen. Das reicht da nicht aus. Wir müssen versuchen, uns als das sozialistische Potential, das da ist, den gesamtgesellschaftlichen Herausforderungen zu stellen, und ich glaube, daß das Engagement in der grünen Bewegung – einschließlich auch der grünen Partei – ein Hebel ist, um diese Sache voranzubringen. Selbst wenn wir erleben, daß die Grünen, falls sie mit 5 Prozent ins Parlament kommen, dort en bloc nicht in der Lage sein werden, konstruktiv Politik zu machen. Um so klarer wird die Situation insofern sein, als für die Mehrheit des beteiligten Potentials ganz deutlich wird, daß kein Weg an sozialistischen Lösungen vorbeiführen kann. Unsere Aufgabe ist dabei, den antikapitalistischen Charakter der Ökologieproblematik herauszustellen.

Was sollen wir nun machen?
Über zu lösende Aufgaben
und zu vermeidende Fehler

WOLTER: Wir sollten jetzt zum Abschluß die Frage der künftigen Strategien auf der Basis der vorhersehbaren Entwicklung und der gemachten Erfahrungen mit linker Politik diskutieren. Wie kann linke Politik – jetzt hauptsächlich auf die Bundesrepublik bezogen – in den 80er Jahren aussehen? Was hat sich alles im Verhältnis zu den bisherigen Politikformen und -inhalten zu verändern, um den neuen Problemen gewachsen zu sein? Wird es neue Organisationsformen geben, welche Bündnismöglichkeiten gibt es? Und auf der anderen Seite, welche Sachen sind denn in Zukunft tunlichst zu vermeiden, die uns bisher das Leben so schwer gemacht haben? Ich meine damit also eigene Fehler.

VON OERTZEN: Wir können einmal zusammenfassen, was wir verhältnismäßig einmütig hier herausgearbeitet haben. Zum Beispiel, daß wir mit an Sicherheit grenzender Wahrscheinlichkeit mit zunehmenden Krisenerscheinungen innerhalb der kapitalistischen Wirtschaft, mit einer Verschärfung der Klassenkämpfe, mit härteren Abwehrkämpfen der Arbeiterbewegung zur Verteidigung ihres erreichten ökonomischen, sozialen und teilweise vielleicht auch politischen Standards rechnen müssen. Eine vordringliche Frage ist sicherlich die verstärkte Orientierung – sowohl theoretisch als auch praktisch – auf das Erfordernis, die Organisationen, welche die unmittelbaren Interessen der Arbeiterklasse verteidigen, nämlich die Gewerkschaften, zu stärken und in den Stand zu setzen, ihre Aufgaben wirkungsvoll zu erfüllen. Wir müssen an die vorhandene Interessenlage und an das vorhandene politische Bewußtsein in den Gewerkschaften anknüpfen und für klare Formulierungen gewerkschaftlicher Ziele, für innergewerkschaftliche Demokratie, für das offene Austragen von gewerkschaftspolitischen Meinungsverschiedenheiten in der Gewerkschaftsorganisation eintreten, ohne daß Sozialisten Rücksichten auf ihre Parteizugehörigkeit nehmen. Das ist ja der große Vorteil der Einheitsgewerkschaft ohne ausgeprägte parteipolitische Fraktionierung, so wie wir sie bisher in der Bundesrepublik Deutschland haben, wenn wir mal die christlich-soziale Fraktion ausnehmen. (Zwischenruf Mandel: Es gibt aber Unvereinbarkeitsbeschlüsse.) Die Unvereinbarkeitsbeschlüsse werden sich, was ihre praktische Anwendung anbetrifft, in ihrer Bedeutung in dem Maße erheblich mindern, als der Teil der Kollegen, der davon betroffen ist, zahlenmäßig abnehmen wird. Denn ein großer Teil der gewerkschaftlich aktiven Mitglieder maoistischer Gruppen – und diese sind es ja, die in erster Linie von den Unvereinbarkeitsbeschlüssen betroffen sind – wird sich ohnedies aus ganz anderen Gründen voraussichtlich aus den bisherigen Organisationen herauslösen oder die Organisationen werden sich selber auflösen. Im übrigen halte ich es sogar für denkbar, daß die dann noch übrigbleibende praktische Wirksamkeit dieser Beschlüsse auch noch beseitigt werden kann. Gerade weil organisierte maoistische Kader mit echter objektiv antigewerkschaftlicher Tendenz wahrscheinlich in Zukunft keine Rolle in den Betrieben und am Rande der Gewerkschaften spielen werden, wird vielleicht auch die Chance bestehen, diese Unvereinbarkeitsbeschlüsse einfach in der Versenkung verschwinden zu lassen. Bei der Entwicklung einer kritischen Strömung innerhalb der Gewerkschaften gibt es jetzt schon eine praktizierte Zusammenarbeit zwischen kritischen Gewerkschaftlern unterschiedlicher parteipolitischer Bindung und Parteilosen. Dieser Tendenz sollte sich auch die publizistische und programmatische Arbeit widmen.

Hier ist eine ganz konkrete Plattform der Zusammenarbeit, nicht nur bei der Verteidigung sozialer Errungenschaften über die Gewerkschaften hinaus, sondern auch innerhalb der Gewerkschaften zur Stärkung der gewerkschaftlichen Kampfkraft bis in den einzelnen Betrieb hinein. Da sehe ich die Einwirkungsmöglichkeiten von Sozialisten und Linken innerhalb und außerhalb der SPD für gar nicht ganz gering an. Ein zweiter Punkt ist der, daß offenbar das Zerbrechen von ganz engen Parteiloyalitäten und Schranken sektiererischer Bindung die Möglichkeit mit sich bringt, eine offenere Diskussion – insbesondere unter sozialistischen Intellektuellen – über die bisherigen Organisations- und Sektengrenzen hinaus zu führen und wenigstens in einigen zentralen Fragen zu einer klaren Formulierung der Probleme, wenn schon nicht zu befriedigenden Antworten, zu kommen. Möglicherweise kann man auch zu Aktionseinheiten bei bestimmten politischen Fragen kommen. Das ist eine relativ kurzfristige Perspektive, doch das scheinen mir für die nächsten Jahre die vordringlichen Aufgaben und Möglichkeiten zu sein. Dabei müssen zwei große Fragen offen bleiben, nämlich erstens das konkrete Schicksal der Grünen als Partei. Die ökologische Bewegung und die Bürgerinitiativbewegung werden mit objektiv progressiven Zielen fortarbeiten, und daß Linke sich daran beteiligen werden und müssen, ist unstreitig. Zweitens bleibt klar, daß das Problem der SPD in ihrem gegenwärtigen Zustand, der Frage ihrer inneren Entwicklung, der Frage ihrer Wendung als Ganzes dabei auch offen bleiben wird. Ich möchte noch einmal formulieren, welche theoretischen Probleme mir besonders klärungsbedürftig zu sein scheinen. Das ist die Gewerkschaftsfrage und zweitens die Frage der Wiederherstellung von demokratischen Verhaltensweisen im Umgang unter den Linken in Richtung auf die SPD und die in ihr Tätigen. Es geht für Sozialdemokraten darum, wirklich radikal und uneingeschränkt und ohne die bisherigen Vorbehalte gegen alle Deformationen der bürgerlichen Demokratie anzukämpfen und für die Erhaltung oder Wiederherstellung der politischen und persönlichen bürgerlichen Freiheiten einzutreten. Umgekehrt muß die außerhalb der Sozialdemokratie stehende Linke, bei aller ihrer scharfen Kritik, wieder zu einem Minimum von solidarischen Verhaltensweisen im Umgang mit Sozialdemokraten zurückkehren, was sich zumindest in den letzten Jahren schon als Tendenz abgezeichnet hat. Es gab ja Zeiten, in denen man in einem gewissen linken Milieu schlechterdings nur mit Beschimpfungen und Eiern zu rechnen hatte, aber nicht mehr mit Argumenten. Das war, so glaube ich, ein ziemlich unproduktives wechselseitiges Verhältnis. Ich wäre natürlich sehr an einer kritischen Diskussion des Charakters und der voraussichtlichen Entwicklung, der Möglichkeiten der Zusammenarbeit – aber auch der kritischen Auseinandersetzung – mit der Sowjetunion und den an der Sowjetunion orientierten politischen Kräften, die für uns als Bundesdeutsche in der Existenz der DDR und ihrem starken dauernden politischen Einfluß unmittelbar vor der Haustür liegen, interessiert. Ein weiterer Punkt wäre die weltpolitisch zentrale Bedeutung des nationalen und sozialen Befreiungskampfes in der dritten Welt zu kennen und womöglich konkrete, gezielte solidarische Hilfe zu leisten. Ich könnte mir durchaus vorstellen, daß eine selbstbewußte Linke weit mehr als etwa bei den Solidaritätsaktionen damals für Portugal den kämpfenden Genossen in Mittelamerika wirksame Hilfe zu leisten vermöchte. Bei der Kleinheit dieser Länder sind ein paar 10000 oder 100000 Mark und ein paar Leute, die rübergehen und mitarbeiten und Informationen und praktische Hilfsmittel bringen, schon etwas wert. Man kann in diesen Fällen hier auch innenpolitisch einen Druck auf die SPD und die Gewerkschaften ausüben oder mit Argumenten und Informationen darauf hinwirken, daß dort zumindest eine neutrale und nicht feindliche Haltung gegenüber diesen revolutionären Bewegungen eingenommen wird. Eine ähnliche aufklärende Wirkung wäre auch gegenüber der Entwicklung der iranischen Revolution denkbar, obwohl der Einfluß der westdeutschen Linken etwa auf das Verhalten Westeuropas gegenüber dem Iran natürlich sehr gering sein wird. Aber es wäre ein kleiner Beitrag. Das wären konkrete Probleme, Zielsetzungen, Aufgaben, die ich in den kommenden fünf Jahren als besonders vordringlich ansehe und zugleich aber auch als real.

WOLTER: Ich möchte dir zwei Zusatzfragen stellen. Wie siehst du die Möglichkeiten der Zusammenarbeit der verschiedenen Fraktionen, und zweitens, welche Fehler sind künftig tunlichst zu vermeiden? Die Fragen gehen dann an alle.

VON OERTZEN: Die Möglichkeiten der Zusammenarbeit sehe ich – ich wiederhole es noch einmal – erstens auf dem Gebiet der politischen, programmatischen Diskussion in Zusammenhängen wie die, die hier als Sozialistische Konferenz diskutiert worden sind, einschließlich gewisser politischer Aktionen, etwa zur Verteidigung demokratischer Rechte, aber auch zur inhaltlichen Stellungnahme bei politischen Problemen. Die Unterstützungskampagne zur Befreiung von Rudolf war ein solcher Ansatz gemeinsamer politischer Aktion, in der auch so etwas wie eine rudimentäre gemeinsame politische Identität wieder sichtbar geworden ist. Zweitens sehe ich die Möglichkeit eines realistischen Zusammenwirkens bei der gemeinsamen Arbeit innerhalb der Gewerkschaften und in den kommenden voraussehbaren Arbeiterkämpfen, in der Verteidigung der Interessen der Arbeiterklasse und der Gewerkschaften.

WOLTER: Gut. Dann fehlt noch der Negativkatalog.

VON OERTZEN: Ich kann jetzt hier nicht in drei Sätzen eine

Selbstkritik der Sozialdemokratie geben. Über die Funktion der Sozialdemokratie ist sehr viel gesagt worden. Dabei ist es mir gleich, ob man die Charakterisierung als einer bürokratisierten Arbeiterpartei annimmt oder nicht. Eine Arbeiterpartei ist die SPD immer noch, was ihre Wählerschaft und ihre Verankerung in der Gewerkschaft anbetrifft, nicht mehr so eindeutig freilich, was ihre Mitgliedschaftsstruktur betrifft. Bürokratisiert im Sinne einer Orientierung auf den bestehenden politischen Herrschaftsapparat der bürgerlichen parlamentarischen Demokratie ist sie mit Sicherheit auch. Insoweit kann man sich kaum darüber streiten. Daß die Sozialdemokratische Partei in ihrer großen Mehrheit schon nach 1918 und fast vollständig nach 1945 die Zielsetzung einer authentischen sozialistischen Gesellschaftsveränderung fallengelassen hat, ist eine historische Tatsache, die jeder hat kennen können, der sich entschlossen hat, in diese Partei einzutreten. Das, was man von der Sozialdemokratischen Partei erwarten darf, das ist erstens eine Verteidigung der bürgerlichen Demokratie gegen alle reaktionären Angriffe. Wohin sie führt und wie erfolgreich sie sein wird, ist eine andere Frage. Aber dies kann man von der Sozialdemokratischen Partei – gemessen an ihren eigenen Vorstellungen und an ihrem Selbstverständnis – erwarten. Und man kann von ihr in den Grenzen einer sozialstaatlich modifizierten kapitalistischen Wirtschaft eine entschiedene Verteidigung der Arbeiterinteressen erwarten. Man darf es erwarten, weil dieses ihrem Selbstverständnis entspricht. Und auch du, Ernest, wirst nicht leugnen können, daß aktive Sozialdemokraten immer wieder auf parlamentarischer Ebene auf dem Gebiete der Sozialpolitik, aber auch vor allem in den Gewerkschaften, genau – wenn auch vielleicht begrenzt – ernste Kämpfe zur Verteidigung der Arbeiterinteressen oder aber auch für die offensive Vertretung von Arbeiterinteressen geführt haben. Ich denke da aus den letzten Jahren etwa an die Tarifkämpfe der baden-württembergi-

schen Metaller oder der Drucker oder der Stahlarbeiter. Nicht nur die gewerkschaftlichen Spitzenfunktionäre auf Bundes- oder Landesebene (über deren Verhalten es ja dann teilweise harte innergewerkschaftliche Auseinandersetzungen gegeben hat), sondern auch die meisten der vorwärtsdrängenden Kräfte im lokalen und betrieblichen Bereich waren dabei Mitglieder oder Anhänger der SPD – wenn auch vielleicht sehr kritische.
Und wenn ich in diesem Zusammenhang das Problem der Sozialdemokratie und in weiterem Sinne des Reformismus noch einmal grundsätzlich aufwerfen darf, dann geht es bei diesen Feststellungen nicht darum, die Illusion zu nähren, man könne eine Sozialdemokratische Partei von innen heraus allmählich »reformieren« und in eine »sozialistische« oder gar »revolutionäre« Partei verwandeln, was ihr beide – Rudi und Ernest – ja für prinzipiell unmöglich erklärt. Ich halte das auch für unmöglich, und ich habe das immer wieder offen und öffentlich gesagt. Ich spreche auch nie von einem sozialistischen Flügel *der* SPD, sondern höchstens von Sozialisten *in* der SPD. Trotzdem halte ich die Existenz von sozialdemokratischen reformistischen Arbeitermassenparteien für notwendig und die Arbeit in ihnen für sinnvoll. Natürlich stellen klare sozialistische Tendenzen in solchen Parteien nur kleine Minderheiten dar, die – unter den normalen Bedingungen der Alltagsarbeit – keine Chance haben, das Bewußtsein oder gar das praktische Handeln der Mehrheit dieser Parteien zu bestimmen. Und mit der Einsicht in zentral wichtige Probleme des Übergangs zum Sozialismus, auf die Ernest immer hinweist, wie etwa die Rolle der Arbeiterdemokratie oder die Natur des bürgerlichen Staates, ist es sicher noch schwieriger. Dabei darf ich vielleicht mal anmerken, daß ich meine Zweifel habe, ob das in den kommunistischen Massenparteien Italiens oder Frankreichs – ihre ungebrochenen Traditionen und ihre offizielle sozialistische Programmatik ohne weiteres zugegeben – im Prinzip so sehr viel anders ist als in der

SPD. Ich erinnere mich z. B. an Äußerungen des Generalsekretärs der französischen CGT, Séguy, aus dem Jahre 1973 zum Thema Arbeiterdemokratie: Die Idee einer Wahl der Betriebsleitungen durch die Arbeiter sei genauso (oder genausowenig) ernst zu nehmen, wie die Wahl der Lehrer durch die Schüler, der Offiziere durch die Soldaten oder gar der Ärzte durch ihre Patienten. So was Ähnliches hat in Deutschland 1965 mal der *Industriekurier* geschrieben; aber Heinz-Oskar Vetter würde das nie gesagt haben.
Und wie steht es auf der anderen Seite mit den theoretisch und strategisch konsequent sozialistischen und »revolutionären« Gruppen, Organisationen und Parteien? Ist ihr Einfluß – unter den gegenwärtigen Bedingungen des normalen politischen Alltagskampfes – auf die breite Bewegung denn größer als der der ominösen »linken« Sozialdemokratie? Ich glaube, das Dilemma liegt in einer zu statischen Betrachtungsweise. In einer Gesamtsituation, in der es nur gelegentlich zu großen Arbeiterkämpfen kommt und in der die Arbeiterbewegung eine massenhafte praktische Erfahrung mit der Krisenhaftigkeit der kapitalistischen Gesellschaft nicht hat und haben kann, darf man von den politischen und gewerkschaftlichen Massenorganisationen nicht mehr erwarten als eine entschlossene Verteidigung der Demokratie und eine entschlossene Verteidigung von Arbeiterinteressen. Dabei können solche Aktivitäten durchaus an die Grenzen der Kapitalherrschaft stoßen, etwa bei dem Kampf um die Kontrolle der konkreten Arbeitsbedingungen am einzelnen Arbeitsplatz, in der Werkstatt, im Betrieb oder beim Kampf gegen die politische Disziplinierung von Belegschaften. Aber das umfassende, theoretisch und strategisch geklärte sozialistische Bewußtsein, das Ernest in einem früheren Stadium unserer Diskussion der Einpunktaktion entgegengesetzt hat, kann man heute unter diesen Bedingungen nur von kleinen Minderheiten erwarten.

Im übrigen, wenn ich das recht verstanden habe, was Ernest hier gesagt hat und was er und seine Organisation öffentlich vertreten haben und vertreten, dann geht er bei Zuspitzung der kapitalistischen Krise auch erst einmal von einem Übergangsstadium aus, in dem Arbeiterregierungen der verschiedensten Art eine Rolle spielen. Und ohne sozialdemokratische Parteien und sozialdemokratisch geführte Gewerkschaften sind solche Regierungen wohl kaum möglich. Sozialdemokratische Parteien und Gewerkschaften wohlgemerkt, so wie sie wirklich sind und sich nur sehr langsam ändern. Das Konzept, das er für Belgien angedeutet hat, wäre doch wohl auch eine solche Regierung, gestützt auf katholische und sozialistische Gewerkschaften und gebildet von einer katholischen Arbeiterpartei der Sozialdemokratie und – ganz vielleicht – kleineren linken Gruppen. Und die Politik einer solchen Regierung wäre erst einmal wohl auch nicht mehr als reformistische Arbeiterpolitik. Worauf das dann im Lauf von sicherlich schweren und komplizierten Auseinandersetzungen hinausliefe, wie die beteiligten Organisationen unter dem Druck von Massenbewegungen sich ändern würden, ob und wie neue Führungen sich herausbilden würden, das ist schwer zu sagen. Aber ich glaube nicht daran, daß man das »richtige« Bewußtsein und die »richtige« Strategie jetzt bereits – gewissermassen wie in einem konservierten Konzentrat – in sogenannten revolutionären Avantgardeorganisationen vorwegnehmen kann. Und die abstrakte Entgegensetzung: hier die »bürokratisierte Arbeiterpartei«, dort die Organisationen der »revolutionären Marxisten«, kommt mir nicht sehr fruchtbar vor. Ich bin geneigt, mit Radio Eriwan zu sagen: »Im Prinzip richtig, aber...« Im übrigen leugne ich natürlich nicht, daß kleine, aber politisch klare und konsequente Gruppen sehr wertvoll sein und unter Umständen eine wichtige Rolle spielen können. Aber vielleicht tue ich Ernest Unrecht. Er wird sein Konzept für das, was *jetzt* zu tun ist, ja noch verdeutlichen.

MANDEL: Ausgehend von der gesamtstrategischen Konzeption der Möglichkeit eines Durchbruchs des Sozialismus in den industriell hochentwickelten Ländern würde ich das Hauptgewicht auf alles legen, was Selbsttätigkeit und Selbstorganisation der Arbeiterklasse im weitesten Sinne des Wortes – nicht notwendigerweise allein im Betrieb, aber doch in einem bedeutenden Maße auch im Betrieb und in den Gewerkschaften – fördert. Ich würde also Peter von Oertzen teilweise zustimmen und in der Frage der Gewerkschaften teilweise die Akzente anders setzen als er. Ich glaube, daß für die Verteidigung der Gewerkschaften und für deren Stärkung eine Absage an jegliches gewerkschaftsspaltendes Verhalten absolute Vorbedingungen für eine solche wirksame Strategie ist. Aber ich glaube auch, daß der kompromißlose Kampf für Gewerkschaftsdemokratie, der kompromißlose Kampf gegen jede Form der Maßregelung oder der Gängelung von Gewerkschaftsfunktionären auf unterer Ebene und von Arbeitern in den Betrieben – wegen radikalen Verhaltens in Streikkämpfen und gegen die Unternehmer und manchmal wegen formaler Übertretungen von Gewerkschaftstagsbeschlüssen – eine absolute Vorbedingung für eine Stärkung der Gewerkschaften ist. Diese Verteidigung der Gewerkschaftsdemokratie ist eine absolute Vorbedingung für eine Stärkung der Gewerkschaften. Die größte Gefährdung der Gewerkschaften heute kommt von der Gewerkschaftsbürokratie selbst, die durch ihr Verhalten der Klassenzusammenarbeit und ihr repressives Verhalten, durch ihre teilweise Integration in den bürgerlichen Staatsapparat und in ganz konkrete Konzernbelange nicht nur einen Teil der Intellektuellen, der Studenten, der Randschichten, abstößt, sondern in direkten Kollisionskurs mit den bewußteren Teilen ihrer eigenen Organisation kommt. Wenn man die Opfer der Repression der gewerkschaftlichen Bürokratie in den letzten Jahren betrachtet, so will ich das gar nicht auf K-Gruppen beschränken. Die wirklich wichtigen Objekte dieser Repression sind ganz und gar nicht in erster Linie Genossen von den K-Gruppen, sondern das sind teilweise bedeutsame Arbeiterführer oder Repräsentanten von nicht unbedeutenden Strömungen in den Betrieben. Die Repression wird gegen sie mit Verfahrensweisen durchgeführt, die für die Gewerkschaftseinheit schädigend sind. Das ist eine Vorbedingung, um zu verhindern, daß ein schon in Gang gekommener gefährlicher Trend sich weiter ausbreitet. Der Trend nämlich, daß die anlaufende Radikalisierung von fortgeschrittenen Arbeitergruppen in den Betrieben – die bereits läuft – einen syndikalistischen Umweg einschlägt oder in eine syndikalistische Sackgasse gerät, die teilweise sogar gewerkschaftsfeindlich sein könnte. Das wäre eine große Tragödie, weil das bedeuten würde, daß das ganze Potential der ersten Generation radikalisierter Arbeiter verpulvert wird. Denn, wenn sie in diese Sackgasse des Snydikalismus kommt, dann wird sie zu nichts führen. Das ist eine Hauptaufgabe der Linken, sowohl durch einen kompromißlosen Kampf für die Gewerkschaftsdemokratie als auch einer richtigen Einstellung zu diesen Kollegen. Es müssen richtige Formen gefunden werden, mit denen das verhindert werden kann und mit denen die Zusammenfassung dieses Potentials gelingt. Dieses Potential ist bedeutend für eine zukünftige sozialistische Partei, ohne dieses Potential wird es keine wirkliche sozialistische Partei im buchstäblichen Sinne des Wortes geben, höchstens einen Vorkern einer Partei. Da bin ich mit vielen kritischen Genossen völlig einverstanden. Das ist keine Frage der Quantität; du kannst 10 000, 15 000 oder 20 000 Leute in einer »Partei« verbinden, aber solange sie sich nicht wenigstens auf einen Anfang eines Radikalisierungs-, Kristallisations- und Differenzierungsprozesses in den Betrieben und in den Gewerkschaften stützen kann, d. h. solange nicht wenigstens ein Teil dieser Mitgliedschaft aus wirklichen potentiellen Arbeiterführern besteht, ist der Führungsanspruch einer solchen Organisation absolut illegitim. Man kann es bestenfalls einen Parteikern nennen, aber nicht eine Partei. Der Umschlag geschieht dort, wo sich in dieser Organisation wenigstens ein Teil der fortgeschrittenen Elemente der Arbeiterklasse bereits zusammenfinden. Die Verschmelzung der sozialistischen Kader, die es vorher gibt, die man erziehen muß und die sich in der Praxis selbst erziehen, die über große Erfahrungen verfügen, die das Programm genügend verinnerlicht haben, um es in der Praxis in den unzähligen Varianten von verschiedenen Situationen anwenden zu können, mit dieser wirklichen Arbeitervorhut, das ist die wirkliche erste Etappe beim Aufbau einer wirklichen realen sozialistischen Partei. Der Rest ist nur eine Vorstufe, ein Bund, eine Liga, man kann es nennen, wie man will. Aber es ist keine wirkliche Partei, wenn man wenigstens ein objektives marxistisches Parteiverständnis haben will und kein rein subjektivistisches, voluntaristisches. In dieser Hinsicht sind die Chancen in der Bundesrepublik heute weniger groß als in anderen europäischen Ländern, aber doch beträchtlich besser, als sie es vor zehn Jahren waren. Daß heute irgendeine breitere sozialistische Gruppierung eine reine Studenten- und Intellektuellengruppierung sein würde, das ist nicht mehr drin. Dann müßte sie so fürchterliche Fehler der Abkapselung gegen das, was im Betrieb und in der Gewerkschaft vor sich geht, begehen, daß sie schon von vornherein zum Bankrott verurteilt ist. Das ist heute nicht mehr drin. Ich würde der sozialen Zusammensetzung dieser Organisation und der zukünftigen revolutionären Partei eine sehr große Bedeutung geben, nicht in einer übertriebenen ouvrieristischen – vor allem nicht syndikalistischen – Abart, wie das immer wieder – auch bei einigen maoistischen Gruppen – sich reproduziert hat, wie sich das teilweise auch in unseren eigenen Reihen reproduziert hat. Das ist bestimmt ein schwerer Fehler, der gemacht wurde, der aber durch die Unterschätzung des Problems in der vorherigen Stufe verursacht wurde. Das ist meistens die Dialektik in einer Organisation; wenn man ein Problem unterschätzt, dann wird es in überspitzter Weise in der nächsten Phase auf einen losgelassen. Die vorrangige Verankerung der Revolutionäre in Betrieb und Gewerkschaft ist heute eine absolute Vorbedingung für wirksames politisches Handeln. Hier besteht auch eine bedeutsame Gefahr, wenn man das nicht erkennt. Ihr habt das vorhin schon angesprochen, daß in einem gewissen Sinne die sozialistische Linke – und wir auch als sehr kleine Organisation – 1967/68 den Anschluß verpaßt haben und in diesem Sinne eine gewisse Mitschuld an dem tragen, was später dann passiert ist. Ich kann jetzt die historischen Gründe der Schwäche des deutschen Trotzkismus hier nicht in Einzelheiten ausführen, aber uns droht jetzt – also allgemein der sozialistischen Linken, und ich glaube, daß die Grünen da einen sehr verhängnisvollen Beitrag liefern – zum zweitenmal eine ähnliche Panne.

In den 80er Jahren werden wir mit einer bedeutsamen Verschärfung der Klassengegensätze und der Konflikte in der Gesellschaft rechnen können, vor allem weil das Kapital vor der Nowendigkeit stehen wird, einen bedeutsamen und verschärften Angriff auf die Errungenschaften der Arbeiterklasse zu führen, der in keinem Verhältnis zu dem steht, was seit der Krise 1974/75 passiert ist, wo das alles in sehr beschränktem Maße über die Bühne gelaufen ist. In diesem Falle ist mit Sicherheit vorauszusagen, daß sich diese Arbeitervorhut in ziemlich breiter Form konstituieren wird. Es wird sich nicht um ein paar hundert fortgeschrittene Vertrauensleute, Betriebsräte und Arbeiterführer handeln, sondern um mehrere tausend. Jede sozialistische Bewegung, der es nicht gelingt, auf die große Mehrheit dieser fortgeschrittenen Arbeiter entscheidenden politischen Einfluß auszuüben, sie auch organisatorisch zusammenzufassen oder zumindest als Sympathisanten politisch und programmatisch zu beeinflussen, wird einfach neben der Hauptlinie der Bewegung stehen. Genauso wie jede Organisation, die das bei der Studentenbewegung zwischen 1967 und 1969 oder 1971 so getan hat; bestenfalls stehen sie als Ratgeber da, die von niemandem ernst genommen werden. Man kann sagen, daß das rein quantitativ gesehen nicht so bedeutsam sein wird wie die AKW-Bewegung oder allgemein die ökologische Massenmobilmachung – obwohl das nicht sicher ist. Selbst wenn das wahr wäre, dann ist das noch kein entscheidendes Argument, weil das Gewicht für eine langfristige sozialistische Strategie dieser Genossen in den Betrieben und den Gewerkschaften ein total anderes ist als das Gewicht der Individuen, die die große Mehrheit der Teilnehmer an diesen Mobilmachungen der ökologischen Bewegung darstellen. Die Potenz, die von einer solchen Arbeitervorhut ausgeht, ist unglaublich groß, wenn sie einmal ein Mindestmaß übersteigt – was sie in den 80er Jahren mit absoluter Sicherheit tun wird. Das ist der Ausgangspunkt, von dem eine ganze Reihe von Besonderheiten der Situation in der Bundesrepublik im Vergleich zu dem übrigen Westeuropa ziemlich rasch verschwinden wird. Ich bleibe dabei, daß es nicht irgend etwas Strukturelles in der Bundesrepublik ist, irgend etwas, was mit der Eigenart der deutschen Arbeiterklasse oder Arbeiterbewegung zu tun hat, was euch diesen 10-Jahre-Rückstand gegenüber Frankreich, Italien, Großbritannien, Spanien oder Portugal gebracht hat. Sondern es sind nur die besonderen historischen Bedingungen der fürchterlichen Niederlagen, die die deutsche Arbeiterklasse in der Vergangenheit erlitten hat. Es sind Niederlagen, die immerhin in einem beschränkteren Ausmaß auch die spanische Arbeiterklasse erlitten hat und die sie auch 20, 25 Jahre gekostet hat, bevor sie sich erholen konnte. Das ist auch eine Bilanz, die wir ziehen müssen und die uns zeigt, daß die deutschen Verhältnisse nicht so beispiellos sind, wie man das manchmal glaubt. Ich glaube, daß die Generation der Arbeitervorhut, die sich jetzt zu entwickeln beginnt, die erste völlig neue Ge-

neration seit 1933 ist; sie hat das Trauma Hitler – Stalin – Ulbricht, um es einmal so zu verkürzen, nicht mehr erlebt, sie ist nicht mehr damit behaftet. Diese Generation wird die gesamte Situation in der Arbeiterklasse rasch wieder ändern können. Du brauchst nicht viel mehr als ein paar erfolgreiche radikale Streiks – auch wenn sie rein defensive wären – und die Lage wird sich radikal ändern. Damit ergeben sich Möglichkeiten, die bisher nur in anderen westeuropäischen Ländern bestanden. Das sind die Punkte, auf die ich mit Nachdruck hinweise. Ich möchte das Ganze allerdings abdecken, indem ich die große Bedeutung einiger zentraler politischer Fragen unterstreiche.
Es ist für Sozialisten eine absolute Notwendigkeit, sich weiterhin so stark wie möglich und so initiativ wie möglich in allen autonomen Massenbewegungen zu engagieren, die es gibt. Das ist die ökologische Bewegung, die Frauenbewegung; das sind die wichtigsten, man kann es jedoch nicht von vornherein darauf beschränken. Zum anderen ist es die von Peter von Oertzen angeschnittene Frage der internationalen Solidarität. Ich würde gegenwärtig genau wie er den Fall von Zentralamerika – konkret Nicaragua, El Salvador und eventuell Guatemala – ins Zentrum stellen. Ich würde aber noch einige andere Fragen hinzufügen, die rein moralisch, aber auch rein objektiv sehr bedeutend sind. Das ist die Frage der Solidarität mit den politisch Verfolgten in den Ostblockstaaten. Es ist unerhört wichtig, daß gerade wir als Sozialisten diese Bewegung weiterhin mit all unserer Kraft unterstützen, daß wir da nicht dem Bürgertum die Alleininitiative überlassen. Nach der Entlassung vom Genossen Rudolf gibt es einige Schwerpunkte, die sich vorläufig aus der DDR in die ČSSR und die UdSSR verlagern. Da kann allerhand auf uns zukommen, auch in Polen.
Es muß ein viel größerer Grad des Internationalismus in die Gewerkschaftsbewegung, vor allem auf Betriebsebe-

ne, hineingetragen werden, gerade bei dem Versuch, gemeinsame Aktionen gegen internationale Konzerne zu organisieren. Eines der größten politischen Verbrechen, die in den letzten 12 oder 18 Monaten passiert sind, ist der bewußte Versuch der Gewerkschaftsbürokratie gewesen – wobei die KP/CGT-Führung in Frankreich die Hauptschuld trifft, aber keineswegs die alleinige Schuld –, einen gemeinsamen Kampf für die 35-Stundenwoche in der Stahlindustrie auf europäischer Basis zu unterbinden. Das ist ein richtiges Verbrechen, weil es gleichzeitig explosive Streiks in Frankreich, Deutschland, Luxemburg und Belgien gegeben hat. Es hat auch Möglichkeiten gegeben, diese Bewegung auf Großbritannien auszudehnen. Man hat es bewußt international zerbröckelt, um nachher dann das Argument zu gebrauchen, daß man es allein im eigenen Land nicht machen könne, weil es der internationalen Konkurrenz helfen würde; wo doch die objektive Möglichkeit, den ersten europäischen Streik zu organisieren, offensichtlich da war. Man soll auch nicht von der Gewerkschaftsbürokratie erwarten, daß sie solche Initiativen selbst ergreifen. Das geschieht wahrscheinlich auf der Betriebsebene. In dieser Hinsicht muß man in einigen Großbetrieben in Westeuropa Einfluß haben und Initiativen ergreifen, um so etwas in Gang setzen zu können – erst auf dem Gebiet der Konsultation und dann auf dem Gebiet der Aktion. Ich fürchte, daß die Automobilindustrie in den 80er Jahren bedroht werden wird. Das ist die stärkste Festung der europäischen Arbeiterbewegung. Man muß sich darauf vorbereiten, glücklicherweise haben wir auch da noch Zeit, so daß man die Mechanismen – die psychologischen, politischen und technischen – der gegenseitigen und sofortigen Konsultation in Bewegung bringen kann. Ich glaube, daß uns da einiges gelingen kann. Die Linken haben heute in einigen der größten Automobilkonzerne Westeuropas genügend Einfluß, um eine derartige Arbeit tatsächlich anfangen zu können. Und wenn sie dabei auch nur die Rolle eines Entzünders spielen können, so würden sie schon eine sehr positive Rolle spielen. Wenn sie eine weitergehende Rolle spielen, dann wäre das noch bedeutsamer, denn dies wird eine der entscheidenden Auseinandersetzungen zwischen Kapital und Arbeit sein, die über die Kräfteverhältnisse entscheiden wird. Er wird auch darüber entscheiden, in welche Richtung die Sache gehen wird. Ich bin kein Pessimist, aber es werden sehr große Gefahren auf uns zukommen. Ich glaube aber, daß in der europäischen Arbeiterbewegung eine gewaltige organisatorische und kämpferische Substanz steckt. Die etwas zurückgebliebenen Teile – wie in der Bundesrepublik – werden den Rückstand aufholen, zumindest teilweise. Die Ausgangspositionen, um diese Kämpfe erfolgreich zu führen, sind nicht so negativ. Wenn wir sie nicht gewinnen, dann wird das Resultat verheerend sein. Wir sollten also alles tun, damit das Ganze nicht so wie in den 30er Jahren endet.

WOLTER: Welche Fehler wären da konkret zu vermeiden?

MANDEL: Es bestehen immer zwei parallele Gefahren, die der opportunistischen Anpassung und die des Sektierertums. Vielleicht kann ich zusätzlich sagen, daß sich das bei kleineren Organisationen als ein Hin- und Herpendeln zwischen lächerlichem Parteipatriotismus und Liquidatorentum ausdrückt. Aber das ist im Kern dasselbe. Das ist nur der organisatorische Ausdruck dieser doppelten Gefahr. Ich bin fest davon überzeugt, daß die programmatische Erziehung eines Kaders über die Tagespraxis die absolute Vorbedingung für den Sieg einer proletarischen Revolution ist. Das Zusammenspiel der Selbstorganisation der Massen in räteartigen Organen und das Bestehen eines solchen Kaders ist eine absolute Vorbedingung für den Sieg einer Revolution. Die Massen sind wohl fähig, gewaltige Initiativen auf der Ebene der Sofortforderungen – in einer Revolution können das sehr radikale Sofortforderungen sein – zu unternehmen, aber sie können nicht die taktischen Einsichten haben und sie rasch herausarbeiten, die für die Lösung bestimmter politischer Probleme notwendig sind. Diese Erfahrung fehlt ihnen, und für die Transmission braucht man eine Vorhutorganisation, die ich eine revolutionäre oder leninistische Partei nenne. Ich sagte aber bereits, daß wir heute eine solche Partei nicht haben. Es gibt sie nirgends in Westeuropa und auch sonst nirgends in der Welt. Es gibt höchstens den Kern einer solchen Partei. Und da besteht immerhin die doppelte Gefahr, daß sich dieser Kern überschätzt und glaubt, daß er bereits die Partei ist, und eine ganze Reihe von Möglichkeiten, die für eine Verbreitung bestehen, nicht sieht. Aber es besteht auch die umgekehrte Gefahr, die genauso groß ist wie die erste. Da ist die Bilanz genauso negativ, wenn wir sie für die letzten zwölf Jahre in einer Reihe von Ländern ganz konkret betrachten wollen. Durch den Versuch, sich um jeden Preis an jede Bewegung anzuhängen, ohne ein kritisches Urteil über ihre mittel- und langfristige Dynamik, werden entscheidende programmatische Errungenschaften liquidiert. Am Ende ist man dann genauso schwach wie vorher, als man in die Bewegung hineingegangen ist, und man hat keines der entscheidenden Probleme gelöst. Nowendig ist eine Verbindung von beidem.

WOLTER: Zum Abschluß ist noch der Rudi dran.

BAHRO: Ich kann zu den bisher mit linker Politik gemachten Erfahrungen verhältnismäßig weniger sagen als die anderen Genossen, weil ich noch nicht hier gewesen bin. Gerade daher will ich mit diesem Thema nur in aller Kürze beginnen, um den Ausgangspunkt für meine Überlegungen zu kennzeichnen. Wir müssen aus dem linken Ghetto herauskommen. Wir müssen über den Umstand hinaus, daß unsere Kräfte in »ihrem eigenen Saft schmoren« und sich wechselseitig aufreiben. Denn wo sonst liegt die Ursache, wenn sich jetzt viele eher überlegen, wie wir unsere Kräfte konservieren, als wie wir sie in den Kampf werfen können? Da erhebt sich die Frage, warum wir im Ghetto sind. Für mich stellt sie sich im weiteren Rahmen. Die Situation in der Bundesrepublik scheint mir bloß im Extrem anzuzeigen, daß wir vor einer Schranke stehen. Dies ist ja, auf ganz anderer Stufe natürlich, auch für eine so große Kommunistische Partei wie die in Frankreich charakteristisch. Ist diese Situation nicht schon in der Konzeption angelegt, unter der wir antreten? Läuft die nicht möglicherweise auf Selbstausgrenzung hinaus? Nehmen wir unsere Linke hier in der Bundesrepublik. Ist die APO nicht darum im Ghetto gelandet, weil sie weithin im Zeichen der Wiedererweckung von marxistischer Orthodoxie angetreten ist? Mich hatte schon drüben so etwas wie ein allgemeines Empfinden von Krise des Marxismus erfaßt und hier erfahre ich das jetzt noch fundamentaler. Aber nicht in irgendeiner Weise, die mich pessimistisch stimmt. Du, Ernest, hast in der Kritik an meinem Buch meine Anstrengung herausgearbeitet, den Marxismus wiederherzustellen. Ich will diese Intention jetzt gar nicht negieren. Ich glaube, daß es in bestimmter Hinsicht zu einer Wiederherstellung des Marxismus kommen muß. Aber es ist nicht unsere Aufgabe, den ursprünglichen Marxismus im Geiste der Orthodoxie wiederherzustellen. Um dem Marxismus das Leben zu retten, müssen wir seine Krise als positive Gelegenheit auffassen, uns neu auf die Wirklichkeit zu beziehen. Diese soziale Wirklichkeit ist heute mehr denn je übernational, auch überregional, sie ist global strukturiert. Leider war unsere ganze Diskussion wieder eurozentristisch. Für mich geht es darum, daß wir uns so zu Marx verhalten sollen, wie sich Einstein zu Newton verhalten hat. Wir müssen Marx gründlich revidieren. Aber nicht, um zu sagen, daß das alles falsch war, sondern um die Methode zu bestätigen und um zu begreifen, wo der Gültigkeitsbereich des ursprünglichen Marxismus war. Ich habe ein deutliches Empfinden, wir erzeugen gerade dadurch, daß wir unsere ursprünglichen Weisheiten hüten und versuchen, die Hoffnung jetzt auf den dritten oder auf den X-plus-ersten Versuch, wo es dann klappen wird, wachzuhalten, für die Masse der Linkssympathisanten, die nicht ebenso strukturiert sind wie wir, tatsächlich eine unvermeidlich pessimistische Reaktion. So, wie wir uns die Sache gedacht haben, wird sie nicht aufgehen. Dieses Eingeständnis ist unerläßlich. Wir müssen und werden über den Kapitalismus hinauskommen, aber diese Überzeugung durchzuhalten, erfordert heute einen anderen Typ von Begründungen, andere Ausgangspunkte, andere Strategievorstellungen als bisher.

Ich denke, dazu müssen wir bis an die Quellen der Gattungsgeschichte des Menschen zurück. Möglicherweise reicht die Logik, die uns in den Engpaß der gegenwärtigen Zivilisation getrieben hat, in tiefere historische Schichten hinab, als es die sind, die wir in der politischen Ökonomie des Kapitalismus erforschen. Andererseits bleibt uns für den guten Ausgang des Experiments Menschheit gar nichts anderes übrig, als auf die Kraft zu setzen, die in der biosozialen Substanz der menschlichen Gattung steckt. Das heißt nicht, daß wir nur noch über Biologie reden. Man muß vielmehr in diesem veränderten Kontext klarmachen, inwiefern die Verstrickung des Menschen in die Widersprüche der Klassengesellschaft es jetzt erfordert, das ganze Ensemble über diese Existenzform hinauszuführen. Es gilt, eine neue Relation zwischen den Gattungserfordernissen allgemein und den klassengesellschaftlichen Realitäten herzustellen. Ich will mich jetzt nicht weiter darüber verbreiten, sondern nur sagen, daß ich eine ungeheure theoretische Lücke sehe, die wir nicht schließen können, indem wir noch einmal für das mobilisieren, was wir »immer schon gewußt« haben. Wir müssen vielmehr bereit sein, das Ganze neu zu denken. Ich wünschte, daß wir dahinkämen, um diese theoretische und praktische Neubestimmung herum die vorhandenen linken Kräfte zu gruppieren. Wenn ich auf die Wiedergeburt des Marxismus setze, dann in diesem Sinne. Es wird wichtig bleiben, daß wir bei Marx gelernt haben, und wir brauchen den alten Marxismus nach wie vor. Ich habe z. B. politische Ökonomie des Kapitalismus drüben eher rezeptiv und damit nicht fundamental genug betrieben. Aber wir müssen das für eine Reise zu neuen Ufern fruchtbar machen. Unsere große Aufgabe besteht in der Entfaltung einer sozialistischen Perspektive aus dem allgemein übergreifenden Krisenbewußtsein, das so umfassend ist, daß es sogar über die traditionellen Klassengrenzen hinausgreift. Dieses allgemeine Krisenbewußtsein ist das Vermittlungsglied zu der Einsicht, daß der Kapitalismus weg muß, daß insbesondere der Mechanismus der Monopolkonkurrenz gesprengt werden muß. Denn darin liegt die Ursache aller Wirkungen, die unser Leben bedrohen. Das kapitalistische Wachstum ist die Resultante der Monopolkonkurrenz. Kapitalistisches Wachstum richtet die Menschheit bis in ihre biologische Substanz hinein zugrunde. Aber wir dürfen nicht warten, bis wir unsere theoretische Lücke geschlossen haben. Vielmehr wird uns das nur gelingen in Verbindung mit einer Praxis, die einfach riskiert sein will. Was die Organisationen betrifft, sehe ich das so: Die Genossen haben das große, sichere Haus gesucht. Da sie das nicht fanden und auch nicht schaffen konnten, haben sie sich in diese kleinen Häuser, in die Sekten verlaufen. Jetzt möchten sie eine solche Linkspartei, von der wir hier sprachen, vielleicht doch noch in demselben protektionistischen Sinne haben. Das ergäbe keine gute, keine offene Situation für die Arbeit, die wir vor uns haben. Ebenso wie einen internen brauchen wir einen externen Denk- und Arbeitszusammenhang, der uns mit den Problemen der ganzen Gesellschaft verbindet. Wir sollten ihn so strukturieren, daß nicht bloß Artikelchen einzelner Genossen herauskommen, die dann nebeneinander stehen, sondern Konzeptionen, die durch wechselseitige Bestätigung eine gewisse Verbindlichkeit erlangen. Das schließt arbeitsteiliges Vorgehen nicht aus, im Gegenteil, es kommt nur auf die Atmosphäre an. Die Genossen, die in der SPD sind, haben z. B. häufig einen viel besseren Zugang, um das, was Peter zu den Gewerkschaften gesagt hat, voranzutreiben. Wir anderen werden diese Genossen und ihre Erfahrungen dringend brauchen und selber auch unsere Erfahrungen mit der Produktionssphäre machen müssen. Das ist etwas schwerer, wenn man nicht im Betrieb steht. Ich überlege mir schon, wie ich zu diesen Erfahrungen kommen kann, die mir drüben auch nur die betriebliche Praxis gebracht hat. Andere Genossen haben größere Chancen, in der Massenbewegung, die bei der ökologischen Krise ansetzt, eine fruchtbare Praxis zu finden. Diese beiden Stränge müßten konvergent verfolgt werden. Da braucht, trotz einer gewissen Arbeitsteilung, nichts auseinanderzufallen, wenn wir systematisch die Kommunikation über unsere Standpunkte und Ergebnisse pflegen. Ich begreife erst jetzt langsam den ganzen Umfang des Sicherheitsbedürfnisses der Genossen, dem man in irgendeiner Weise Rechnung tragen muß. Ich bin mir in der DDR nie so gefährdet vorgekommen, wie sich viele Genossen hier zu fühlen scheinen. Da es so viele sind, kann ich nicht annehmen, daß das bloß subjektive Dinge sind. Die Verhältnisse im Westen erzeugen offenbar im einzelnen von Kind auf mehr Angstpotential. Insofern sehe ich in dem »Netzwerk Selbsthilfe« einen ganz hervorragenden Ansatz. Dem Netzwerkbegriff kann man eine noch umfassendere Bedeutung geben. Zum einen brauchen wir ein effektiveres Kommunikationsnetz mit mehr Querfäden. Wenn wir eine Konvergenz in Richtung auf verbindlichere Konzepte erzielen wollen, wird uns die Zersplitterung unserer Zeitschriften und Kommunikationen hinderlich sein. Wie kann man rechtzeitig wechselseitig erfahren, was andere Genossen gedacht haben, damit die Denkprozesse nicht mehr so monologisch verlaufen? Vor allem brauchen wir eine Tageszeitung, die so seriös gemacht ist, daß es ausreicht, sie gelesen zu haben, um einigermaßen objektiv und vollständig informiert zu sein. Zum anderen wäre es sinnvoll, den Gedanken, der jetzt schon in dem Netzwerkunternehmen drin steckt, noch auszuweiten. Wir müssen einen Teil unserer Einkommen sozialisieren, um die Möglichkeit unseres Umsteigens in verschiedene alternative Projekte zu sichern, was ja wohl die Grundidee des Netzwerkes ist. Wie immer man zu den Chancen der sozialen Auseinandersetzungen in den Betrieben stehen mag, weist doch die soziale Entwicklung selbst auf die zunehmende Bedeutung der Gegenkultur hin, die besonders von der jungen Generation geschaffen wird. Ich für meinen Teil denke, daß gerade dort das Leben weitergeht und daß es uns nicht ansteht, vornehm und kontemplativ über diese Bewegungen wegzusehen. All die Motive, die uns da zur Abwendung bewegen mögen, hängen irgendwie mit unserer Verhaftung an eine vergangene Epoche sozialer Befreiungsbewegungen zusammen und mit der Schreibtischexistenz, der Klub- und Szenenmentalität der meisten von uns als linke Intellektuelle. Wir könnten eines Tages zu spät (für uns selbst) bemerken, daß wir samt Inhalt unserer Köpfe nur allzusehr dem bestehenden Zustand zugehörig sind. Mir scheint entscheidend, in *welchen* Widersprüchen wir uns engagieren. Es gibt solche, in denen sich das System bewegt und auf deren Boden jede Aktivität letzten Endes reproduktiv ins System zurückführt. Es gibt andere, die auf einen Ausgang hindeuten. Gerade die letzteren deutlicher auszumachen, die sozialen Kräfte zu begreifen, die dazu treiben und unser Handeln daraufhin neu einzuordnen – darin sehe ich unsere nächste Aufgabe. Was aus den bestehenden Zuständen auf uns zukommt, sei es an Gefahren, sei es an Chancen, erfordert unsere Aufmerksamkeit, darf aber unsere Kräfte nicht absorbieren. Es kommt gerade auf den Überschuß an, den wir uns disponibel für eine Perspektive halten müssen, die jenseits der vom Kapitalismus produzierten Sachzwänge, Antriebe, Widersprüche liegt.

WOLTER: Ihr habt euch der Tortur dieses Gesprächsmarathons und der Gefahr einer Diskussion ohne Netz und doppelten Boden ausgesetzt. Dafür danke ich euch, auch im Namen der Leser. Sie erhalten ein facettenreiches Bild von dem, was da alles auf uns zukommt. Die Unterschiedlichkeit der Sichtweisen beleuchtet die Probleme von verschiedenen Seiten und läßt sie vielleicht plastischer hervortreten, als dies aus *einer* Optik her möglich gewesen wäre. Es gibt eine Reihe von Entwicklungstendenzen, die gemeinsam, wenn auch mit jeweils unterschiedlicher Gewichtung, als wahrscheinlich angesehen werden. Die Schlußfolgerungen muß der Leser für sich selbst ziehen, darüber konnte keine Gemeinsamkeit hergestellt werden. Die wäre auch nur künstlich gewesen. Statt dessen sind die unterschiedlichen Standpunkte ziemlich ungeschminkt dargelegt worden. Daß sie auf nur theoretischem Wege gelöst werden könnten, mag ich nicht glauben. Zuviel Richtiges und auch Faktisches scheint mir in jeder Position zu stecken, zuviel Fragen bleiben jeweils offen, als daß man hätte erwarten können, daß eine Einigung möglich gewesen wäre. Nach meinem Dafürhalten haben wir faktisch mehr Verbindendes, als wir real umsetzen. Trotz aller gegenteiligen Behauptungen sitzen wir doch im gleichen Boot. Aber eine größere Vereinheitlichung scheint unter diesen Voraussetzungen eher ein praktisches Problem zu sein, die Frage einer mehr praktischen Ausrichtung der Linken in ihrer Gesamtheit. Dies wiederum hat aber die Modifizierung einer ganzen Reihe programmatischer Fragen zur Voraussetzung. So will mir nun scheinen, daß wir vielleicht vorerst einen neuen Begriff von Einheit brauchen, der den Rahmen für eine derartige Weiterentwicklung unserer Konzepte bieten könnte. Unsere Widersprüche müssen leben, brauchen eine Form, in der sie sich bewegen können, damit nicht erstarrte Fronten aufeinanderprallen und zu einem unfruchtbaren Positionsstreit ausarten. Soll unser Positionsstreit fruchtbar sein, muß er in der Erkenntnis unserer Defizite geführt werden. Der Fortschritt ist eine Sache des Widerspruchs und der Aufhebung der Widersprüche, die Transformation des Alten in das Neue. Warum sollte dies nicht für die Linke und ihre Konzepte gelten? Die krude Realität zeigt doch, daß es nicht klappt, daß kein Konzept ausreichend ist. In den aufeinanderprallenden oder nebeneinanderherlaufenden Positionen, so richtig sie für sich genommen auch sein mögen, bleiben allemal eine Reihe derart wichtiger Fragen ausgeklammert, daß in keiner Position die Totalität der Realität ideell erfaßt wird und somit den Weg zeigt, wie wir aus den heutigen Strukturen in eine menschlichere Zukunft kommen. Insofern erscheint mir die Ausarbeitung eines Konzepts von »Einheit in der Vielfalt« eine der dringendsten Aufgaben der Zukunft zu sein, die wir vor allem auch selbst lösen können. Das hat erst mal nichts mit dem Gedanken an eine Partei oder ähnliches zu tun, das ist die Denkrichtung, um die es geht. Es geht nicht um einen künstlichen Einheitsbrei, sondern um die Wahrung der Identität bei der Akzeptierung eines Grundkonsenses. Widersprüche werden nicht gelöst, sondern aufgehoben, und auch neue Konzepte kommen ohne die alten Weisheiten nicht aus. Ich sehe deshalb in der heutigen Diskussion einen ermutigenden Beitrag dazu. Wir brauchen diese Gespräche.